西安交通大学课程思政

教学案例（2020）

主编　杨建科

西安交通大学出版社
XI'AN JIAOTONG UNIVERSITY PRESS
国家一级出版社
全国百佳图书出版单位

图书在版编目(CIP)数据

西安交通大学课程思政教学案例. 2020 / 杨建科主编. — 西安 : 西安交通大学出版社, 2022.8
ISBN 978-7-5693-2741-0

Ⅰ.①西… Ⅱ.①杨… Ⅲ.①思想政治教育-教案(教育)-高等学校 Ⅳ.①G641

中国版本图书馆 CIP 数据核字(2022)第 141137 号

书　　名 西安交通大学课程思政教学案例(2020)
XI'AN JIAOTONG DAXUE KECHENG SIZHENG JIAOXUE ANLI(2020)
主　　编 杨建科
策划编辑 王斌会
责任编辑 苏　剑
责任校对 王　娜

出版发行 西安交通大学出版社
(西安市兴庆南路 1 号　邮政编码 710048)
网　　址 http://www.xjtupress.com
电　　话 (029)82668357　82667874(市场营销中心)
(029)82668315(总编办)
传　　真 (029)82668280
印　　刷 西安日报社印务中心

开　　本 710mm×1000mm　1/16　**印张** 16.25　**字数** 320 千字
版次印次 2022 年 8 月第 1 版　2022 年 8 月第 1 次印刷
书　　号 ISBN 978-7-5693-2741-0
定　　价 59.00 元

如发现印装质量问题，请与本社市场营销中心联系。
订购热线:(029)82665248　(029)82665249
投稿热线:(029)82668525

《西安交通大学课程思政教学案例(2020)》编委会

序

“课程思政”不是增开一门课、增设一项活动，而是一种理念和方法，它将立德树人、价值塑造融入高校各类课程教学的全过程、各环节，实现润物无声的教书育人目标。

面对开展“课程思政”，部分教师感到一些困惑：专业课要做课程思政吗？怎么做？与思政教育课是什么关系？这会不会影响专业教学？是不是搞形式主义？等等。这些困惑主要源于教师们对“课程思政”的内涵缺乏了解，认识上存在偏差。“课程思政”与思政教育课是同向的，其实质就是面向新时代中国特色社会主义教育教学新形势、新要求、新任务的教书育人，各类课程根据自身特性挖掘出具有代表性的“思政教育”元素，如同盐融于汤中一样融入专业教学之中，实现立德树人、知识传授与能力培养的有机融合、化合，引导学生树立理想信念、家国情怀、正确的“三观”。“大思政课”也强调遵循教育规律和人才培养规律，充分挖掘社会生活中的教育元素，运用现实社会生活中的素材丰富思政内涵。因此，“课程思政”是有情有义、有温度、有大爱的教育过程，是丰富多彩、有滋有味的教育形态，是中国特色社会主义现代大学精神的具体体现，是我们每位教师的光荣使命和责任担当。

习近平总书记 2016 年在全国高校思想政治工作会议中强调：“教师做的是传播知识、传播思想、传播真理的工作，是塑造灵魂、塑造生命、塑造人的工作。教师不能只做传授书本知识的教书匠，而要成为塑造学生品格、品行、品位的‘大先生’。”2022 年习近平总书记在中国人民大学考察时也提出：“培养社会主义建设者和接班人，迫切需要我们的教师既精通专业知识、做好‘经师’，又涵养德行、成为‘人师’，努力做精于‘传道授业解惑’的‘经师’和‘人师’的统一者。”教师的根本任务是教书育人，教书是本分，育人是升华。学生在学校的学习时间是有限的，接受的知识也是有限的，而对学生的世界观、价值观、人生观的塑造却是极其深远的，将影响学生终生。往小了说，学生像我们自己的孩子，我们不只希望他们成绩优异，找到一份好工作，更希望他们能有大智慧、大能耐，在人生关键时刻对人生观、价值观做出正确的选择，在人生的道路上走得更远、更好、更高。往大了说，各专业的学生都是未来各行各业各领域的专门人才，在教师的培育下，他们将成为一批爱国奉献的科学家、高瞻远瞩的领导者、尽职尽责的工程师、业务精湛的研究员、有仁爱之心的医生……我们开展“课程思政”就是为了培养一大批有远见卓识、德智体美劳全面发展的社会主义建设者和接班人，进而改变国家的未来，实现中华民族伟大复兴的中国梦。因此，“课程思政”吹响了高校深化教育教学改革、提高人才培养质量的新号角。

西安交通大学组织课程思政示范课的教师们编写这一系列课程思政教学案例集，是基于所有教师都承担着育人责任，所有的课程都蕴含着丰富的育人资源。通过多种案例，展示不同专业、不同类型课程，深入挖掘其思政元素，构建与之紧密结合的知识体系的做法和经验，为启发更多的教师提高开展“课程思政”的认识和拓宽开展“课程思政”的思路，更好地发挥课程育人的作用。

这是第二本案例集，是一线教师们在开展课程思政实践的基础上，在自身教学中开展“课程思政”的心得体会和宝贵经验的总结与梳理。案例集分为上篇（工学类）和下篇（医学类），涉及通识教育类课程、大类平台课程、专业课程、实验课程等课程种类。每篇案例都由“课程思政”总体目标、各章节建设要点、3～4 个教学案例构成。为了更具参考价值，教学案例都会详细列出案例主题、结合章节、案例意义、教学展示、案例反思，将教学方法和教学设计一步一步地描述出来，将知识传授与价值塑造的契合点准确地指出来，内化于心，外化于行，实现“思政教育”元素和专业知识点之间的有机融合、化合。相信本案例集将给全体教师以很好的参考和启示。

在疫情常态化时代，举国抗疫的防控战、阻击战、全民战本身就是实施“课程思政”最好的素材。案例也集中收录了和抗击新冠疫情相关的内容。西安交通大学将会构建一个持续充实的“课程思政”案例库，并动态更新素材，长期为教师有效开展“课程思政”服务。

教师是塑造灵魂、塑造生命、塑造人才的高尚职业，一个人遇到好老师是其一生的幸运，一个民族源源不断涌现出一批又一批好老师则是国家和民族的希望。总之，开展“课程思政”是培养社会主义合格建设者和可靠接班人的重要方法，虽起步，路漫长，但意义深远，价值无限。让我们携手同行，探索“课程思政”建设的新途径。

是为序。

王小力

2021 年 7 月

目　录

上篇　工学类

数值传热学……（002）
多联产技术及其进展……（013）
复杂机电系统的人工智能控制技术……（019）
半导体物理……（025）
能源绿色转化与碳减排……（034）
化工原理……（043）
电机学……（049）
土力学……（059）
科学技术与工程伦理……（070）
微机原理及应用……（079）
建筑与城市发展概论……（089）
机械设计基础……（099）
工程伦理五……（111）
中外建筑艺术与欣赏……（119）
Internet 原理与技术……（129）
桥梁工程……（140）
城市规划与风景园林设计理论……（151）
工程伦理一……（161）

下篇　医学类

医学人文与实践……（172）
临床医学导论……（181）
局部解剖学……（187）
分子生物学(药学)……（198）
药事管理学……（210）
药理学……（222）
医学细胞生物学……（232）
机能实验学……（242）

上　篇

工学类

数值传热学

陶文铨[①] 任秦龙[②] 冀文涛[③] 陈 黎[④] 戴艳俊[⑤] 方文振[⑥] 郑春宇[⑦]

一、课程思政总体建设目标

数值传热学是西安交通大学的研究生专业课,60 学时,3 学分,面向全校工科硕士以及博士一、二年级学生开设,是课程思政示范课之一。数值传热学是计算流体力学(CFD)的姐妹学科,是攻克能源工程、航天航空、芯片设计等国家战略问题的重要研究手段。本课程突出国家战略需求和民族创新精神,将老一辈科学家的爱国奋斗和课程负责人陶文铨教授及其团队近 40 年自主研发数值算法等贯穿于课程全过程。在讲授传热、流动问题的数值算法及算例的过程中,向学生传递"胸怀大局、无私奉献、弘扬传统、艰苦创业"的理念,培养与国家需求同向同行、有理想、有担当的高水平专业人才,为我国自主研发工业软件储备技术力量。

二、各个章节课程思政建设目标

第一章 绪论

1. 传热和流动问题的数学描述

2. 数值传热的基本概念和应用实例

3. 传热和流动问题的数学物理分类和对数值解的影响

课程思政内容设计:授课教师在讲述"数值传热的基本概念和应用实例"时,重点介绍数值计算在国家战略性先导行业领域的应用。例如:数值计算是开展短期天气预报与长期气候灾害预测的唯一方法;在载人航天和深空探测领域,为满足飞行器的在轨运行要求,需要利用数值模拟手段提前确定各种零部件的设计参数;在

---

① 陶文铨,能动学院教授,中科院院士,主要研究领域是流动传热问题的数值计算。

② 任秦龙,能动学院副教授,主要研究领域是多尺度传热传质。

③ 冀文涛,能动学院教授,主要研究领域是强化传热以及高效换热器的设计。

④ 陈黎,能动学院教授,主要研究领域是多孔介质内多场耦合过程。

⑤ 戴艳俊,能动学院副教授,主要研究领域是高温高压接触热阻。

⑥ 方文振,能动学院副教授,主要研究领域是多孔介质内热质传递数值计算。

⑦ 郑春宇,能动学院教职工,主要研究领域是数值传热学思政建设。

高速铁路与隧道工程方面，需要通过风洞数值仿真技术设计列车外形结构和隧道内部环境，满足隧道内列车高速运行与交会的需求。这些案例使学生深刻认识到数值计算与国家发展是紧密联系的，这不仅能激发学生对数值计算的兴趣，还能为学生传授科技报国的时代精神。在此基础上，授课教师讲述1985年欧共体将世界首个传热与流动数值仿真商业软件PHEONICS列为禁止向共产党领导下的国家出口的产品，并列举近年来美国对CFD软件的禁用行为，进一步使学生了解计算流体力学及数值传热学的重要性，并培养学生的政治认同和家国情怀。

第二章 计算域离散化与控制方程

1. 网格生成

2. 离散方程的泰勒展开法和多项式拟合法

3. 离散方程的控制容积法和平衡法

课程思政内容设计：授课教师在讲述获得传热流动控制方程的离散方程时，强调基于控制容积积分法的离散方法。这种方法特别适用于不是数学学科出身但有深厚物理与工科背景的学生，基于相关量的守恒法则建立起来的离散方程物理意义明确，并告知学生目前大部分CFD-NHT商业软件都基于控制容积法。选修该课程的学生主要为工科硕士、博士研究生，要鼓励学生即使不是数学学科出身，也能从工科的角度出发，发挥工科的特长，做出具有特色的工作，更好地服务于工程实际需求。

第三章 扩散方程的数值解法及应用

1. 一维扩散方程

2. 多维非稳态导热方程的全隐式格式

3. 源项及边界条件的处理

4. 求解离散方程的三对角阵算法及交替方向隐式方法

5. 圆管内充分发展对流换热

6. 方管内充分发展对流换热

课程思政内容设计：一维扩散方程是数值传热学课程介绍的第一个采用有限体积法求解的、形式最简单的控制方程。它的形式虽然简单，但其离散求解可充分体现有限体积法的内涵和精髓。其中，包括所求解的一维扩散方程的通用性，涵盖了笛卡尔坐标、圆柱坐标与球体坐标三种不同的坐标系及一维变截面问题、三种边界条件，使其更具求解实际问题的普适性。授课教师通过由简到难、循循善诱的教学方式带领学生走进自编程数值计算的大门，借此机会传授自己刚踏入数值计算领域的体会，通过自身不懈的努力奋斗和几十年如一日的坚持，慢慢地从一个门外汉成长为该领域的专家，借此激发学生热爱课程、不畏困难的学习精神。

第四章 对流-扩散方程的离散格式

1. 对流项的两种离散格式

2. 对流项的中心差分与迎风差分

3. 混合格式及乘方格式

4. 五种三点格式系数特性

5. 离散格式假扩散特性的讨论

6. 可以克服或减轻假扩散特性的讨论

7. 多维对流-扩散方程的离散及边界条件的处理

课程思政内容设计:授课教师在讲述“可以克服或减轻假扩散特性的讨论”时,介绍 SCSD 格式及 SGSD 格式,而这两种格式正是课程负责人陶文铨教授与其学生倪明玖教授、李增耀教授分别于 1999 年、2002 年共同开发的,授课时鼓励学生向他们学习。以此为切入点,授课教师介绍自己自主研究数值算法的科研经历,这不仅能拉近学生与授课教师之间的心理距离,也能增强学生学好课程的信心。

第五章 求解椭圆型流动与换热问题的原始变量法

1. 动量方程的源项及流场求解中的关键问题

2. 交错网格及动量方程的离散

3. 求解 N-S 方程的压力修正方法

4. SIMPLE 算法中的近似

5. SIMPLE 算法的讨论及收敛标准

6. SIMPLE 算法的发展

7. 开口系统边界条件的处理

8. 封闭系统内的流动与传热

课程思政内容设计:授课教师在讲述“SIMPLE 算法的发展”时,按照时间顺序介绍 SIMPLE 算法自 1972 年问世以来的改进和发展,特别介绍授课教师团队始终坚持数值传热学算法和格式研究工作:2001 年提出了 MSIMPLER 算法、2004 年提出了 CLEAR 算法、2005 年提出了 CSIMPLER 算法、2008 年提出了 IDEAL 算法,等等,最终完全克服了 1972 年由 Patankar-Spalding 提出的 SIMPLE 算法中的两个简化假设,推动了有限容积法的发展。要让学生明白学科的发展不是一蹴而就的,培养学生不断精益求精、追求真理、探索未知的品质。

第六章 代数方程组的求解方法

1. 代数方程组求解方法概述

2. 求解代数方程组的迭代法

3. 迭代法的收敛性和加速收敛方法

4. 加速迭代解法收敛速度的块修正技术

5. 多重网格方法

课程思政内容设计:授课教师在讲述“求解代数方程组的迭代法”时,介绍代数方程直接解法和迭代法的区别以及迭代法的优势,同时从守恒方程的满足、边界条件影响的传递速率，以及不同波长的误差分量均匀衰减的角度，解释不同的加速代数方程迭代收敛速度的方法，鼓励学生养成多方位思考科学问题的辩证唯物主义的哲学思维。

第七章 离散方程的误差与物理特性的分析

1. 离散方程的相容性、收敛性及稳定性

2. 分析初值问题稳定性的 von Neumann 方法

3. 离散方程的守恒性

4. 离散方程的迁移性

5. 对流稳定性分析的符号保持原理

课程思政内容设计：授课教师在讲述对流项离散格式稳定性条件时，以自己与导师在 1987 年提出的判断对流项离散格式稳定性的符号不变原理为例，告诉学生运用基本物理规律（热力学第二定律）去分析考虑数值计算中的问题，常常可以得出极为简洁而且可靠的结论。整个授课过程贯穿辩证唯物主义思想。

第八章 二维椭圆型流动与换热问题通用程序

1. 一般控制方程格式的改进

2. 采用的数值方法和离散化方程

3. 代码结构和模块功能

4. 网格系统

5. 程序采用的技术

6. 主程序的说明和应用方法

课程思政内容设计：授课教师在讲述“代码结构和模块功能”时，将商业软件和自主开发程序的特点进行对比，同时介绍授课教师将国际上通用的教学程序及时更新算法语言，采用更为合理的通用控制方程的过程，做到与时俱进。鼓励学生夯实基础，学好知识，培养与时俱进的创新精神。

第九章 二维椭圆型流动与换热问题通用程序的应用举例

1. 笛卡尔坐标下无源项二维导热问题

2. 空心圆筒中的稳态导热问题

3. 方管中的充分发展传热问题

4. 内壁带直翅片的环形空间内充分发展的传热问题

5. 二维突扩段的流动和传热问题

6. 方管内复杂充分发展的流动和传热问题

7. 旋转圆盘上的冲击流

8. 中心射流管内湍流流动与换热

课程思政内容设计：授课教师在讲述如何利用自主开发程序解决工业应用中的实际问题时，应特别介绍课程负责人陶文铨教授的学生凌空教授的事迹。凌空教授自主开发的具有完全知识产权的 MHT 软件已应用于中国核动力研究院和航空发动机研究院等单位。授课教师可引导学生立志将所学知识服务于工程实际，激发学生自主编程的热情。

第十章 湍流流动与传热的数值模拟

1. 湍流导论
2. 不可压缩对流换热湍流时均方程
3. 零方程和一方程模型
4. 两方程模型
5. 壁面函数法
6. k-Epsilon 模型和壁函数法的计算机实现
7. 低雷诺数 k-Epsilon 模型
8. 近年发展简介

课程思政内容设计：授课教师以工程应用为切入点，介绍不可压缩流体湍流流动与换热的常用数值模拟方法，以及现阶段对于湍流认识的不足。人们对不同的湍流模型的认识实际上还处于盲人摸象阶段，不同的模型针对多样化的应用场景，具有各自合理的适用范围。鼓励学生在解决复杂的实际工程技术问题时，需要根据实际情况采用相应的措施，才能找到解决实际问题的切实方案，不能一味追求完美无缺的理想方法。

第十一章和第十二章 网格生成技术

1. FDM、FVM 中不规则域的处理
2. 贴体坐标简介
3. 生成贴体坐标的代数方法
4. 生成贴体坐标的 PDE 方法
5. 网格分配的控制
6. 控制方程和边界条件的变换和离散化
7. 计算平面上的 SIMPLE 算法
8. 后处理和示例
9. 商业软件的网格生成技术

课程思政内容设计：授课教师在讲授贴体坐标时简单介绍有限体积法的曲折发展历程。20 世纪 80 年代，由于有限体积法在复杂计算区域应用的局限性，部分数值计算领域的专家一度认为该方法的前景一般，远不如有限元法的适用性强。后来学术界发展了贴体坐标的方法，该方法在没有现成的坐标系可利用时，通过计算的方法构造坐标系来简化求解区域，极大地拓宽了有限体积法的应用范围。随后发展起来的非结构化网格，使得有限体积法和有限元法齐头并进，在数值计算领域平分秋色。授课教师通过有限体积法的发展历程告诉学生，事物的发展规律总是螺旋式上升、曲折式前进的，做任何事情都要持之以恒，不能半途而废。

第十三章 求解流动换热问题的 Fluent 软件应用举例

1. 歧管微通道中流动换热

2. 多孔介质流动换热

3. 多相流 VOF 方法模拟

课程思政内容设计：授课教师在讲授“歧管微通道中流动换热”时，以微通道流动换热在高功率密度电子芯片散热领域的应用为背景，讨论美国对我国中兴、华为等民族企业打压的事例，告知学生华为三大核心实验室之一为热设计实验室，电子芯片的冷却对电子芯片高效安全运行至关重要。通过上述事例，激发学生学习热情，鼓励学生学好数值传热学，为促进我国芯片行业核心技术的发展贡献力量。

三、课程思政案例展示

(一)案例一展示

1. 案例主题

数值计算领域的中国成果——冯康先生与有限元法以及吴仲华教授的三元流计算方法。

2. 结合章节

第一章绪论第 2 节数值传热的基本概念和应用实例。

3. 案例意义

数值传热的基本概念和应用实例是第一节课的内容，这部分内容的呈现直接影响学生对数值传热学课程的最初印象。尽管内容比较基础，但所涉及的概念非常抽象，学习过程比较枯燥。我们引入老一辈科学家冯康教授提出的不同于西方学者的有限元法的事迹，以及吴仲华教授提出的计算叶轮机械三元流的方法的故事，让学生了解中国学者在数值计算领域作出的巨大贡献，既丰富了课程内容，又增强了学生的民族自信和文化自信。此外，介绍数值传热在国家战略性先导行业中的应用和国外对 CFD 软件禁用事件，突出数值计算与国家发展的紧密联系，使学生重视数值传热学课程的学习，引导学生服务国家战略需求，在学生心里埋下科技报国的种子。

4. 案例教学展示

1)案例描述

数字经济是以数据作为关键生产要素、以现代信息网络作为重要载体、以信息通信技术的有效使用作为效率提升和经济结构优化的经济形式，可为工业化和基础设置建设提供解决方案，其中基于数值仿真的工业软件开发是关键之一，因此与数值传热学的关系十分密切。数值传热学的基本概念包括数值解的基本思想和基于连续介质假设数值解方法分类，其中基于连续介质假设数值解方法分为有限差分、有限容积、有限元法、有限分析、边界元法和谱元分析。这些计算方法大多是西方科学家提出的，在讲解时容易使学生产生距离感。此时，引入冯康教授和吴仲华教授的事迹（冯康教授独立于西方创立了富有特色的重要有限元方法，使中国在有限元计算领域保持国际领先地位，吴仲华先生开拓了叶轮机械三元流的计算方法），同时结合授课教师团队多年来艰苦奋斗于对有限容积法算法和格式方面的系列改进的事例，体现中国学者在数值计算领域发展中作出的重要贡献，可以增强学生的民族自信和文化自信。此外，数值传热学是侧重实际应用的课程，在应用实例部分，通过列举天气预报、高铁建设与水利工程等关乎民生的例子，突出数值传热学与国家发展的紧密联系，再结合国外对 CDF 软件禁用事件，通过两者对比激发学生爱国热情，鼓励学生树立科技报国的理想信念。

2）教学方法与教学设计

（1）教学方法。

本节内容采用事例启发教学和对比教学的方式。

（2）教学设计。

第一步：理论铺垫。授课教师介绍数值解的基本思想和基于连续介质假设数值解方法的分类，使学生了解数值传热学课程的理论基础。

第二步：案例切入，事例讲述。由于有限差分法、有限容积法都是西方科学家提出的，学生容易产生西方科学家已在数值计算领域遥遥领先的想法。此时，授课教师引入冯康教授独立于西方而创造的有限元方法，吴仲华教授提出的叶轮机械三元流的计算方法，以及授课团队近年来对有限容积法算法和格式的系列改进，让学生认识到中国人在数值计算领域也可以大有作为，由此增强学生民族自信和文化自信。

第三步：对比事实，教师引导。在应用实例部分列举天气预报、高铁和水利等关乎民生的例子，突出数值传热学与社会经济发展之间的密切联系，再结合国外对 CFD 软件禁用的时事新闻，使学生意识到只有拥有自主知识产权的软件，才能不受他人制约，从而激发学生爱国热情，鼓励学生树立科技报国的远大抱负。

5. 案例反思

数值传热学是 CFD 的姐妹学科，是能源工程、航天航空、芯片设计等国家战略问题的重要研究手段，相关通用软件均由国外科学家和企业开发，《科技日报》将该方面软件列为国家 35 项科技“卡脖子”技术之一。因此，中国的数值传热学课堂是培育学生自主奋斗、爱国敬业精神的天然土壤。授课教师在课堂上除了传授理论知识外，还要让学生从思想上认识到数值传热学在国家重大战略需求中的基础性和重要性，认识到课程学习与服务国家的内在联系，增强学生学习的原动力，激发学生攻关关键核心技术的热情，培养学生自主开发程序的能力，最大限度发挥数值传热学课程思政教育的作用。

(二)案例二展示

1. 案例主题

到祖国最需要的地方去——数值传热学与“西迁精神”。

2. 结合章节

第四章对流-扩散方程的离散格式第6节可以克服或减轻假扩散特性的讨论；第五章求解椭圆型流动与换热问题的原始变量法第6节SIMPLE算法的发展。

3. 案例意义

60多年前，交通大学一大批知识分子和青年学生，在祖国最需要的时候响应号召，跨越1000多公里从上海来到西安，投身西部高等教育事业中，用自己的青春年华铸就了“胸怀大局、无私奉献、弘扬传统、艰苦创业”的“西迁精神”。课程负责人陶文铨院士，是交通大学西迁后首批到西安报到的学生。1983年陶文铨在我校第一次开数值传热学课，修课研究生仅19人，经过近40年发展、改革，到目前修课学生近400人；1986年陶文铨院士在西安交大开办了我国第一个计算传热学讲习班，践行“扎根西部、服务国家、世界一流”的办学定位，近40年来与研究生一起开发了高精度的离散格式和高效速度压力耦合算法，例如SGSD格式、高阶稳定格式、MSIMPLER算法、CLEAR算法、CSIMPLER算法、IDEAL算法、VOSET算法等，培养了6000多名数值计算领域的优秀人才，促进了中国数值传热领域的发展。在讲述相关知识点时，插入对应研究生的成果介绍，每个成果都是一个创新奉献的故事，这样不仅可以激发学生的兴趣，提升课堂效果，也可以体现“西迁精神”中的艰苦创业在数值传热学课程中的传承，在数值传热学课堂上营造爱国奋斗的氛围。

4. 案例教学展示

1)案例描述

授课教师在讲述“可以克服或减轻假扩散特性的讨论”中QUICK格式时指出，QUICK格式延迟修正实施方式中源项的表达式是陶文铨教授已毕业的学生杨茉教授在日本做研究时提出的；授课教师在讲述“可以克服或减轻假扩散特性的讨论”中SCSD、SGSD格式时指出，这种算法是课程负责人陶文铨教授与其学生倪明玖教授及李增耀教授分别于1999年、2002年共同开发的，之后金巍巍提出的高阶绝对稳定格式，否定了国际上格式稳定性及精度是一对不可克服的、矛盾的传统观念；授课教师在讲述“SIMPLE算法的发展”时指出，MSIMPLER算法方法是其研究生宇波教授在日本九州大学做博士后时提出的。此外，屈治国教授提出了

CLEAR 算法、刘训良教授提出了 CSIMPLER 算法、孙东亮教授提出了 IDEAL 算法和 VOSET 方法。以上成果都是创新奉献、积极探索的科研历程，这些成果贯穿在数值传热学课程的不同内容阶段，并通过授课教师的以身作则和言传身教，将“西迁精神”和科学精神在数值传热学课堂中代代传承。

2)教学方法与教学设计

(1)教学方法。

本节内容采用现身说法教学的方式。

(2)教学设计。

第一步：理论铺垫。授课教师介绍 QUICK 格式的核心思想是通过提高界面上插值函数的阶数来减小格式截断误差，然后再介绍 QUICK 格式的计算式、命名和守恒特性。这一部分内容较难理解，学习过程比较枯燥。

第二步：案例切入，现身说法教学。授课教师在此时指出关于 QUICK 格式延迟修正实施方式中源项的表达式正是已毕业的杨茉教授提出的，鼓励学生向榜样学习。

第三步：教师总结，升华思想。在鼓励学生积极进取实现个人目标的同时，授课教师应深挖数值传热学课堂的育人文化资源，把数值传热学课堂当成数值计算学习研究的起点，在此基础上继续努力，取得更大的成绩。在减轻学生心理负担的同时，营造积极进取的课堂氛围。

5. 案例反思

授课教师团队近 40 年如一日研发数值算法及致力于其工程应用的事迹是“西迁精神”艰苦创业的最好体现，也是数值传热学课堂的宝贵思政资源，是开展课程思政的极佳案例。授课教师通过自己的言行，帮助学生深入理解“西迁精神”的核心是爱国主义，不断传承红色基因，将爱国主义之“根”深深扎进为国育才的土壤，鼓励学生在青年时代树立报国理想，为祖国富强而努力学习。

(三)案例三展示

1. 案例主题

自主编程才有未来——以凌空教授开发 MHT 软件为例。

2. 结合章节

第八章二维椭圆型流动与换热问题通用程序第 3 节代码结构和模块功能。

3. 案例意义

数值传热学课程一直鼓励学生培养自主编程的能力，但由于畏难情绪，学生大多只喜欢使用商业软件进行数值计算。授课教师在讲述第八章和第九章“代码结构和模块功能”时介绍开源代码，对学生起到言传身教的效果。

4. 案例教学展示

1)案例描述

授课教师在讲述“代码结构和模块功能”时，首先将商业软件和自主开发程序的特点进行对比，同时介绍自主开发程序一般采用的方法，使学生对程序编写流程有大致了解；其次，授课教师以教学程序为例对各模块的主要功能进行详细介绍，减少学生的畏难情绪，激发学生对自主编程的兴趣；最后，授课教师讲述程序的功能，突出自主编程的优越性，同时引入陶文铨教授已经毕业的研究生凌空教授开发的具有我国自主知识产权的 MHT 软件，且该软件已用于核动力研究和航空发动机研究的事迹，鼓励学生夯实基础、学好知识，培养学生科技报国的情怀。

2)教学方法与教学设计

(1)教学方法。

本节内容采用现身说法教学和事例启发教学相结合的方式。

(2)教学设计。

第一步：理论铺垫。授课教师先对商业软件的特点进行介绍，如具有灵活的前处理与输入系统、完善的后处理系统、模块接口和算例等，然后介绍科研人员自己开发的程序在编写时一般采用的方法，使学生对程序编写流程有大致了解。

第二步：案例切入，现身说法教学。授课教师以教学程序为例对程序的总体结构进行介绍，以流程图的形式直观展示各个模块之间的关系及其在程序中的作用。由于程序流程图中模块较多，学生会觉得很难理解。此时授课教师讲述自己编写程序时的思路，用现身说法吸引学生跟随授课教师思路学习编写程序的流程，缓解学生的畏难情绪，激发学生自主编程的热情。

第三步：教师总结，实例启发教学。在学生明白各模块之间关系及功能后，授课教师引导学生总结程序整体的功能，使学生体会到编写程序的成就感，同时引出掌握自主编程的重要性，引入授课教师的研究生凌空教授在学习本课程后自主开发 MHT 计算软件并用于核动力研究和航空发动机研究的事迹，鼓励学生夯实基础、学好知识，培养学生的国家和社会责任感。

5. 案例反思

授课教师自身研发数值算法的经历与数值传热学课程内容紧密联系，是进行现身说法教学和开展课程思政的极佳案例。现身说法教学具有极强的感染力和极高的可信度，而列举学生身边人的事例也更容易激起学生的进取心，在班级内营造创优争先的良好学习氛围。授课负责人的多位研究生在算法和格式等方面的创新努力以及凌空教授自主研发 MHT 软件事例是以国家需求为先、服务国家战略的充分体现，能够激励学生奋斗进取，培养学生服务国家战略、推进科技创新的责任感和使命感。课程组针对各案例的体会及整体反思如下：

（1）课程思政建设内容一定要能有机地结合所讲授的课程内容进行，切忌生搬硬套，否则形成两张皮，使人感觉"为思政而思政"，效果反而不好。这方面我们做了努力，还是不够，今后要继续深入挖掘。

（2）作为思政课程，前提是教师对课程教学的高度负责精神，教师要以身作则，使学生潜移默化地受到教师负责精神的影响，这方面我们在总结以往经验的基础上做了不少努力，包括以下几个方面：

①课程开始前召开了往届助教及部分学生座谈会，征求对搞好课程教与学的意见及建议，不少意见已经在本次教学过程中采纳；

②建立了课程教学群，每个教师、助教及学生都加入群内，教师、助教及学生都可利用这个群讨论问题，分享理解，反映问题；

③每周分别在创新港及兴庆校区进行一次提问及答疑，邀请部分学生提出学习中的问题及对课程改进的意见；

④已经举办了两次课外辅导活动（线上线下结合），给控制方程推导有困难的学生讲解其过程，向学生介绍如何自主编写 TDMA 求解算法的代码。随后还将举办线上线下结合的报告会，邀请凌空教授介绍自主开发 MHT 的体会和感受；

⑤在课程开设中途与课程助教讨论、总结目前课程教学及学生学习的情况，针对问题及时采取相应措施。

多联产技术及其进展

严俊杰[1]　陈伟雄[2]　王进仕[3]　种道彤[4]

一、课程思政总体建设目标

多联产技术及其进展是西安交通大学研究生学位基础课，40 学时，2 学分，面向动力工程及工程热物理、能源动力专业的研究生开设，是课程思政示范课之一。当今世界，世界能源结构向着清洁、低碳、高效、多元的方向持续发展转型，同时我国能源也向着清洁、低碳的方向快速发展。

本课程的课程思政总体目标：一方面，讲述多联产技术的发展历史；另一方面，向学生传递解决能源危机的中国方案，从而增强学生的自信，使学生成为既拥有过硬知识和技能功底，又勇于承担中华民族伟大复兴事业赋予的责任的青年人才。

二、各个章节课程思政建设目标

第一章 多联产技术绪论

1. 世界及我国多联产技术发展历史
2. 我国热电联产的发展历史与现状
3. 我国有关热电联产的政策
4. 我国热电联产存在的问题
5. 我国热电联产的发展趋势

课程思政内容设计：先讲述多联产技术路线的发展概况，突出其基础能源地位，可引入党的统一战线思想，通过类比反映各多联产技术路线的优势、劣势及发展方向。一方面，加深学生对多联产技术路线的认知；另一方面，展现事物普遍关联的辩证唯物主义思想。通过讲述，帮助学生抓住学习重点，特别是多联产技术发展的技术特点。然后讲述我国热电联产的发展历史与现状，展示新中国成立以来，

---

① 严俊杰，能动学院教授，主要研究领域是能源系统高效灵活运行。
② 陈伟雄，能动学院副教授，主要研究领域是热力系统优化、多相流动与传热。
③ 王进仕，能动学院教授，主要研究领域是热力系统优化、多能互补系统优化。
④ 种道彤，能动学院教授，主要研究领域是热力系统优化、多相流动与传热。

我国能源结构发生的翻天覆地的变化。通过纵向对比，展示新中国成立以来取得的伟大成绩；通过世界各国横向对比，表明我国的能源体量和能源技术的先进性，从而增强学生的自信心。

第六章 热力系统经济性诊断理论基础

1. 概述

2. 等效热降的基本原理

3. 热力系统经济性诊断的基本法则

4. 应用等效热降进行经济性诊断的条件

课程思政内容设计：授课教师在讲经济性诊断概述时，讲述各个时期国内外经济性诊断的发展史和方法特点，讲述关键人物对学科发展的引领作用；授课教师在讲述等效热降的基本原理时，通过对系统局部变化推导，进而得到局部变化对整体效率的影响，同时引入毛泽东同志的《矛盾论》，将等效热降及抽汽效率计算作为事物关键矛盾，进而通过以点带面，以局部计算获得整体计算，分清主次，从而促进正确解决问题。

三、课程思政案例展示

（一）案例一展示

1. 案例主题

等效热降理论与毛泽东同志的《矛盾论》。

2. 结合章节

第六章热力系统经济性诊断理论基础第 2 节等效热降的基本原理。

3. 案例意义

本案例的课程思政融入点：等效热降理论是课程的重点和难点，通过对系统局部变化推导，进而得到局部变化对整体效率的影响。该部分内容推导过程复杂，不易理解，学习过程相对枯燥。授课教师通过将本节内容与毛泽东同志的《矛盾论》相结合，让学生抓住事物的主要矛盾和关键，分清主次，从而促进问题正确解决。在结合《矛盾论》的讲解中，让学生深刻理解等效热降理论的特点，在潜移默化中，增强学生的自信心。

4. 案例教学展示

1）案例描述

热力系统经济性诊断涉及面广，由点及面，计算过程极为复杂。授课教师在讲述等效热降的基本原理时，通过引入毛泽东同志的《矛盾论》，类比反映等效热降理论的实质和内涵，通过对系统局部变化的推导，进而得到局部变化对整体效率的影响。

毛泽东同志的《矛盾论》是在充分剖析当时我国革命斗争的基础上，通过厘清矛盾主体，并牢牢抓住主要矛盾，进而解决当前的主要问题。等效热降的基本思想就是以局部变化为主体，厘清相关系统间的变化关系，主抓问题本质，以局部变化获得整体做功量的变化，进而在复杂的计算中掌握问题的精髓和关键。因此，授课教师在讲述等效热降的基本理论时，对比毛泽东同志的《矛盾论》，加深学生对等效热降基本理论的认知，并从中提炼该理论的本质和内涵。授课教师通过类比，向学生阐述革命前辈面对困难时的自信和坦然，不畏艰难，取得革命胜利的决心和信念，从而增强学生的“四个自信”。

2)教学方法与教学设计

(1)教学方法。

本节内容采用类比教学和启发式教学相结合的方式。

(2)教学设计。

第一步：理论铺垫。首先，授课教师对等效热降的基本理论进行讲述，从易到难，分析局部设备状态变化引起整体装置效率变化；其次，进行数学模型的建立和推导；最后，进行归纳总结，建立等效热降理论的抽汽焓降和抽汽效率的计算模型。

第二步：案例切入。在推导完等效热降理论公式之后，学生会觉得理论比较难理解。此时，教师开始引入毛泽东同志的《矛盾论》。在革命战争年代，毛泽东同志把矛盾学说正确应用于对中国国情的分析，牢牢抓住了中国社会当时的主要矛盾，进而取得了抗日战争和解放战争的伟大胜利。这个实例让学生在主动理解应用等效热降理论分析问题时，通过充分剖析事物的本质和矛盾，分清问题主次，从而促进问题的正确解决，同时也启示学生，学生时代的根本任务是学习，抓住关键和主要矛盾，牢牢树立努力学习的思想。

第三步：教师总结。授课教师结合《矛盾论》进行讲解后，再对等效热降基本理论的推导过程进行细致的分析，让学生充分理解抓住事物主要矛盾的道理，强化等效热降的内涵和实质，同时也体会到中国革命和社会主义建设所经历的困难和险阻，明白我们国家有今天和平发展的机会是来之不易的。

5.案例反思

《矛盾论》与本门课程内容有着非常直接的关联性，是进行课程思政融入的一个极佳案例。授课教师在讲述的时候，需要注意挖掘《矛盾论》的精神内涵，不能流于形式。《矛盾论》的实质是通过剖析事物的本质和矛盾，分清问题的主次，抓住主要矛盾，从而快速有效地解决问题，进而培养学生分析问题、理清问题主次的能力。

(二)案例二展示

1.案例主题

我国热电联产的发展历史与现状。

2.结合章节

第一章多联产技术绪论第 2 节我国热电联产的发展历史与现状。

3.案例意义

本案例的课程思政融入点：展示新中国成立以来，我国能源结构发生的翻天覆地的变化，并强调这些成就是全体中国人民艰苦奋斗、自力更生的成果，进而增强学生的自信心和自豪感。

4.案例教学展示

1)案例描述

在讲述我国热电联产发展历史及现状的时候，通过纵向对比，展示新中国成立以来取得的伟大成绩，通过世界各国横向对比，表明我国的能源体量和能源技术的先进性。

列举我国在能源建设方面的成就：2011 年底，中国电力装机容量达到 105 576 万千瓦、发电量 47 217 亿千瓦时，超越美国，位居世界第一位。2010 年 8 月，以云南省华能小湾水电站最后一台机组投产发电为标志，中国水电装机容量突破 2 亿千瓦，位居世界第一位。2011 年，我国风电装机容量达 6 273.3 万千瓦，列世界第一位。2016 年太阳能发电装机容量 7 742 万千瓦，列世界第一位。

新中国成立以来，尤其是改革开放以来，中国实现了经济快速健康发展，创造了人类历史上从未有过的经济奇迹，其中的根本原因是什么？通过启发，引导学生感受中华民族在能源建设过程中的奋斗史，感受幸福生活来之不易，从而提升学生的自信心，增强学生的责任感和使命感。

2)教学方法与教学设计

(1)教学方法。

本节内容采用讨论式教学和启发式教学相结合的方式。

(2)教学设计。

第一步：案例+启发。授课教师先讲述和展示新中国成立以来能源行业取得的伟大成绩，同时通过与世界各国横向对比，表明我国能源技术领域成果的先进性，引导学生思考产生变革的根本性原因。

第二步：案例分析+讨论+启发。通过讨论，让学生思考，适合国情的能源政策才是好的政策，适合国情的技术才是正确的技术，结合历史发展，让学生明白我国走进清洁高效低碳社会的必然性。

第三步：教师总结提升。作为新时代社会主义事业的建设者和接班人，我们要坚定信心，未来中国能源安全的实现有赖于我们的不懈努力和奋斗。该课程引导学生学好服务社会的本领，同时要有大局观和使命感，为中华民族的伟大复兴贡献自己的力量。

5. 案例反思

作为教师，要引导学生明白中国的能源安全和保障只能靠自己，先进能源技术是“买不来”“换不来”的。因此，作为学生必须要学好本领，要有为实现国家能源安全保障这一目标的责任和担当。

（三）案例三展示

1. 案例主题

多联产技术发展历史与统一战线思想。

2. 结合章节

第一章多联产技术绪论第 1 节世界及我国多联产技术发展历史。

3. 案例意义

本案例的课程思政融入点：统一战线是党的事业取得胜利的重要法宝，是由中国共产党领导的，有各民主党派和各人民团体参加的广泛的政治联盟，党的领导是统一战线最鲜明的特征。结合多联产技术发展历史，讲述不同时期多联产技术的特点，以煤为主体耦合风光电等多联产技术路线，以及未来以新能源为主体的多联产技术路线，通过类比的方法，增强学生“四个自信”的同时，了解特定历史背景下的中国革命的历史进程，让学生掌握多联产技术的发展特点。

4. 案例教学展示

1）案例描述

多联产技术路线复杂多变，与国家能源构成和能源战略密切相关。授课教师在讲述多联产技术的发展历史时，可引入党的统一战线思想，通过类比反映多联产技术路线的优势、劣势及发展方向。

党领导的统一战线经历了民主联合战线、抗日民族统一战线、人民民主统一战线、爱国统一战线等多个阶段。同时，多联产技术也经历了以煤基多联产（煤＋风光电）、石油多联产（石油＋风光电）等各个路线。因此，授课教师在讲述多联产技术路线时，同步穿插讲述党在各个时期的统一战线，一方面加深学生对多联产技术路线的认知，另一方面展现事物普遍关联的辩证唯物主义思想。授课教师通过类比的讲述，向学生们阐述我们革命成功及社会主义建设取得巨大成果的必然性，也让学生了解我国能源政策的合理性和科学性，增强学生的自信心。

2）教学方法与教学设计

（1）教学方法。

本节内容采用类比教学、讨论式教学和启发式教学相结合的方式。

（2）教学设计。

第一步：案例＋类比讲述。授课教师先讲述各个时期的多联产技术路线，同时引入中国共产党各历史时期的统一战线，讲述各时期革命斗争建设的特点及历史背景。

第二步：案例分析＋讨论＋启发。在第一步基础上，引导学生思考、讨论为什么存在多种多联产技术路线。授课教师结合中国能源政策发展历程，引导学生思考清洁低碳的中国能源政策发展方向。通过案例和讨论，让学生主动了解和掌握多联产技术路线的时代背景及其内在优势，增强学生的自信心和自豪感。

第三步：教师总结提升。授课教师通过类比爱国统一战线和多联产技术路线，让学生理解国家"双碳"战略实施的重要性和必要性，加强学生对多联产技术的认识，体会中国革命建设经历的困难和艰辛。作为新时代社会主义事业的建设者和接班人，学生只有学好服务社会的本领，才能为中华民族伟大复兴贡献自己的力量。

5.案例反思

作为教师，要引导学生明白党的统一战线体现了一致性和多样性的统一，一致性是其存在和发展的前提，多样性是其存在和发展的条件。作为新时代社会主义事业的建设者和接班人，要有学好本领服务社会的意识，要有为实现国家能源安全保障这一目标的责任和担当，同时也要为能源多样化发展贡献自己的力量。

复杂机电系统的人工智能控制技术

赵升吨[①] 范淑琴[②] 李靖祥[③] 王永飞[④]

一、课程思政总体建设目标

复杂机电系统的人工智能控制技术是西安交通大学机械学院为全校相关专业开设的一门研究生的课程，该课程 40 学时，2 学分。该课程主要面向全校的机械、航天、电气、能动、电信、化工与材料等学院的研究生开设，该课程是 2021 年 5 月陕西省教育厅公布的陕西省省级研究生教育课程思政精品示范课。

自动控制理论与技术的发展经历可分为古典控制(频率域、传递函数)、现代控制(时间域、状态方程)与智能控制大系统三个阶段。古典控制在本科阶段完成教学，现代控制主要在硕士阶段完成教学，而智能控制大系统主要面向从事高级自动控制领域的硕士与博士研究生。因此，该课程已经是国内外工科高校与自动控制相关的研究生必修的主干课程。

在本课程的教学过程中，通过讲述陆定一、钱学森、唐文治等知名人士的典型事例，培养学生“爱国爱校、追求真理、勤奋踏实”“饮水思源、求真务实”的精神；通过讲授“西迁精神”的核心和精髓，使学生牢固树立社会主义核心价值观的同时，努力学好专业知识，从而报效国家。

二、各个章节课程思政建设目标

第一部分 如何构建符合“工业 4.0”智能系统的硬件系统

第一章 家国情怀铸就制造强国之辉煌

课程思政内容设计：结合中华民族的历史及其战胜困难的过程，培育学生对我国悠久历史文化的热爱，加深家国情怀，相信在以习近平同志为核心的党中央的坚强领导下，中华民族一定能战胜任何困难。

---

① 赵升吨，机械学院二级教授，主要研究领域为智能装备与控制、智能汽车、流体传动与控制、先进成形技术等。

② 范淑琴，机械学院副教授，主要研究领域为先进旋压成形技术及智能装备。

③ 李靖祥，机械学院副教授，主要研究领域为机电液系统计算机监控。

④ 王永飞，机械学院副教授，主要研究领域为半固态成形技术及智能装备。

第二章 智能制造

课程思政内容设计：通过中国国民生产总值（GDP）的几个重要的年份节点，从量化的角度充分展示中国制造业为国家作出的贡献。引导学生热爱自己的专业，积极主动开展智能制造，激发强烈的上进心与担当意识，用自己的智能制造业知识为中华民族的伟大复兴贡献力量。

第三章 分散多动力

课程思政内容设计：通过介绍铁路运输中的动车高铁的智能机器的典型分散多动力新方式，引出中国古代的四大发明及中国现代的高铁、支付宝、网购、共享单车，以及分散多动力与中国文化的博大精深，培育学生的民族自豪感和良好的团队合作精神。

第四章 伺服电直驱

课程思政内容设计：通过智能机器的伺服电直驱的理念与“工业 4.0”的全生命周期的一致性，引出中国传统文化中的“大爱”思想。同时介绍中国第三代航母的滑翔起飞方式背后的持之以恒的精神，激发学生强烈的大爱与担当意识，从而用自己的智能制造业知识为中华民族的国防安全贡献力量。

第五章 集成一体化

课程思政内容设计：通过智能机器的集成一体化新理念，引出在大型一体化方面的多台世界第一液压机，以此激发学生的爱国热情。同时引出我国秦朝大一统的中央集权制及五代十国对中国的伤害。告诉学生中华民族是善良的民族，只有团结一致才能实现我们的复兴梦。

第二部分 如何针对具体的智能系统开展智能控制的软件系统？

第一章 绪论

课程思政内容设计：通过对自动控制的基本原理，特别是自动控制理论发展的三个阶段的论述，将自动控制反复迭代调整减少误差的思想与“格物、致知、诚意、正心、修身、齐家、治国、平天下”人生修养的八个阶段（被称为“八条目”）关联起来，从而激励学生不断提升自己。

第二章 人工智能及智能控制理论简介

课程思政内容设计：向学生介绍人工智能就是将人的知识用计算机来表示，以及智能控制是离开数学模型的控制策略，这正好和中国的十六字心法“人心惟危，道心惟微；惟精惟一，允执厥中”的儒家文化相吻合，进而培养学生良好的与人为善、持之以恒的品质。

第三章 复杂开放机电系统的基本理论

课程思政内容设计：针对航天飞行的复杂机电大系统，分享著名校友钱学森“精诚求学”“艰难回国”以及“敢于担当”的先进事迹，为学生树立学习的榜样，进而引出复杂开放机电系统的基本理论，以及相关的理论范畴。

第四章 人工智能中的知识工程

课程思政内容设计：通过向学生分享处世三大奇书(《菜根谭》《围炉夜话》《小窗幽记》)，引出智能学习系统等相关专业知识。

第五章 模糊控制技术

课程思政内容设计：通过对模糊控制中的有限的模糊划分及对控制变量的模糊化，引出中国儒家文化的中庸之道，进而引导学生在看问题时要抓住主要矛盾。

第六章 人工神经网络控制系统

课程思政内容设计：依据人工神经网络一定有不同网络结构的 MP、BP、RBF 等构架，结合人工神经网络各层权系数的学习训练的算法不同，引出中国文化的刚柔并济的哲学理念。教育学生既要有坚强的健康身体，也要有优秀的文化修养。

第七章 迭代学习控制

课程思政内容设计：通过对循序渐进、持之以恒的学习过程特点的讲授，引出相关的唐诗、宋词、元曲。培育学生热爱传统文化，锤炼自己的毅力。

三、课程思政案例展示

(一)案例一展示

1. 案例主题

教师引导学生树立将我国从制造大国建成制造强国的伟大理想，实现中华民族伟大复兴。

2. 结合章节

第一部分如何构建符合“工业 4.0”的智能系统的硬件系统第一章家国情怀铸就制造强国之辉煌。

3. 案例意义

我国已经是世界制造工厂，而制造业是我国的立国之本、兴国之器、强国之基。通过本案例，激发学生热爱制造业、热爱自己的专业，培养对本专业的感情。

4. 案例教学展示

1)案例描述

2010 年我国 GDP 达 5.93 万亿美元，位居世界第二；2014 年我国 GDP 超过 10.4 万亿美元，正式成为第二个 GDP 总量超过 10 万亿美元的国家；2021 年，我国 GDP 约为 17.7 万亿美元。制造业是国民经济的主体，是立国之本、兴国之器、强国之基。中国制造业规模连续 10 年位居世界第一，已建立起门类齐全、独立完整的制造体系；在全球 500 余种主要工业品中，我国有 220 余种产量位居世界第一；2018 年，我国制造业总产值 264 820 亿元，占我国 GDP 总值的 29.4%，占全球制造业的30%。因此，学生要热爱制造业相关专业知识，要有强烈的上进心与担当，用自己所学的制造业知识为中华民族的伟大复兴贡献自己的力量。

2)教学方法与教学设计

(1)教学方法。

教师与学生一起互动交流，分析制造业对中国这样人口大国的重要性，针对如何将中国建成世界强国进行探讨交流。

(2)教学设计。

教师用PPT展示制造业对中国GDP的贡献，中国古代战车火器与舰船，近代不平等的八个条约，鸦片战争，甲午战争，八国联军侵华等惨痛历史及抗美援朝战争等，让学生深刻理解制造业对国家安全的重要性。

5.案例反思

在中华民族五千年的历史过程中出现过许多灾难，学生要深刻理解习近平总书记"学史明理、学史增信、学史崇德、学史力行"的内涵，从而热爱制造业，用自己的聪明才智报效祖国。

(二)案例二展示

1.案例主题

使同学们体会到社会主义制度的优越性以及团队文化的重要性，同时强化爱国主义和集体主义的思想。

2.结合章节

第一部分如何构建符合"工业4.0"的智能系统的硬件系统第四章集成一体化。

3.案例意义

使同学们真正体会到中国共产党领导的中国特色社会主义制度的优越性，全体中华儿女应该紧紧团结在党中央周围，构建良好的团队文化，众人划桨开大船，才能实现中华民族的伟大复兴。

4.案例教学展示

1)案例描述

从孔子的"笃信好学，守死善道。危邦不入，乱邦不居。天下有道则见，无道则隐。邦有道，贫且贱焉，耻也；邦无道，富且贵焉，耻也。"到赵升吨教授带领的拥有80多名硕士与博士研究生的"智能控制室"团队，以及中国诗词的大爱精品文化，来培育学生的仁爱之心和海纳百川的胸怀，以此进行团队建设。接着论述未来的智能机器发展的三个途径之一(集成一体化)的内涵与外延，使学生真正体会团队的巨大威力与重要性。

2)教学方法与教学设计

(1)教学方法。

先论述智能机器实现途径之一(集成一体化)的概念与应用场合,然后展示团结一心的重要性。

(2)教学设计。

教师用 PPT 展示赵升吨教授带领的智能控制室团队取得的部分成果及文化建设情况,结合孔子的“笃信好学,守死善道。危邦不入,乱邦不居。”展现国家安全稳定对个人及社会发展的重要性。

5.案例反思

通过该案例,使学生了解中央集权制的优越性,以及中华民族团结一心的重要性。

(三)案例三展示

1.案例主题

《中国制造 2025》的强国发展战略三大阶段与人生发展的三个阶段。

2.结合章节

第一部分如何构建符合“工业 4.0”的智能系统的硬件系统第一章家国情怀铸就制造强国之辉煌。

3.案例意义

本案例课程思政融入点:制造业强国战略发展三大阶段是《中国制造 2025》中我国强国战略的行动纲领,其根本目标是改变我国制造业“大而不强”的局面。这正好可以与王国维提出的人生三大境界对应起来,让学生从个人的发展来理解国家制造业的发展战略,从而立志为国家作出贡献。

4.案例教学展示

1)案例描述

德国工业 4.0 的实施旨在推动德国制造业向智能化升级,向服务业转型,中国目前尚处在工业 2.0 和工业 3.0 阶段。当前的现状可谓“无边落木萧萧下,不尽长江滚滚来”,所以我们需要做到“知耻后勇”。《中国制造 2025》是我国实现制造业强国战略的第一个十年行动纲领,其根本目标是改变我国制造业“大而不强”的局面。正所谓“雄关漫道真如铁,而今迈步从头越。从头越,苍山如海,残阳如血。”

《中国制造 2025》提出了 2025 年跟跑、2035 年并跑、2050 年领跑的三步走规划。这正好和国学大师王国维提出的人生三大境界相关联。

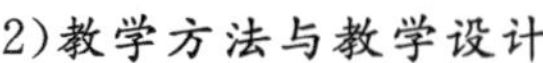
2)教学方法与教学设计

(1)教学方法。

教师与学生交流中国制造的阶段与人生的重要阶段。

(2)教学设计。

首先,授课老师先向学生详细讲授《中国制造 2025》强国战略及其提出过程的相关内容,让学生全面、深入地了解我国在制造业领域制定的强国战略行动纲领,并重点介绍《中国制造 2025》的三大发展阶段,可以分别总结为“跟跑”“并跑”以及“领跑”。其次,提出为了实现我国的强国战略,对年轻人有哪些需求?应该怎么做?引导学生进行思考。讲述孔子的立德过程:“吾十有五而志于学,三十而立,四十而不惑,五十而知天命,六十而耳顺,七十而从心所欲,不逾矩。”以孔子的观点告诉学生立德是一个长期的过程,引出“四君子”的中国文化。最后,再介绍王国维人间词话三境界:①“昨夜西风凋碧树,独上高楼,望尽天涯路”;②“衣带渐宽终不悔,为伊消得人憔悴”;③“众里寻他千百度,蓦然回首,那人正在灯火阑珊处”。以此激励学生立志为我国制造业的发展贡献自己的一份力量。

5.案例反思

智能制造,就是面向产品全生命周期,实现泛在感知条件下的信息化制造,任务繁重,需要我们投入大量的人力、物力资源。对学生来说,就需要具备优良的品格,如梅兰竹菊“四君子”和仁义礼智信价值体系等,才能承担起中华民族伟大复兴的重任。

半导体物理

耿　莉[①]　雷冰洁[②]

一、课程思政总体建设目标

半导体物理是西安交通大学“微电子科学与工程”国家级一流本科专业的专业基础课，48 学时，3 学分，是课程思政示范课。

微电子技术是当今发展最快的技术之一，是电子信息产业的核心基础和心脏。以微电子技术为核心的半导体产业已成为支撑经济社会发展和保障国家安全的战略性、基础性及先导性产业。然而，由于我国在微电子和集成电路领域的落后，导致集成电路领域成为近年西方发达国家对我国实施各种禁令和制裁的重灾区。半导体物理作为微电子科学与工程专业的最重要的骨干基础课，为学校立德树人的总体目标和国家培养社会主义事业接班人的教育定位而服务。在向学生系统传授半导体物理学专业知识的基础上，让学生了解我国半导体科学技术和产业的发展现状，正视集成电路领域若干关键技术受制于人的现实国情，看清国外芯片禁运和技术封锁的政治用意，加深理解国家大力发展微电子的战略意图和迫切需要，从根本上认识到集成电路作为信息产业的核心，对国家安全、工业、民生、经济等领域的重要作用，从而从思想上建立起对微电子专业的热爱和学习微电子专业的自豪感，激发学生的爱国情怀和学习热情，培养学生的思想认同、制度自信、社会责任以及家国情怀。通过对课程学习，使学生在掌握专业知识的同时，牢固树立社会主义核心价值观，建立起热爱专业、投身微电子事业、报效国家的责任心和使命感。

二、各个章节课程思政建设目标

第一章　半导体中的电子状态

1. 半导体的晶格结构和结合性质

---

① 耿莉，教授，微电子学院院长，微纳电子与系统集成研究所所长，陕西省高等学校教学指导委员会电子信息类工作委员会副主任，陕西省半导体行业协会副理事长，陕西省创新驱动共同体集成电路分委会主任，集成电路国际顶级会议 IEEE 国际固态电路（ISSCC）会议分会主席，多个 IEEE 著名期刊的编委。

② 雷冰洁，微电子学院工程师，主要研究领域是数字集成电路设计。

2. 半导体中的电子状态和能带

3. 半导体中电子的运动有效质量

4. 本征半导体的导电机构空穴

5. 回旋共振

6. 锗和硅的能带结构

7. Ⅲ-Ⅴ族化合物半导体的能带结构

课程思政内容设计:作为本门课程的开篇,授课教师首先讲述半导体物理的历史和产业、现状,并提出问题请同学们讨论——学习半导体物理的意义是什么?对未来的工作有什么影响?对国家发展有什么贡献?师生就专业学习、职业发展、行业状况等主题进行深入和广泛的交流。让学生对微电子专业和集成电路产业有更加清晰和全面的认识。引导学生将个人职业发展同国家的战略需求相结合,激励学生树立远大理想和宏伟目标,根植家国情怀和社会责任。

第二章 半导体中杂质和缺陷能级

1. 硅、锗晶体中的杂质能级

2. Ⅲ-Ⅴ族化合物中的杂质能级

3. 缺陷、错位能级

课程思政内容设计:将学科前沿相关知识融入教学内容,培养学生的创新能力和思辨思维。结合本章内容,同时为了激发学生的兴趣,让学生调研并形成报告,讲一讲 ZnO 的 p 型掺杂为何成了久攻不破的科研难题?GaN 的 p 型掺杂如何在 2014 年成就了三位科学家的诺贝尔物理学奖?进而引出我校“胸怀大局、无私奉献、弘扬传统、艰苦创业”的“西迁精神”。2020 年 4 月 22 日,习近平总书记在西安交通大学考察时指出:“‘西迁精神’的核心是爱国主义,精髓是听党指挥跟党走,与党和国家、与民族和人民同呼吸、共命运,具有深刻现实意义和历史意义。”号召学生弘扬和传承“西迁精神”,不忘初心、牢记使命,抓住新时代新机遇,到祖国最需要的地方建功立业,在新征程上创造属于我们这代人的历史功绩。

第三章 半导体载流子的统计分布

1. 状态密度

2. 费米能级和载流子的统计分布

3. 本征半导体载流子浓度

4. 杂质半导体载流子浓度

5. 一般情况下的载流子统计分布

6. 简并半导体

课程思政内容设计:本章引入时事热点——轰动全球的“中兴”事件和“华为”事件,美国对我国高技术企业进行技术打压。中兴公司由于缺少核心芯片技术,交了 14 亿美元的罚金。而华为公司面对威胁和胁迫,并没有低头,而是调整策略,积极地投入巨资进行研发，不断突破技术瓶颈，逐步实现核心技术自主可控。从两家公司的不同结果可以看出，打铁还需自身硬，创新是持续发展的根本，只有将核心技术掌握在自己手中，才能在竞争中不受制于人，只有不断创新，保持领先，才能在日益激烈的国际竞争中脱颖而出，掌握并制定经济规则，成为行业的佼佼者。向学生传递“报效祖国、承担责任”的理念，用学习来改变命运，用知识来武装自己，要培养新时代环境下既拥有过硬知识和技能功底，又敢于承担中华民族伟大复兴事业所赋予的责任的青年人才。

第四章 半导体的导电性

1. 载流子的漂移运动、迁移率、载流子的散射

2. 迁移率、电阻率与杂质浓度和温度的关系

3. 强电场下的效应、热载流子、多能谷散射、耿氏效应

课程思政内容设计：本章要求学生结合课程配套的“四探针法测量半导体电阻率和薄层电阻”和“半导体材料的霍尔效应参数测试”两个实验，深入理解半导体的导电性及影响因素。授课教师引入 Intel 公司 1994 年 Pentium CPU 出现设计失误的故事。该 CPU 设计时由于一个简单的失误，造成浮点运算电路出现问题，但是在芯片测试中发现这个问题后，Intel 公司管理层认为这个问题出现的概率非常小，依然投产了该 CPU 芯片。最终，迫于用户和社会的压力，Intel 全面召回该芯片，造成 5 亿美元的损失。通过这个例子教育学生科学研究要仔细认真，容不得一点马虎，在实验过程中要加强安全意识，动脑思考、动手操作，才能掌握实验的要领，培养学生科学严谨的态度和精益求精的精神。更重要的是出现问题后，不能有任何侥幸心理，一定要正确面对，及时修正。

第五章 非平衡载流子

1. 非平衡载流子的产生和复合

2. 复合理论

3. 载流子扩散、漂移运动，爱因斯坦关系式

4. 连续性方程

课程思政内容设计：本章在讲解爱因斯坦关系式的同时，重点讲述 1931 年 11 月，爱因斯坦号召各国对日本实行经济封锁，以制止其对中国的军事侵略。通过对中国共产党党史的讲解，结合习近平总书记《在庆祝中国共产党成立 100 周年大会上的讲话》精神，勉励学生一定要珍惜今天来之不易的和平生活，作为新时代的中国青年，要以实现中华民族伟大复兴为己任，奋发图强，努力学习。

第六章 金属和半导体的接触

1. 金属半导体接触及其能级图

2. 金属半导体接触整流理论

3. 金属半导体整流结构的伏安特性

4. 少子注入、欧姆接触

在绝对零度时，金属中的电子填满了费米能级 E_f 以下的所有能级，而高于 E_f 的能级则全是空着的。要使电子从金属中逸出，必须由外界给它足够的能量。正如宇宙的终极演化规律：熵增定律。物理学家埃尔温·薛定谔也说过：人活着就是在对抗熵增定律，生命以负熵为生。授课教师告诉学生具体方法：首先，要"主动做功"，每天都保持清晰的思绪，主动投入时间和精力；其次，要保持与外界交流的状态，不断超越自己，订立新的目标和新的计划；最后，要努力提升自己的眼界和认知，主动提升智慧。

第七章 半导体表面与 MIS 结构

1. 表面态、表面电场效应

2. MIS 结构电容-电压特性

3. 硅-二氧化硅系统的性质

4. 表面电导及迁移率

课程思政内容设计：授课教师引导学生了解半导体 MOS 器件的发展史，进而了解影响半导体发展进程的中国科学家。例如提出 CMOS 技术的萨支唐教授，对发展晶体管、集成电路以及可靠性研究作出了里程碑的贡献；发明了浮栅非挥发 MOS 场效应记忆晶体管（NVSM）的施敏教授，NVSM 的问世，促成了功能更为强大的信息储存技术的发展；再如胡正明教授发明了令世界瞩目的鳍式场效晶体管（FinFET）等多种新结构器件，开创了半导体器件和集成电路持续发展的新契机。还有其他很多的中国科学家为了半导体的发展作出了卓越的贡献，指导学生通过调研，进一步扩展知识。授课教授勉励学生，科学的道路永远不是平坦的，现代人类是站在巨人的肩膀上，我们要持之以恒，努力奋斗，为学科发展和人类文明作出自己的贡献。

第八章 异质结

1. 半导体异质结及其能带图

2. 半导体异质结应用，半导体超晶格

课程思政内容设计：本章引入我国超级计算机的发展历程。从我国进口超级计算机受阻，引入国外超级计算机的使用被监督，不允许用于军事领域，到第一台国产超级计算机"银河"的诞生，再到"天河"超级计算机占领全球超级计算机第一位，最后到"神威"计算机摆脱美国 CPU 芯片的限制，教师通过讲述这一系列从无到有，再到占领全球超级计算机制高点的过程，来激励学生为国奋斗的热情。党的十八大以来，党中央多次强调，"关键核心技术是国之重器""关键核心技术是要不来、买不来、讨不来的"。引导学生了解我国 HEMT 器件与材料的发展现状，HEMT 器件在高频高功率器件中的重大应用前景，以及国防领域对这类器件的迫切需求和我国与国外的巨大差距，鼓励学生作为将来微电子行业的从业者，一定要扎实学好基础知识，提高工程实践能力和创新能力，努力实现关键核心技术自主可控，把创新发展主动权牢牢掌握在自己手中。

第九章 半导体的光学性质和光电与发光现象

1. 半导体的光学常数和光吸收

2. 半导体的光电导和光生伏特效应

3. 半导体发光 半导体激光

课程思政内容设计：21 世纪，光电子技术将以年倍增的爆炸速度增长，然而，科学研究无法一蹴而就。本章引入 CPU 历史上的 CISC 和 RISC 技术之争，以英特尔公司 X86 CPU 的成功和美国数字设备公司的 Alpha CPU 失败为例，告诉学生没有绝对的技术。一种产品的成功，不仅仅是技术本身的成功，还要包括市场、合作伙伴、上下游产业、软件的兼容等，引导学生既要有过硬的技术，也要培养沟通交流、团队合作、可持续发展等方面的能力，从而实现全面发展。

三、课程思政案例展示

（一）案例一展示

1. 案例主题

弘扬和传承“西迁精神”，争做新时代优秀接班人。

2. 结合章节

第二章半导体中杂质和缺陷能级。

3. 案例意义

本章节以物理学家攻破科学难题为切入点，然后向学生讲解西安交通大学老一辈师生“胸怀大局、无私奉献、弘扬传统、艰苦创业”的“西迁精神”，激发学生的爱国爱校热情，号召学生弘扬和传承“西迁精神”，树立和培育社会主义核心价值观，为西部发展、国家建设奉献智慧和力量。

4. 案例教学展示

1）案例描述

1896 年，交通大学以南洋公学之名创建于上海，1921 年定名交通大学。1956 年 7 月，全校大部分专业及师生内迁西安，交通大学主体西迁是国家调整高等教育战略布局的重大举措。在迁校以及新校建设发展历程中，师生员工开拓奋进，顾大局、讲奉献，千辛万苦、在所不辞，艰难险阻、勇于克服，充分体现交大人的崇高风范。无数可歌可泣的事迹，筑成“西迁精神”的丰碑，给人以教育和启迪。

2017 年 11 月 30 日，西安交通大学史维祥等 15 位老教授致信习近平总书记，汇报学习党的十九大精神的体会和弘扬奉献报国精神的建议。同年 12 月，习近平总书记在给 15 位交大老教授的来信中做出重要指示，希望西安交通大学师生传承好西迁精神，为西部发展、国家建设奉献智慧和力量。2020 年 4 月 22 日，习近平总书记莅临学校视察，看望西迁老教授代表，参观西迁博物馆，听取西迁历史及西迁以来学校的发展情况汇报。习近平总书记指出："'西迁精神'的核心是爱国主义，精髓是听党指挥跟党走，与党和国家、与民族和人民同呼吸、共命运，具有深刻现实意义和历史意义。"

2)教学方法与教学设计

(1)教学方法。

本节内容采用案例教学、实践教学和开放式研讨教学相结合的方式。

(2)教学设计。

第一步：案例介绍。通过讲解西安交通大学的校史，结合西迁故事，引导学生深入理解"西迁精神"。

第二步：参观西迁博物馆的感想汇报与开放式研讨。上节课留给同学们的课后任务是参观西迁博物馆，本节课请大家谈谈感想，以及关于人生选择的思考。

第三步：教师总结。西迁老教授的故事就是交通大学胸怀大局，以国家民族的发展与强盛为己任，致力于中国西部工业建设的生动写照，必将激励全体师生在新时代拼搏奋进，坚定扎根西部、服务国家的理念，为将我校建成世界一流大学，为实现中华民族伟大复兴的中国梦，作出崭新的贡献。

5. 案例反思

接力棒传递到我们这一代人的手上，新一代交大人应继承和发扬"西迁精神"，勇于进取，不断攀登科技高峰；甘于寂寞，从平凡之处成就伟业；乐于奉献，投身祖国最需要的地方。中国复兴盛世的历史重任在我辈，为国争光的理想一定会实现！

(二)案例二展示

1. 案例主题

坚定不移走自主创新道路，努力实现关键核心技术自主可控。

2. 结合章节

第三章半导体载流子的统计分布第 1 节状态密度。

3. 案例意义

2018 年起美国发动了以"中兴事件"和"华为事件"为首的科技战，授课教师引入该时事政治，使学生清楚集成电路产业对国家经济社会的重要性，对国防安全的重要性，了解我国集成电路产业的现状，认识我国该产业的落后局面，激发学生投身集成电路产业的热情，使学生认识到只有勤奋学习才能打破国外的技术封锁，解决中国的"卡脖子"问题。

4. 案例教学展示

1)案例描述

2018 年 12 月 1 日,华为技术有限公司副董事长孟晚舟女士在加拿大温哥华被捕。随后,美国宣布将华为及其子公司列入出口管制的“实体名单”,对其进行技术封锁。中兴公司也遭到了同样的打压,但是由于缺少核心芯片技术,不得不向美方低头,交了 14 亿美元的罚金。而华为却毅然决然地开启了自救之路,投入大量的人力、财力进行自主研发,这才有了国产的鸿蒙系统和鲲鹏计算生态,并且实现了众多核心部件的自主可控。经中国政府不懈努力,2021 年 9 月 24 日,孟晚舟女士乘坐中国政府包机离开加拿大返回祖国。在孟晚舟回国当天,华为公布了自己的全新操作系统欧拉。中国华为的设备一样畅销世界各地,中国也拥有了自己的操作系统,中国公司的进步是不可阻挡的。

2)教学方法与教学设计

(1)教学方法。

本节内容采用案例教学、讨论式教学和启发式教学相结合的方式。

(2)教学设计。

第一步:案例介绍。通过新闻报道介绍、视频播放等方式,向学生详细介绍“华为事件”和“中兴事件”。

第二步:案例讨论。请学生以小组为单位进行讨论,在我国集成电路产业落后的背景下,中国应该怎么办?同学们应该怎么做?然后每组派一位代表进行发言。

第三步:教师总结。点评学生的发言,以习近平总书记的重要讲话鼓励大家:“我们必须坚定不移走自主创新道路,坚定信心、埋头苦干,突破关键核心技术,努力在关键领域实现自主可控,保障产业链供应链安全,增强我国科技应对国际风险挑战的能力。”

5. 案例反思

我国在微电子和集成电路领域的落后,成为近几年西方发达国家对我国实施各种禁令和制裁的重灾区。要想打赢这场科技战,我们每一位微电子专业的学生都责无旁贷,要认清国际国内行业形势,努力学好专业知识,为在国家最需要的专业领域报效党和国家做好准备,并在毕业后投身到相关的企业,实现强“芯”报国。

(三)案例三展示

1. 案例主题

没有共产党,就没有新中国。

2. 结合章节

第五章非平衡载流子第 3 节载流子扩散、漂移运动,爱因斯坦关系式。

3.案例意义

一部抗战史,就是一部鲜血写就的英雄史,就是一部伟大的"抗战精神"的彰显史,正如习近平总书记所讲的:"中国人民抗日战争胜利是以爱国主义为核心的民族精神的伟大胜利。"在长达十几年的浴血奋战中,无论条件多么艰苦、形势多么险恶、战争多么残酷,中国共产党人始终奋战于抗战最前线。作为新时代的中国青年,要担当起党和人民赋予的历史重任,在激扬青春、开拓人生、奉献社会的进程中书写无愧于时代的壮丽篇章。

4.案例教学展示

1)案例描述

本章讲解爱因斯坦关系式的时候,引入爱因斯坦的生平事迹。他不仅是伟大的物理学家,而且在二战后积极倡导和平,反对使用核武器。1931 年 11 月,爱因斯坦号召各国对日本实行经济封锁,以制止其对中国的军事侵略。

经过十几年浴血奋战,抗日战争终于取得了胜利。

2020 年 9 月 3 日,习近平总书记发表重要讲话——《在纪念中国人民抗日战争暨世界反法西斯战争胜利 75 周年座谈会上的讲话》,他强调:"中国人民抗日战争胜利是以爱国主义为核心的民族精神的伟大胜利。""中国人民抗日战争胜利是中国共产党发挥中流砥柱作用的伟大胜利。""中国人民抗日战争胜利是全民族众志成城奋勇抗战的伟大胜利。""中国人民抗日战争胜利是中国人民同反法西斯同盟国以及各国人民并肩战斗的伟大胜利。"

2)教学方法与教学设计

(1)教学方法。

本节内容采用案例教学,启发式教学和开放式研讨教学相结合的方式。

(2)教学设计。

第一步:案例介绍。授课教师介绍中国共产党带领全国人民进行的十几年的抗日战争。

第二步:调研汇报结合开放式研讨。请同学们围绕"学党史,讲党史",汇报自己的党史学习情况,并谈谈自己的体会。

第三步:教师总结。百年来中国共产党团结带领中国人民开辟了伟大道路,创造了伟大事业,取得了伟大成就。我们不是生活在一个和平的年代,而是生活在一个和平的国家,我们今天的幸福生活都是先辈们用鲜血换来的。作为新时代的建设者和接班人,要爱国爱党、居安思危,时刻保持清醒的头脑,以史为鉴,开创未来!

5.案例反思

90 多年过去了,抗战的硝烟已经散去,但历史的记忆永远铭刻。今天,我们纪念抗战的伟大胜利,最根本的一条,就是要牢记中国共产党的中流砥柱作用是中国人民抗日战争胜利的关键，就是要坚持中国共产党领导，就是要坚决维护习近平总书记党中央的核心、全党的核心地位，坚决维护党中央权威和集中统一领导。

（四）案例四展示

1.案例主题

生命是什么——生命以负熵为生。

2.结合章节

第六章金属和半导体的接触第1节金属半导体接触及其能级图。

3.案例意义

通过讲解熵增定律是如何影响个人、企业乃至国家，和学生一同探讨生命的意义以及对抗熵增定律的方法。鼓励大家走出舒适区，保持开放包容的态度，不断学习，提升对自然规律和社会规律的认识，实现自己的人生价值。

4.案例教学展示

1）案例描述

金属中的电子需要足够的能量才能逸出。生命只有主动投入能量做功，才能抵御宇宙的终极规律，这就是熵增定律。熵增定律指任何一个系统，只要满足封闭系统，而且无外力维持，它就会趋于混乱和无序。它揭示了所有生命和非生命的演化规律。比如屋子不收拾会变乱，热水会慢慢变凉，太阳会不断燃烧衰变直到宇宙的尽头——热寂。对于个人而言，自律总是比懒散痛苦，放弃总是比坚持轻松。对于群体来说，封闭的国家会被世界淘汰。

如何破解？对于个人而言，首先，我们要行动起来掌控生活的节奏；其次，要不断学习，勇往直前；最后，要提升自己的眼界和认知。

2）教学方法与教学设计

（1）教学方法。

本节内容采用案例教学、问题导向教学与讨论教学相结合的方式。

（2）教学设计。

第一步：案例讲解。由金属半导体接触后的电子运动和能量传递，引出熵增定律。

第二步：提问结合讨论。熵增定律揭示了宇宙终结走向热寂，那生命的意义是什么？请学生以小组为单位进行讨论，并派代表发表观点。

第三步：教师总结。学生要走出舒适区，主动赋能，打破固定思维，改变为成长型思维，要终身学习，终身探索。

5.案例反思

在本节的知识讲解中，授课教师通过知识扩展，引导学生关注物理学中揭示宇宙演变的很多有趣而意义深刻的定律，激发学生的学习热情和探索精神。

能源绿色转化与碳减排

王长安[①] 邓 磊[②]

一、课程思政总体建设目标

能源绿色转化与碳减排是西安交通大学基础通识类选修课，属于“科学探索与技术创新”模块课程，32 学时，2 学分，面向全校本科生开设。

在本课程授课时教师将专业教育与思政教育有机融合，实现协同效应，实现高校教育立德树人的目的。首先，帮助学生掌握能源转化、环境污染控制和碳捕集封存技术的基本知识，了解绿色能源的研究现状及低碳社会的发展趋势；其次，使学生认识当前全球面临的严峻能源环境问题，深刻体会我国社会绿色低碳发展的必要性；再次，使学生了解绿色能源的实现途径及发展趋势，深刻认识“碳达峰”“碳中和”的重要性；最后，深入发掘学生内心对专业认知的愿望，提高学生的个人专业素养和思想深度，培养学生强烈的社会责任感和大局意识，树立社会主义核心价值观，增强“四个意识”、坚定“四个自信”、做到“两个维护”，促进学生综合素质的全面提高。

二、各个章节课程思政建设目标

第一章 绿色低碳能源概论

1. 能源概念与能源资源开发
2. 绿色低碳能源
3. 能源发展历史
4. 世界能源布局与电力生产
5. 中国能源现状与电力发展

课程思政内容设计：能源资源开发利用促进了社会的快速发展，但也带来了一系列问题，如环境污染、生态破坏、国际争端等。党的十九大报告对推进能源生产

---

① 王长安，能动学院副教授，主要研究领域是化石燃料高效清洁转化与碳捕集。

② 邓磊，能动学院副教授，主要研究领域是可再生能源。

和消费革命，构建清洁、低碳、安全、高效的能源体系，实现绿色发展提出了具体要求，为我国能源发展指明了方向。首先，结合国家在能源与碳减排领域的相关政策、法规及会议精神，将习近平总书记相关重要讲话精神融入课程思政育人的全过程，突出能源绿色转化与碳减排相关的国家战略层面的价值引导，指导学生针对性地学习、分析及领悟相关讲话和文件精神的内涵，引导学生培养相关的科研兴趣和报国情怀；其次，该章课程丰富了国家能源绿色转化与碳减排相关战略的内容，增加了陕西省及“一带一路”沿线国家和地区能源产业现状及发展趋势等内容，立足培养家国情怀浓厚、理想信念坚定、科学素养完善、实践能力扎实的学生；最后，结合学生日常生活中接触到的雾霾天气、城市垃圾、汽车尾气、建筑噪声、气候变化等与能源转化密切相关的一些典型案例，丰富学生对能源绿色转化和碳减排重要性的认识，引发学生对相关能源环境问题的内心共鸣，引导学生从自身实际出发，挖掘在不同成长阶段能够参与其中的方式和途径，加深对社会主义核心价值观的认识，树立民族自豪感。

第二章 能源环境问题与社会发展

1. 人类面临的世界性能源与环境问题

2. 能源和环境问题对社会发展的影响

3. 可持续发展

课程思政内容设计：能源是人类文明与社会发展的基石，然而能源利用造成了诸多的环境和社会问题。如何协调能源、经济、社会之间的关系，实现人类社会的可持续发展，是一个非常重要的科学问题。

授课教师通过讲授世界闻名的环境污染事件，加深学生对能源开发过程中潜在环境问题的认识，使其充分认识到在我国能源开发过程中不能走“先污染后治理”的路线，坚定学生对社会主义制度优越性的信心。通过观看《创新中国》中关于中国煤电的介绍片段，尤其是代表世界煤电最高水平的上海外高桥第三发电厂（行业内称为“外三”）的科技创新介绍，学习“外三”如何在世界上发达的大都市之一上海实现燃煤发电污染物近零排放，使学生了解我国近年来在能源科技创新领域的突出成果。能源、环境、社会之间存在辩证统一的关系，节约能源、保护环境并不会限制社会发展，反而从长远来看会促进社会的高效可持续发展。通过讲授可持续发展的定义与内涵，使学生充分认识到可持续发展的目的是发展，关键是可持续，使学生充分认识到我国改革开放以来的经济高速发展对环境保护和社会发展的重要性。

第三章 能源转化大气污染控制

1. 主要大气污染物的危害及生成机理

2. 能源转化过程大气污染物控制技术

课程思政内容设计：近年来雾霾对我国经济发展、环境改善、人民生活产生了深远影响。教师通过雾霾成因的讲授，使学生对雾霾有更为直观与清晰的认识，理解大气污染治理的重要性，增强社会责任感、环保意识以及作为当代大学生的历史使命感。教育学生充分认识大气污染控制不仅仅是一个技术问题，更是一个理念问题。为了我国社会的可持续发展，并达到显著的节能减排，实现固废资源的高效清洁利用是必然要求。以我国典型的“鸡粪发电”技术为例，介绍我国在固废资源化利用方面的创新举措，一方面激发学生对能源高效清洁转化技术研发的热情，另一方面强化对我国科技创新能力的自信。

科技原始创新在污染物排放控制方面发挥着至关重要的作用。在2020年召开的科学家座谈会上，习近平总书记强调：“科技创新特别是原始创新要有创造性思辨的能力、严格求证的方法，不迷信学术权威，不盲从既有学说，敢于大胆质疑，认真实证，不断试验。”在能源转化与碳减排技术开发过程中，原始创新非常重要。围绕能源高效转化原始技术创新，介绍国家鼓励原始创新的政策和习近平总书记重要讲话精神，阐述能源转化与利用过程中，技术原始创新的重要性与主要体现，培养学生树立原始创新的理念。以典型优秀科学家代表，如居里夫人、钱学森、屠呦呦等为例，介绍他们拥有的科学家精神特征，组织学生研讨对原始创新的理解及其在能源转化方面的认识。

第四章 水能、太阳能及风能的开发与利用

1. 水能的开发现状与发展趋势
2. 太阳能(光伏)的开发现状与发展趋势
3. 太阳能(光热)的开发现状与发展趋势
4. 风能的开发现状与发展趋势

课程思政内容设计：传统化石能源的利用带来了大量的环境污染和碳排放问题，近年来全球诸多国家都在大力发展可再生新能源，以实现大规模的碳减排与污染物控制。首先介绍可再生能源的定义、分类及优缺点；其次介绍全球可再生能源发展历程；最后引导学生充分认识可再生能源发展对我国经济转型与社会发展的重要性，认识到国家可再生能源发展战略的前瞻性，树立国家意识和民族自豪感。

可再生能源发展迅猛，然而我国的基础能源仍以煤炭为主，煤炭发挥着国家能源“压舱石”的重要作用，保障我国能源安全。通过“可再生能源的理性思考”视频短片的观看和课堂探讨、辩论，引导学生更加客观、辩证地看待我国可再生能源发展和煤炭高效清洁利用之间的辩证关系，使其充分认识到坚持科技自主创新、自力更生的重要性。由于风电、光电存在波动大的问题，且电能目前无法大规模储存，因而前几年在我国存在严重的弃风与弃光现象。结合国家发改委、国家能源局关于加快推动新型储能发展的指导意见，引导学生关注我国能源领域的最新发展战略与动态，关心国家时政，将个人发展与国家“四个面向”紧密结合，强化学生对“四个面向”的认同，而不是只关注个人利益得失与短期效益。

第五章 生物质能、地热能及海洋能的开发与利用

1. 生物质能的开发现状与发展趋势

2. 地热能的开发现状与发展趋势

3. 海洋能的开发现状与发展趋势

课程思政内容设计：生物质利用历史悠久，生物质种类众多，主要包括农林固废、污泥、垃圾等，然而传统生物质资源利用效率低，缺少高附加值的资源化利用技术。而传统农业生产过程中直接焚烧秸秆等行为，也加剧了秋冬季节雾霾问题。授课教师通过介绍最新的生物质发电技术利用现状，生物质制油技术发展趋势等，引导学生关注技术革新与新技术开发，立志投身能源绿色转化技术开发。

通过纪录片《未来能源（*Powering the Future*）》视频剪辑短片，介绍最新微生物制生物燃料技术和人造树叶制氢技术，引导学生发散思维，打破常规，大胆去思考创新。强化培养当代大学生的创新意识和创新思维，引导学生树立正确的人生观、世界观和价值观，积极思考，创新思维，不因循守旧。针对绿色能源地热能和海洋能开发过程中涉及的能源转化效率低、环境污染等问题，引导学生思考如何合理高效地开发新能源，建立全生命周期评价能源利用效能的思维方式，同时提高学生对我国倡导的人与自然和谐共处理念的认识，进而让学生明白，我们必须坚定不移推动能源绿色转型发展，推进能源清洁低碳高效利用，坚持系统观念，只有这样，才能满足经济社会发展和能源转型需要，才能为实现经济平稳健康可持续发展提供坚实支撑。

第六章 碳捕集封存与碳减排

1. 碳捕集技术研究现状及发展趋势

2. 碳封存技术研究现状及发展趋势

3. 碳减排与低碳经济社会发展

课程思政内容设计：全球社会发展，尤其是第二次工业革命后，伴随着社会经济快速发展的是化石能源的大量消耗，在这个过程中人类向大气中排放了过量的二氧化碳，加剧了全球温室效应、环境变化与自然灾害。通过介绍由于温室气体大量排放带来的一系列环境问题与自然灾害，使学生对碳减排重要性有充分的认识，深刻理解我国多年来强调节能减排工作的重要性，充分认识坚持中国特色社会主义道路的深远意义。

《习近平在第七十五届联合国大会一般性辩论上的讲话》中指出："中国将提高国家自主贡献力度，采取更加有力的政策和措施，二氧化碳排放力争于 2030 年前达到峰值，努力争取 2060 年前实现碳中和。"首先介绍什么是碳达峰和碳中和？为什么要实现碳达峰和碳中和？其次介绍碳达峰和碳中和的实施路线及对能源发展的影响，重点介绍能源领域举措；最后引导学生思考：助力实现碳中和，我们能干些什么？通过该内容讲授，强化学生对于该问题的认识，深刻理解"双碳"目标对我国能源结构、经济发展、社会制度建设的重要影响，体现我国负责任的大国意识，树立

民族自信心。

三、课程思政案例展示

(一)案例一展示

1.案例主题

创新中国。

2.结合章节

第二章能源环境问题与社会发展第1节人类面临的世界性能源与环境问题。

3.案例意义

本案例的思政融入点:我国能源结构以煤为主,然而煤炭利用转化过程中易造成严重的环境污染问题,我国的能源特征使得环境保护的压力很大。改革开放以来,我国企业的创新能力不断提升,在很多方面达到了世界领先水平。通过能源领域典型企业的创新案例,增加学生对我国科学技术水平的自信、对社会主义核心价值观的认同、对科学技术研究“四个面向”的认识。通过该课程思政案例,引导学生意识到,中国人能够解决中国的事情,不要盲目崇外。作为当代大学生,要坚持民族自信,保持发展信心,沉下心来踏实苦干。

4.案例教学展示

1)案例描述

能源是人类文明与社会发展的基石,然而能源利用造成了诸多的环境和社会问题,如何协调能源、经济、社会之间的关系,实现人类社会的可持续发展,是一个非常重要的科学问题。煤炭作为世界上最主要的化石能源之一,在促进人类社会发展的同时,也带来了大量的环境问题。我国一次能源以煤为主,因此煤炭清洁利用的难度决定了我国要面临更加严峻的“能源—环境—社会”矛盾统一问题。考虑到能源安全问题,我国的能源利用要减少对外依存度,立足我国自身的能源禀赋,在大力开发新能源的同时,必须实现煤炭资源的高效清洁低碳利用,坚定不移地走符合我国国情的中国特色自主发展道路。通过观看《创新中国》第二集中关于中国煤电的介绍,尤其是代表世界煤电最高水平的上海外高桥第三发电厂(行业内称为“外三”)的科技创新介绍,学习“外三”如何在世界上发达的大都市里实现燃煤发电污染物的近零排放、最低的发电煤耗,以及如何融合多项科技创新。通过该案例,鼓励学生可以通过技术革新实现传统能源的高效低污染利用,使学生了解我国近年来在能源科技创新领域的突出成果,引导学生勇于投身到能源高效转化与环境保护的科学研究领域之中。

2)教学方法与教学设计

(1)教学方法。

本节内容采用案例教学、课堂思辨讨论式教学的方式,并融合主题案例多媒体视频。

(2)教学设计。

第一步:以上海外高桥第三发电有限责任公司为例,通过多媒体视频短片,介绍我国煤电行业典型企业在能源高效清洁利用方面的创新举措与核心技术。

第二步:组织学生进行课堂思辨讨论,探讨经济发展是否必然会带来环境问题。教师总结学生发言,加深学生对我国能源利用技术创新能力提升的认识,激发学生的民族自信及爱国情怀。

第三步:布置课后作业,安排学生调研我国能源相关企业在高效洁净利用方面的创新举措,撰写调研报告,加深学生对该问题的认识,总结认知,进行案例结果定量化分析。

5.案例反思

本将我国的能源转化创新能力与课程内容结合,重点介绍中国企业在传统能源转化方面的创新。一方面,让学生对煤炭清洁发电技术的现状和发展趋势有宏观上的认识;另一方面,让学生了解我国在该领域的技术水平和创新举措。此外,使得学生充分认识到,对于中国企业来说,要坚持走适合我国国情的中国特色自主发展道路,坚持大力扶持清洁能源发展与煤炭资源的高效清洁低碳利用之间有机融合、协同发展。通过增强学生对祖国的自豪感,对我国在能源领域技术的自信,激励更多学生投身于能源高效转化领域的工作和研究中,并切实提升学生个人素养和思想高度。

(二)案例二展示

1.案例主题

原始创新与科学家精神。

2.结合章节

第三章能源转化大气污染控制第 2 节能源转化过程大气污染物控制技术。

3.案例意义

本案例的思政融入点:授课教师从《人民日报思想纵横:更加注重原始创新》入手,引入 2020 年习近平总书记《在科学家座谈会上的讲话》:“科技创新特别是原始创新要有创造性思辨的能力、严格求证的方法,不迷信学术权威,不盲从既有学说,敢于大胆质疑,认真实证,不断试验。”使学生充分认识到原始创新对能源转化污染物控制的重要性,使学生能够积极去尝试做原创性的工作,引导学生立志于做领跑工作，敢于啃硬骨头，敢于尝试原始创新。此外，从杰出科学家典型事迹中引出科学家精神，倡导当代大学生要具备无私奉献精神和求真务实精神，要努力做到思想有高度、意识有深度、胸怀有广度。

4.案例教学展示

1)案例描述

人类利用能源过程中产生了各种废弃物，而废弃物如果能得到合理的利用，也是一种能源资源。为了促进我国社会经济的可持续发展，固废资源化利用已经迫在眉睫，而原始技术创新能够有力推动固废的资源化利用。以我国南方某地的“鸡粪发电”技术为例，介绍我国在固废资源化利用方面的创新举措，激发学生对能源高效清洁转化技术研发的热情，强化学生对我国科技创新能力的自信。

原始创新离不开顶尖科学家和普通科技工作者的共同努力。由两句诗“衣带渐宽终不悔，为伊消得人憔悴”(柳永《蝶恋花》)、“春蚕到死丝方尽，蜡炬成灰泪始干”(李商隐《无题》)引入习近平总书记重要讲话中强调的科学家精神。以典型优秀科学家代表，如钱学森、屠呦呦、居里夫人等为例，介绍他们拥有的科学家精神特征。

重点以本学科典型人物或榜样事迹为例，如傅里叶、爱因斯坦、钱三强、吴仲华等，介绍他们的科研经历、卓越成就、奋斗历程与高尚品格，以此来引导学生提升个人素养和思想深度，激励学生树立专业奋斗的个人理想，给学生树立榜样，增强学生投身学科建设的热情和责任感。

通过本学科典型人物事迹的深入挖掘，引发学生对无私奉献精神的思考和理解，引导他们在职业选择中坚持“四个面向”，努力将个人发展与国家社会进步紧密联系起来。

2)教学方法与教学设计

(1)教学方法。

本节内容采用案例教学、启发式教学及情景讨论式教学相结合的方式。

(2)教学设计。

第一步：介绍国家鼓励原始创新的政策和习近平总书记重要讲话精神，介绍什么是原始创新，原始创新的影响因素、演化机理与特征等。

第二步：阐述能源转化与利用过程中，技术原始创新的重要性与主要体现。

第三步：以“鸡粪发电”为例，介绍能源企业在技术创新方面的举措，培养学生梳理原始创新的理念。

第四步：引入科学家精神，引导学生谈谈对科学家精神的认识和思考，教师总结学生对原始创新和科学家精神的认识，从而增强学生的无私奉献精神和求真务实态度。

5. 案例反思

案例关注两个点：原始技术创新和科学家精神。这两个点密切相关、互相影响。只有通过持续不断原始技术创新，才能不断解决人类在能源利用过程中遇到的环境问题，而科学家精神是一个民族拥有持续不断创新能力的原始动力。通过两方面授课内容的有机结合，使学生认识到原始创新能力在很大程度上决定着一个国家、一个民族的核心竞争力，而我们中华民族是富有创新精神的民族，创新精神是中华民族生生不息、发展壮大的强大动力。同时，让学生意识到自己在这个过程中应该起到的作用和承担的社会责任。

（三）案例三展示

1. 案例主题

节能减排，点滴小事做起。

2. 结合章节

第六章碳捕集封存与碳减排第 3 节碳减排与低碳经济社会发展。

3. 案例意义

本案例的思政融入点：随着全球气候变化对人类社会构成重大威胁，越来越多的国家将“碳中和”上升为国家战略。2020 年中国宣布“碳达峰”和“碳中和”的目标愿景，“双碳”目标的提出有着深刻的国内外历史背景，必将对我国经济社会产生深刻的影响。通过该案例，加深学生对“双碳”目标的认识，以及对国家战略的持续关注。引导新时代大学生始终关心国家宏观战略，树立大局意识，充分意识到节能减排对我国社会发展的重要性，始终树立节能减排的宏观意识。

4. 案例教学展示

1）案例描述

电影《后天》主要讲述了温室效应造成地球气候异变，全球即将陷入第二次冰河纪的故事。大自然以简单粗暴的方式在极短的时间内将人类破坏的环境平衡恢复到另一个平衡点。授课教师以《后天》的片段引入温室效应对地球环境、人类社会发展的巨大影响。

气候变化是人类面临的全球性问题，随着各国二氧化碳排放，导致温室气体猛增，气候变化对生命系统已经形成威胁。在这一背景下，世界各国以全球协约的方式减排温室气体，我国由此提出碳达峰和碳中和目标。能源转化是碳排放的主要来源之一，在能源领域如何实施“双碳”目标就非常重要，如调整能源结构，推动产业结构转型，提升能源利用效率，低碳技术研发推广，建立低碳发展体制机制，增加生态碳汇等。

“双碳”目标的实现和大家都息息相关，案例教育学生要在平时的点滴小事中做到节能减排，例如及时关电脑、自备购物袋、种一棵树等。教师介绍日常生活、科研工作中涉及节能减排的场景，启发学生思考如何从点滴小事做起，如何切实地参与其中，激励学生为碳减排贡献自己的一份力量。

2)教学方法与教学设计

(1)教学方法。

本节内容采用案例教学、讨论式教学模式，并结合主题案例多媒体视频教学和学生观点性评述研究论文撰写。

(2)教学设计。

第一步：由温室效应灾难片的剪辑短片和对珊瑚生态影响介绍，引入碳减排与碳中和的主题，安排学生课堂讨论过量的碳排放对人类生活环境的可能影响，增强学生节能减排的意识。

第二步：通过重温《习近平在第七十五届联合国大会一般性辩论上的讲话》，介绍什么是碳达峰和碳中和？为什么要实现碳达峰和碳中和？碳达峰和碳中和的实施路线及对能源发展的影响？重点介绍能源领域举措。

第三步：引导学生思考，助力实现碳中和，我们能干些什么？安排学生进行文献资料调研，并完成观点性评述研究论文撰写，加深学生对该问题的认识，授课教师总结学生论文，加深学生对"双碳"目标战略高度的认识。

5. 案例反思

案例首先让学生意识到过量的碳排放、温室效应等给人类环境已经造成的潜在危害，进而深刻认识到我国"双碳"目标的现实意义和长远影响。作为发展中国家，中国的人均碳排放远远小于西方发达国家，"双碳"目标将对我国的经济社会发展产生深远的影响，在这种背景下中国依然做出力争2030年前达到峰值，争取2060年前实现碳中和的庄严承诺，让学生有更加深刻的民族自豪感。此外，通过课堂研讨和论文撰写，让学生认识到节能减排可以从点滴小事做起，努力在日常生活中做到节能减排。鼓励学生通过努力学习提高自身科技创新能力，为将来中国深度的节能减排工作贡献自己的一份力量。

化工原理

吴志强[①] 谢 涛[②] 刘桂莲 [③] 伊春海[④]

一、课程思政总体建设目标

化工原理是西安交通大学专业大类基础课，112 学时，7 学分，面向化学工程与工艺及相近专业本科生开设。

化工原理是以化工生产过程为研究对象的一门基础技术课程，是所有化工专业必修的基础课，在化学工程与工艺专业的本科教学中占有非常重要的地位。教师在本课程授课时将充分挖掘课程知识背后的思政元素，使学生了解“绿色化工”的意义和重要性，结合化工领域经典案例讲述“绿色化工”发展必要性，引导学生重视化工技术与自然和谐共存，努力实现“美丽化工、魅力中国”，为“碳达峰”“碳中和”的伟大目标奉献自己的智慧与力量，最终充分调动学生主动学习的积极性，增强其对所学专业的认同感和自豪感，提升学生专业强国的意识及报效祖国的决心。

二、各个章节课程思政建设目标

化工原理课程教学主要围绕化学工程涉及的“三传一反＋X”的“三传”，即“动量传递、质量传递、热量传递”讲授，从“基本概念/定理”“关键设备设计”“典型单元操作”三个层次展开。为此，课程思政建设以动量传递、热量传递、质量传递三大模块展开。

第一模块　动量传递

第一章 流体力学基础

1. 概述

2. 流体静力学及其应用

3. 流体流动的基本方程

---

① 吴志强，化工学院副教授，主要研究领域为碳基固体燃料催化转化。

② 谢 涛，化工学院副教授，主要研究领域为太阳能高效热化学转化。

③ 刘桂莲，化工学院教授，主要研究领域为系统集成与优化。

④ 伊春海，化工学院教授，主要研究领域为膜分离过程强化。

4. 管路的计算

5. 边界层及边界层方程

6. 湍流

7. 流速、流量的测量

第二章 流体输送机械

1. 概述

2. 速度式流体输送机械

3. 容积式流体输送机械

4. 真空泵

5. 流体输送机械的特点

第三章 机械分离与固体流态化

1. 过滤

2. 沉降

课程思政内容设计:动量传递教学内容主要涉及流体静力学与流体流动基本方程等基本概念,以及在此基础上发展的流体输送机械、机械分离与固体液态化等典型化工单元操作。本章中思政元素的重点在于以动量传递中至关重要的"牛顿定律""伯努利方程"为切入点,以"纸张吹气实验"和"机翼上下表面压差"两个错误案例为警示,告诫学生"善于思考、善于批判"。同时还注重传播科学家的探索精神、爱国爱家的情怀和坚忍不拔的精神,激发学生追求科学的兴趣,培养学生踏实勤奋、吃苦耐劳、精益求精、实践创新的工匠精神。

以叶轮机械的能量传递转换过程,引出我国高精尖制造业的关键难题"两机专项研究",引导学生了解我国所面临的复杂国际形势,倡导学生不畏艰险、坚守信念、百折不挠、勇往直前,在学习课程内容的同时,培养自己的创新与实践能力,以自身的所学所用,报效祖国的科技发展,为实现中华民族伟大复兴的中国梦而不懈奋斗。

第二模块 热量传递

第四章 热量传递基础

1. 概述

2. 热传导

3. 对流传热

4. 冷凝与沸腾传热

5. 辐射传热

第五章 传热过程计算与换热器

1. 传热过程分析

2. 传热过程的基本方程

3. 传热过程温差的计算

4. 传热效率和传热单元数

5. 换热器计算的设计型和操作性问题

6. 换热器

第六章 蒸发

1. 概述

2. 蒸发器与辅助设备

3. 蒸发计算基础

4. 单效蒸发与多效蒸发

5. 蒸发的强化措施

课程思政内容设计：热量传递章节主要介绍热量传递的基本概念，换热器的设计和操作计算以及强化换热的基本策略。本章中思政元素的重点在于以"碳减排"为核心，以"节能、高效"为基本目标。通过讲述热量传递在化工生产、资源利用、能源开发以及环境保护等国民经济支柱行业中所发挥的重大作用，展示全体化工人在设计、优化、节能降碳中所扮演的关键性角色，坚定学生传承"胸怀大局、无私奉献、弘扬传统、艰苦创业"的精神，继承和发扬"西迁精神"。

结合西安交通大学杰出教师代表陶文铨院士的典型事迹，及其领导的团队在"高效节能的连续螺旋折流板换热器""高效低阻气体强化换热技术"等方面的科技成果，引导学生树立实践创新、精益求精的科研创新精神，掌握在辩证唯物主义思想指导下的"突破主要矛盾，取得高效节能"的基本策略。同时，以我国一流科学家锐意进取、敢于创新的精神，引导学生发扬"功成不必在我、功成必定有我"的大团队协作精神，坚定学生建设"富强民主文明和谐美丽的社会主义现代化强国"的伟大理想。

第三模块　质量传递

第七章 质量传递基础

1. 概述

2. 分子传质

3. 一维稳定分子传质

4. 对流传质

5. 传质设备简介

第八章 吸收

1. 概述

2. 吸收过程相平衡基础

3. 吸收过程模型及传质速率方程

4. 吸收塔计算

第九章 蒸馏

1. 概述

2. 二元物系的气液相平衡

3. 蒸馏方式

4. 二元连续精馏的分析与计算

5. 其他精馏方式

6. 多元精馏

第十章 气液传质设备

1. 填料塔

2. 板式塔

3. 塔设备的比较和选型

课程内容思政设计:质量传递章节主要涉及吸收、蒸馏、萃取、膜分离等典型化工传质单元的基本作用原理及传质设备的设计与操作优化计算等。本章中课程思政元素的重点在于紧密结合我国化工领域知名学者侯德榜在建设我国合成氨、硝酸、硫酸、纯碱、碳酸氢铵等重要化工工业中,面对国外技术封锁,如何坚忍不拔、艰苦努力,解决一系列技术难题,取得成功的事迹,引导学生牢固树立"科学技术是第一生产力"的信念,坚定学生"胸怀大局、无私奉献、弘扬传统、艰苦创业"的精神,并积极倡导学生发扬中华民族锐意进取、勇于开拓的民族精神,以切身行动,落实有关"实业救国""实干兴邦"的伟大倡议。

通过化工生产过程中塔设备的节能优化和空气中直接捕集二氧化碳前沿研讨,引导学生聚焦国家"3060""双碳"目标;通过分离效果、能耗和投资的权衡、气膜/液膜理论及控制步骤引入马克思主义哲学观点方法中的主要矛盾与次要矛盾,培养学生的哲学思维和方法;通过洒水车经济稳定运行案例分析引导学生关注节能降耗,为实现"绿水青山就是金山银山"及"碳达峰""碳中和"的伟大目标贡献自己的智慧与力量。

三、课程思政案例展示

(一)案例一展示

1. 案例主题

绿色低碳,你我共建——从洒水车经济运行说起。

2. 结合章节

第三模块质量传递第七章质量传递基础第 3 节一维稳定分子传质。

3. 案例意义

本案例的思政融入点:《中共中央国务院关于完整准确全面贯彻新发展理念做

好碳达峰碳中和工作的意见》《2030 年前碳达峰行动方案》两份重磅文件的印发，为确保如期实现“碳达峰”“碳中和”，高屋建瓴地提出了引领性意见，同时也向世界宣告中国推进绿色低碳转型和高质量发展的信念始终如一、行动坚定不移，为全球实现应对气候变化《巴黎协定》目标注入强大动力，推动共建清洁美丽世界。案例以习近平生态文明思想为指导，聚焦“节能降碳，绿色发展”“低碳生活，绿建未来”主题，倡导节能降碳和绿色发展理念，倡导绿色低碳生活方式，突出节约型校园建设。“节约型高校”是“建设节约型社会”重要组成部分。案例以夏季学校后勤部门安排洒水车在校园主要干道洒水为切入点，探讨如何确定最适宜的洒水量、随意洒水或精细洒水？可否能根据天气和学校路面情况实现精准洒水？通过学生身边的案例，倡导节约水资源。

4. 案例教学展示

1）案例描述

本案例共探讨四个问题，其中两个是探讨扩散系数测试方案，两个是与学生校园生活密切相关的案例。首先，通过课程回顾带领学生温习一维稳定分子扩散的最简单情况——恒定截面积的等摩尔反向扩散；其次，引入新的问题，即如何测定气-液扩散系数，为学习恒定截面积等摩尔单向扩散内容做铺垫；再次，在学习了恒定截面积等摩尔单向扩散的扩散通量求解以后，结合校园洒水车运行案例，即一定厚度的水膜需要多长时间挥发完？或为了维持特定冷却时间需要洒水量是多少？最后，引入新的问题，对于生活中常见的樟脑球或香料等，如何预测其使用寿命，进而与 App 结合实现产品升级？此部分内容为变截面积单向扩散的学习内容。

2）教学方法与教学设计

（1）教学方法。

本节内容采用问题导向、讨论式教学与启发式教学相结合的方式。

（2）教学设计。

结合生活案例进行课程回顾及知识点引入。

课程回顾：①质量传递基础；②如何测定气-气间扩散系数？

知识点引入：①恒定截面单向扩散——如何测定液-气间扩散系数？②恒定截面单向扩散相关通量表达及物理意义；③如何实现校园洒水车经济运行？④变截面单向扩散——如何预测樟脑球或者香料挥发时间实现产品升级？

5. 案例反思

本案例通过课程回顾、知识点引入的方式，引入测定气-气扩散系数，测定气-液扩散系数，实现校园洒水车经济运行，实现樟脑球产品升级设计等案例分析，以四个知识点对应三种不同情形下的扩散方式，将以学生发展为中心及课程思政的理念引入课堂教学。

(二)案例二展示

1. 案例主题

大国重器,科技新图——LNG 运输船中传热与生物质气化焦油转化。

2. 结合章节

第二模块热量传递第五章传热过程计算与换热器。

3. 案例意义

本案例的思政融入点:十九大报告指出“加快生态文明体制改革,建设美丽中国。”“推进能源生产和消费革命,构建清洁低碳、安全高效的能源体系。”其中天然气以及生物质的高效清洁转化至关重要。液化天然气(LNG)运输船被称为世界造船“皇冠上的明珠”,其设计加工和制造与传热过程强化息息相关。以往 LNG 船建造技术被国外垄断,近年来在我国科技工作者和行业领军企业的共同攻关下,攻克了相关关键技术,成功打破了某国的垄断,研制出世界最大的 LNG 船。以此为例向学生讲述大国重器要掌握在自己手里。同时结合目前“零碳”可再生能源生物质气化焦油催化转化这一科技前沿问题,结合实验室设计相关催化转化试验台面临的传热问题进行案例分析。

4. 案例教学展示

1)案例描述

液化天然气(LNG)运输船被称为世界造船“皇冠上的明珠”,是世界公认的最难建造的船,是高技术、高可靠性、高附加值的“三高”特殊船舶。其设计加工和制造与强化传热过程息息相关。

2)教学方法与教学设计

(1)教学方法。

本章内容采用问题导向、讨论式教学与启发式教学相结合的方式。

(2)教学设计。

采用课程回顾及知识点引入方式。

课程回顾:①课程主要内容为“三传”,即动量、热量、质量;②热量传递基础(以 LNG 船为例);③热量传递基础、热传导、一维稳态平壁热传导及圆筒壁热传导。

知识点引入:①换热器的分类(基本类型);②换热器的分类(管式换热器)。

5. 案例反思

结合 LNG 船涉及的传热问题以及实验室需求,进一步聚焦传热科技前沿。教师通过讲解笔记本散热器及青藏高原铁路路基维护方面的知识,使学生掌握热管在笔记本电脑中散热的原理及在青藏高原铁路路基维护方面的应用。

电机学

梁得亮[①] 杜锦华[②] 高 琳[③] 苏少平[④] 贾少锋[⑤] 孙 萍[⑥]

一、课程思政总体建设目标

电机学是西安交通大学电气工程学院开设的专业核心课程，80 学时，4.5 学分，面向电气类专业的本、专科生开设，是课程思政示范课之一。

该课程结合新时代发展的要求，以电机专业知识为切入点，挖掘电机重大创新成果，将辩证思维、生态文明、工匠精神等思政元素融入其中，把对学生进行家国情怀、社会责任等价值观的培养作为课程思政建设的主要方向和重点，同时拓展产学研深度融合建设新途径。

二、各个章节课程思政建设目标

第一章 概述

1. 本课程的任务、内容和目标

2. 本课程的特点及分析方法

3. 电机的发展史和现状

课程思政内容设计：这一章主要介绍电机学的学习方法和学习内容。本章中思政元素的重点在于通过介绍电机技术的发展历史，特别是本专业在重大国计民生行业的重大突破，使学生明确专业背景，增强学生专业学习的自豪感和荣誉感，激发学生的学习兴趣。

授课教师结合世界电机学的发展历史，阐述我国电机从无到有、从弱到强的艰辛发展历程，通过我国"复兴号"高铁、"华龙一号"核电发电机组、特高压直流输电

---

① 梁得亮，电气学院教授，主要研究领域是电机及其驱动系统。

② 杜锦华，电气学院副教授，主要研究领域是电机及其驱动系统。

③ 高琳，电气学院副教授，主要研究领域是电机及其驱动系统。

④ 苏少平，电气学院副教授，主要研究领域是电机及其驱动系统。

⑤ 贾少锋，电气学院副教授，主要研究领域是电机及其驱动系统。

⑥ 孙萍，电气学院高级工程师，主要研究领域是电机及其驱动系统。

等大国重器的研制，向学生展示在中国崛起过程中电机专业领域取得的重大成就，培育学生社会主义核心价值观，并激发学生对专业知识的渴求。

第二章 直流电机

1. 直流电机的工作原理、结构和额定值

2. 直流电机的基本理论

3. 直流发电机

4. 直流电动机

课程思政内容设计：这一章主要介绍直流电机的基本原理和分析方法。本章中思政元素的重点在于通过介绍老一辈交大人投身电机行业的科研故事，帮助同学们理解“西迁精神”所蕴含的核心，体会“西迁精神”的精髓，激发学生的爱国热情和使命担当。

授课教师以钟兆琳老先生为例，重点讲述钟兆琳老先生积极响应国家号召，放弃当年上海舒适的生活条件，携家带口来到西安，为西安交通大学的建立和发展作出的不可磨灭的贡献。目前实验室仍存放着西迁时钟老老生从上海护送至西安的直流发电机。通过钟老先生的事迹，让学生在学习知识的过程中，也不忘培养自己知难而上、勇于拼搏和乐于奉献的优秀品质。

第三章 变压器

1. 变压器的工作原理、结构和额定值

2. 变压器的基本理论

3. 三相变压器

4. 自耦变压器、三绕组变压器和互感器

课程思政内容设计：这一章主要介绍变压器的基本原理和分析方法。本章中思政元素的重点在于结合时事热点，与学生畅聊疫情防控阻击战中与变压器相关的中国速度，从工程案例出发融入技术创新和勇敢担当的专业精神，调动学生的学习热情，引导学生树立正确积极的专业责任感和使命感。

授课教师以抗击疫情的电力变压器人为例，讲述在合肥用 50 小时全新架设一台 400 千伏安容量的变压器并正式送电，在天津用 22 小时增容的 315 千伏安变压器工程施工完毕，在江西用 5 个小时成功更换一台 100 千伏安变压器并完成 10 千伏高沙支线送电，等等。这些疫情时期的中国速度激励青年学子形成热爱祖国、热爱人民、崇尚科学、甘于奉献、勇于担当的价值趋向。

第四章 异步电机

1. 交流旋转电机的绕组

2. 交流绕组中的感应电势和磁势

3. 异步电机的基本理论

4. 三相异步电动机的起动和调速

课程思政内容设计:这一章主要介绍异步电机的基本原理和分析方法。本章中思政元素的重点在于结合直流电机和交流电机的区别,讲述交、直流之争这一历史典故,培养学生运用马克思主义立场观点方法分析和解决问题的能力,并引导他们树立共筑科技强国梦的正确学习观与价值观。

授课教师可以进行交流电机和直流电机的优缺点比较,对其中所包含的事物两面性哲学思想进行挖掘和传授,引导学生要看到事物的两面性,辩证地去分析。同时讲述历史上有名的交、直流之争,引导学生深入理解发展的观点,说明科技的进步不会以个人意志为转移,尊重科技发展规律,服务人类社会需求才是科技发展的持续动力。鼓励学生站在世界历史的高度审视当今世界发展趋势和面临的重大问题,明确科技进步和创新是生产力发展的强大动力,也是文化发展的重要因素。坚定学生科技强国的信念,激发学生科技报国的家国情怀和使命担当。

第五章 同步电机

1. 同步电机的工作原理和结构

2. 同步发电机的基本理论

3. 同步发电机的并网运行

4. 同步电动机

课程思政内容设计:这一章主要介绍同步电机的基本原理和分析方法。本章中思政元素的重点在于结合我国电力装备和高端工业装备的发展进程和现阶段所取得的伟大成就,讲述我国科研工作者在自主创新中认真、务实、严谨、求实的科研作风,以及我国自主科研成果从中国走向世界的艰苦奋斗过程,激发学生的爱国热情,培养学生听党指挥、爱国奋斗、实业报国的精神,达到立德树人的效果。

授课教师对我国汽轮发电机、水轮发电机、大型电力变压器等大型发电装备的发展历史和在三峡电站、大亚湾核电、1 000 kV 特高压输电等国家重大工程中的应用进行回顾,引发学生讨论电机对我国经济与社会发展的重要性,无数电力科技工作者为中国电力装备和高端装备的发展默默耕耘,一代又一代传承,终于使国家的发电装备迈入世界先进行列,激发学生们的自豪感。

三、课程思政案例展示

(一)案例一展示

1. 案例主题

运用辩证思维理解并学好电机学。

2. 结合章节

第一章概述。

3.案例意义

辩证思维既是中华民族传统思想方法的精髓,又是建立在马克思辩证唯物论基础上的科学思维,是中国共产党领导中国革命、建设、改革和奋斗的强大思想武器之一。电机学是一门专业基础课,处处充满着辩证法。本案例总结电机学中的辩证法,引导学生自觉应用辩证思维理解、把握电机学中的矛盾和规律,在学好电机学的同时,树立正确的世界观,运用科学的方法论,为中华民族伟大复兴建功立业。

4.案例教学展示

1)案例描述

电机学课程涉及的内容、方法、实体对象比较多,多届学生反映比较难学。如何引导学生克服畏惧心理,培养学习兴趣,就成了教师在第一课中需要解决的问题。本案例在讲述电机的定义、作用等内容之后,系统总结了电机学课程充满辩证法的特点,帮助学生理解电机学的老与新、多与少、难与易、具体与抽象、理论与实践等辩证特点,为学好电机学做思想准备,建立自觉性和自信心。可以从以下几个方面进行讲述:①古老与崭新相统一。从1821年法拉第建立第一台实验电动机到如今各种各样的新特电机应用在各个领域,充分体现了电机学古老与崭新的统一性。②基础性与专业性相统一。电机学既不同于纯粹的基础理论课,也有别于综合性和侧重点很强的专业课,它在基础课与专业课之间起着承上启下的作用,是重要的专业基础课。③理论性与实践性相统一。电机学本身具有严密的理论体系和分析方法,是理论性很强的课程,电机学所研究的对象是一大类具体可见的实实在在的产品,涉及许多实际问题,具有很强的实践性。④多样性与一致性相统一(重点讲述内容)。电机种类的多样性与基本原理的一致性相统一;电机具体结构的多样性与核心结构的一致性相统一;电机具体问题和分析方法的多样性与分析目标的一致性相统一。

2)教学方法与教学设计

(1)教学方法。

本节教学采用启发式和讨论式教学相结合的方式。

(2)教学设计。

教师在讲述电机的定义、作用等内容后,讲解电机学课程的特点和学习方法。

第一步:以提问的方式引导学生思考。中华民族传统思维的精髓是什么?教师总结:中华民族传统思维的精髓是辩证思维。辩证思维主要特征之一就是对立统一的观点,要用对立统一的观点看问题,坚持两点论和重点论相统一。要自觉应用辩证思维把握电机学的规律。

第二步:简单介绍电机发展的过去、现在和将来。论证电机学是一门古老与崭新相统一的课程，使学生在宽广的时空中定位电机学。结合电机在航天、5代机、机器人等高科技领域的应用论证其崭新性，激发学生的学习兴趣。

第三步：询问学生所学专业，引出电机学课程基础性与专业性相统一的特点。讲解电机本身自成专业、自成行业的特点以及电机学对其他电类、机电类及控制类专业的重要性。

第四步：询问学生见过或用过的电机，引出电机学课程的实践性与理论性相统一的特点。总结电机学课程涉及的理论，如电路、磁路、工程数学等，讲解电机在各个行业的应用及所遇到的典型问题等。

第五步：引导学生尽量说出自己知道的电机，说出所见过的电机名称，引出电机学课程多样性与一致性相统一的特点。教师总结：①电机种类的多样性与基本原理的一致性相统一。电机种类繁多，品种规格数以千计。电机学重点讲述的是流电机、变压器、异步电机和同步电机等四大类，各类又可以进一步细分，使电机学课程的内容呈现出多样性。不论何种类别的电机，其基本原理都是相通的，都是基于电磁感应原理实现能量转换的。支撑电机原理的电磁感应理论可以归纳为两个定律——电磁感应定律和电磁力定律。这就使电机的基本原理呈现出一致性。②电机具体结构的多样性与核心结构的一致性相统一。就每一个具体电机而言，其实际结构相当复杂，可能会有上百个零件。不同种类的电机又有各自特有的结构，这就使得电机学的研究对象在具体结构上呈现出多样性和复杂性。然而，不论具体电机的结构如何复杂多样，其核心结构都是由电路、磁路和机械部件构成的。电机在核心结构上呈现出一致性。③电机具体问题和分析方法的多样性与分析目标的一致性相统一。电机学理论中用到的方法很多，如等效电路、方程式、相量图、试验方法等。电机学所讲述的实际问题也比较多，如电动机的起动、调速、制动，发电机的自励、并网，变压器合闸、突然短路等。这使电机学所涉及的分析方法和实际问题呈现出多样性。但认真梳理一下，会发现这些方法所要达成的分析目标无非就是电机的主要物理量和电机的运行性能，也就是说各种问题及其分析所要达成的分析目标是一致性的，理解了这一点，就能以目标为导向灵活择优选用各种方法去解决问题。

第六步：教师总结。电机种类多、结构复杂、零部件多、分析方法多、要解决的实际问题多。但这些“多”(多样性)都可以转换为“少”(一致性)。①各种电机的基本原理相一致；②各种电机的核心结构相一致；③分析目标相一致。在学习的每一个阶段都要认真梳理，运用辩证思维，在多样性中寻找一致性，抓住共性，并兼顾到各种电机的个性。在学习过程中，应该认真听课、完成作业、积极讨论、做实验、反复阅读课本、总结归纳，充分利用互联网资源了解电机的结构和制造过程，不断培养学习兴趣，一定能学好电机学。

5.案例反思

在具体课程的教学中融入科学的思想方法，能有效地提高学生的自学兴趣，培养其严谨的科学态度，启发其创新灵感。在电机学课程第一讲中通过辩证地总结、归纳电机学课程的特点，能在一定程度上克服学生的畏惧心理，激发其自觉性、自信心和坚强毅力。如果能将科学的辩证思维方法贯穿到今后的学习、工作中，会对提高思想觉悟、创新能力、树立理论自信有很大的促进作用。

(二)案例二展示

1.案例主题

家国情怀、勤奋进取的典范——钟兆琳教授。

2.结合章节

第二章直流电机。

3.案例意义

本案例的思政融入点：教师在讲授电机学概论时，结合我国电机工业的发展史，重点讲述老一辈交大人的骄傲，见证我国电机事业的发展并为之作出重要贡献的先驱——钟兆琳教授的事迹，以此激发学生的民族自豪感，树立科技报国的志向，学习老一辈科学家爱国报国、艰苦奋斗的精神，树立正确的人生观和宏大的志向。

4.案例教学展示

1)案例描述

我国电机工业的发展离不开老一辈电机人的辛勤努力和勤奋耕耘，他们毕生致力于我国电机事业，为电机事业发展作出了不可磨灭的贡献，钟兆琳教授就是他们中间的一位杰出代表。1927 年他在美国获得硕士学位后，怀揣着科技报国的理想，毅然回国。从 1929 年起，先后担任交通大学电机实验室主任和电机系系主任，以卓越的成就享誉海内外。1956 年交大西迁，钟兆琳教授积极响应国家号召，放弃当年上海舒适的生活条件，携家带口来到西安，为西安交通大学的建立和发展作出了不可磨灭的贡献。

2)教学方法与教学设计

(1)教学方法。

本节内容采用案例教学，教师讲述并启发学生思考，引入课堂讨论。

(2)教学设计。

授课教师告诉学生，在西安交通大学兴庆校区东一楼前面的草坪上，有一座塑像，他就是钟兆琳教授的塑像，旁边还有以钟兆琳教授命名的电机实验室。然后讲述钟兆琳教授的故事，引导学生思考和探讨老一辈科学家的家国情怀和奋斗历程。

①家国情怀、志向远大。钟兆琳教授1923年毕业于南洋公学(交通大学前身),1926年获美国康奈尔大学硕士学位,任职西屋电气公司。1927年,交通大学电机科向钟兆琳发出邀请,热切希望他回国到交通大学电机科任教。此时,钟兆琳在美国正是春风得意,事业上鹏翅正举,生活上待遇优厚之时,但激荡的报国爱国之心,使他毅然扔下美国的一切,立即回国,到交通大学担任了电机科教授。1929年,他接替外国人成为第一位由中国学者担任的交通大学电机实验室主任,1946年起担任电机系系主任。1954年,国务院决定交通大学内迁西安,钟兆琳作为校务委员会委员、电机系系主任,积极赞成西迁。1956年搬迁时,原本周恩来总理提出,钟兆琳先生年龄较大,身体不好,夫人又卧病在床,他可以留在上海,不去西安新校,何况交大已经决定分设西安和上海两个部分,不全搬迁了。但钟兆琳表示:"上海经过许多年发展,西安无法和上海相比,正因为这样,我们要到西安办校扎根,献身于开发共和国的西部。""共和国的西部像当年的美国西部一样需要开发,如果从交大本身讲,从个人生活条件讲,或者留在上海有某种好处。但从国家考虑,应当迁到西安。大学教师是高层知识分子,决不能失信于人,失信于西北人民。"因此,他踊跃报名,第一批到了西安。他的表率作用,鼓舞、激励了许多教师、学生,为交通大学的成功西迁作出了贡献。②艰苦奋斗、勤奋进取。20世纪20年代以前,中国基本上没有研究电机的人才,技术人员都来自欧美。之后,随着一批又一批中国学子从校门走出,被输送到民族电机工业的前沿阵地上,中国才开始使自己的电机工业起步和发展。钟兆琳教授不但以其出众的才能培养出大批优秀人才,而且身体力行,把自己的教学和祖国的发展结合起来,为民族电机工业作出了巨大的贡献。1933年,钟兆琳教授在华生风扇厂担任兼职工程师,主持设计制造交流发电机,并由新中动力机器厂制造柴油机配套进行发电,中国的电机工业从此真正发展起来了。1934年初,钟兆琳教授说服由汉口到上海来的实业家周锦水先生,和华生厂合作,办起了电动机厂,开始制造电动机,他自己担任技术指导,掌握、指点关键技术,配套成龙,使发电机、电动机等制造业都发展起来,奠定了我国民族电机工业的基础。20世纪50年代,钟兆琳教授仍积极参加科研工作,解决生产中遇到的问题。他亲赴大连电机厂指导实验中遇到的科研问题,使问题得到迅速而圆满地解决。以后还多次在西安、上海等地讲过上述有关课题,推广应用新技术。20世纪60年代,他带领学生在大西北实习、考察,大西北的陕西、甘肃、青海、新疆等地他都一一考察过,西北不少电机厂,都有他的足迹。1956年学校刚迁到西安时,条件十分简陋,下雨天道路泥泞不堪,生活条件极为不便。他的夫人因病留在上海,当时两个儿子一个在沈阳,一个在河北农村,两个女儿随母亲留在上海。他自己年近花甲又患多种慢性病,生活更是艰辛。但就在这种条件下,他第一个到教室给学生上课。那时的实验室还没有建好,西安也难找到一个像样的电机厂。但作为系主任的钟兆琳教授事必躬亲,像老黄牛一样勤奋工作,终于使西安交大的电

机系迅速走上正轨，又逐渐成为国内基础雄厚、条件较好、规模较大、设备日臻完善的电机系。

5. 案例反思

在钟兆琳教授一生中，两次主动放弃优厚的生活条件和工作条件，为了报国，为了国家的利益牺牲个人的利益，这种家国情怀给学生树立了榜样，也成就了钟兆琳教授的科学救国理想。

20 世纪 30 年代是中国电机工业的起步阶段以及交大西迁最初的建校阶段，钟兆琳教授凭着一腔爱国热情，不畏困难，积极创造条件，用自己的知识和才华创造了事业的奇迹。这种知难而上、勇于拼搏和乐于奉献的优秀品质正是我们年轻学子应该学习的。

(三)案例三展示

1. 案例主题

传承实业报国精神，培育高端装备人才。

2. 结合章节

第三章变压器、第四章异步电机、第五章同步电机。

3. 案例意义

本案例的思政融入点：本案例通过授课教师讲述世界电机学科发展史，引入介绍我国电力装备和高端工业装备的发展进程和现阶段所取得的伟大成就，激发学生的爱国热情，培养学生听党指挥、爱国奋斗、实业报国的精神，达到立德树人的效果。

4. 案例教学展示

1)案例描述

1821 年，法拉第发现通电导线能绕永久磁铁旋转，以及磁体绕载流导体的运动，实现电磁运动向机械运动的转换，从而建立了电动机的实验室模型，被认为是世界上第一台电机。19 世纪末到 20 世纪上半叶，电机又引发了第二次产业革命，使人类进入了电气化时代。从此以后，世界电机工业发展进入快速发展阶段。

1879 年，上海一个外商装建了一台发电机，点亮了上海外滩的照明灯泡。我国直到 1905 年才有自己制造的首台试验电机，电机工业才开始起步。中国电机的发展史，是一部中华崛起的见证史。电机事业的发展，与新中国的发展道路相一致，中国的电机发展史与中国的繁荣昌盛和走向伟大复兴息息相关。如今，中国已可以独立自主研发、设计、制造世界上功率最大的汽轮发电机、水轮发电机和电力变压器。中国已成为世界上年电动机产量最大的国家，高速铁路等国之重器已经走出国门，迈向世界。

2)教学方法与教学设计

(1)教学方法。

本节内容采用案例教学和启发式教学相结合的方式。

(2)教学设计。

第一步:案例+讨论。授课教师对我国汽轮发电机、水轮发电机、大型电力变压器等大型发电装备的发展历史及在三峡电站、大亚湾核电、1 000 千伏特高压输电等国家重大工程的应用进行回顾后,让同学们探讨我国电力行业发展的伟大历程及一代又一代电力科技工作者所作出的重大贡献。

第二步:介绍我国大型发电机组的最新发展及国际领先地位。目前,在发电设备制造领域,我国拥有东方电气、哈尔滨电气及上海电气三大动力基地,主要产品全部涵盖火电、核电、水电和风力发电等发电产品。在水电领域,向家坝水电站800 兆瓦级水轮发电机组,创造了我国电力装备行业水电机组的最高纪录,也创造了世界之最。在火电领域,1 000 兆瓦火电机组是目前国内单机容量最大的机组,标志着我国百万千瓦超临界机组建造水平跻身世界前列。在变电领域,由中国西电研发制造的皖电东送淮南至上海特高压交流输电示范工程,搭载的 1 000 千伏有载调压电力变压器,为世界首台。

第三步:向学生介绍中国高速铁路用牵引电机的研发与制造相关情况。中国高速铁路是设计速度每小时 250 公里(含预留)以上、列车初期运营速度每小时200 千米以上的客运专线铁路。至 2019 年年底,中国高速铁路营业总里程达到3.5 万公里,居世界第一。截至 2020 年年底,全国铁路营业里程 14.6 万公里,高速铁路运营里程达 3.79 万公里,稳居世界第一。高速铁路的发展对机车提出了越来越高的要求,而牵引电机是机车的核心,技术难度非常大。中车集团株洲电机公司已正式发布了时速 400 公里高速动车组,用 TQ - 800 永磁同步牵引电机,相比传统的异步牵引电机,这款"永磁高铁"电机具备功率密度更高、效率更高、环境适应能力更强、全寿命周期成本更低等优势,助力中国高铁未来突破每小时 400 公里的速度。此外,介绍高性能伺服电机、永磁电机和直线电机在风力发电、伺服机床、新能源汽车、航空航天、军事国防等其他领域中的应用和发展状况。

第四步:引发学生讨论电机对我国经济与社会发展的重要性及我国科技工作者艰苦奋斗、攻坚克难,在重大国家装备领域走向世界前列的讨论。教师总结:中华人民共和国成立后,整个国家百废待兴,无数电力科技工作者响应国家号召,艰苦奋斗,在各自的工作岗位上辛勤工作,为中国电力装备和高端装备的发展默默耕耘,一代又一代传承,终于使国家的发电装备迈入世界先进行列,以此激发学生的自豪之情。在电机的百年发展历程中,更是涌现出以钟兆琳、唐任远、顾国彪、汪耕、饶芳权等为代表的爱国奋斗、实业报国的先进典型。勉励学生今后无论从事何种工作,无论在何处,都要秉行爱国奋斗、报效国家的坚定信念。

5.案例反思

授课教师向学生讲述大型发电设备和变电设备的国产化研制历程，使课程内容更加生动，也加深了学生对该门课程应用于实际的理解和认识。

在教学工作中，授课教师可以适当增加一些大型发电设备，如高铁、风力发电、数控机床等国之重器的视频、图片资料，进一步提高教学效果。

土力学

廖红建[①]　黎　莹[②]

一、课程思政总体建设目标

土力学是土木工程专业主干必修课和专业核心课，32 学时，2 学分，是西安交通大学课程思政示范课之一。

该课程承载着专业知识传授和实践技术指导任务。通过土力学基本概念、基本原理和计算方法的学习，学生对土的组成、土的物理力学性质、土的工程分类、土力学的基本原理和计算方法有较系统、深入认识；科学地掌握土中应力、压缩变形，土的强度和稳定性的计算方法，认识土的工程特性，为分析和解决岩土工程问题打下基础。本课程的课程思政育人总目标是培养学生具备良好的科学精神、人文素养和工程伦理道德，理解土力学与社会发展的相互作用，坚定文化自信和专业自信，培育民族自豪感和使命感；认识土力学与人居环境的关系，使学生具有保护环境、团结协作、艰苦奋斗、无私奉献的意志品质；运用土力学知识，从技术、社会、伦理等角度综合分析、评价和解决岩土工程问题，使学生具备自主创新的新时代工匠精神。

课程的整体思政建设以"强爱国之魂、助强国之魄"为主线，以彰显中国人民智慧的大国重器、家国情怀、文化传承及社会责任感等思政元素为载体，弘扬爱国主义情怀既是民族的灵魂，也是一个人的灵魂；以国家基础设施建设的土木、水利、交通等工程案例，彰显敬业精神、创新精神、工程伦理，培养具有强国之魄和社会主义核心价值观、爱党爱国、为国奉献、勇于创新的新时代土木工程专业人才。

二、各个章节课程思政建设目标

绪论

1. 课程设置、特点及重要性

---

① 廖红建，人居学院教授、博导，主要研究领域为岩土力学与工程地质，主讲土力学、工程地质。

② 黎莹，城市学院讲师，主要研究领域是地基-结构动力相互作用问题，主讲土力学。

2. 土力学的研究对象及发展史

3. 课程实践性

课程思政内容设计：本章主要学习土力学的基本概念、发展历史、研究内容及研究意义。本章思政元素的重点在于通过讨论象形字——土的演变，感受中国象形文字的魅力，增加文化自信；通过欣赏祖国的壮丽山川和家乡山水，帮助学生充分理解土是岩石风化的产物，引导学生把对土的认知带入专业学习中，要运用土就要研究土的特性。在引出课程学习目的的同时，激发学生热爱祖国大好河山的情怀。

第一章 土的物理性质和工程分类

1. 土的生成

2. 土的三相组成

3. 土的结构、构造

4. 土的物理性质三相比例指标的测定及计算

5. 无黏性土的特性

6. 黏性土及粉土的特性

7. 黏性土的夯实性

8. 土的工程分类

课程思政内容设计：本章主要学习土的三相组成，土的结构、构造及夯实性；了解无黏性土、黏性土的工程特性；掌握土的三相比例指标的定义及指标间的换算关系；了解土的工程分类。本章思政元素的重点在于紧密结合土体物理性质的基本概念，让学生切实体会到土体物理性质的工程价值。通过讲述土体结构特性、土骨架，使学生树立集体主义大局观念。通过欣赏半坡彩陶、唐三彩等陶瓷艺术品，感受黏性土的艺术，学生在理解黏性土性质的基础上，增强民族自信、文化自信。

第二章 土的渗透性及渗流

1. 土的渗透性及举例

2. 土的水理性质

3. 地下水的运动方式和判别

4. 达西定律及其适用范围

5. 渗透系数

6. 渗流力、流沙和潜蚀的危害及防治

7. 渗流情况下的有效应力和孔隙水压力

课程思政内容设计：本章主要学习土的渗透性，掌握达西定律；了解渗透系数测定方法，以及渗流力和流沙的临界条件及防治措施。本章思政元素的重点在于紧密结合土体渗流在水利和桥梁工程等的具体应用，让学生切实体会到土体渗透性研究的必要性和土体渗流的危害。运用毛泽东同志的《水调歌头·游泳》，感受中国人民建设祖国、改变山河的豪迈气概以及对未来的展望，体现祖国江山雄伟壮丽，增强学生文化自信和专业自信。通过美国 Teton 坝溃坝的工程事故，对学生进行工程伦理教育。引用谚语“千里之堤，溃于蚁穴”引证做工程要心存敬畏，小心求证。加强学生的责任担当和工匠精神。课后安排学习科学家事迹，让学生感受努力求学、勤奋创新及严谨治学的精神，以及培养学生听党指挥、自强不息、爱国奉献的优秀品质。

第三章 地基中的应力计算

1. 概述
2. 地基中的自重应力
3. 有效应力原理
4. 基底压力计算
5. 地基中的附加应力
6. 平面问题条件下的附加应力

课程思政内容设计：本章主要学习地基中的应力计算，掌握有无地下水的自重应力计算，以及基底接触应力的分布和计算；掌握饱和土的有效应力原理；了解地基中的附加应力计算方法。本章思政元素的重点在于将中国传统文化与地基中的应力状态联系起来，引用《易经》“天行健，君子以自强不息；地势坤，君子以厚德载物。”和学生一起感受大地生发万物，承载万物的广袤无边。通过类比学习理解“厚德”即表明有厚重的自重应力，“载物”表明承载世间万物的附加压力。鼓励学生增强文化自信、自强不息，拥有博大胸怀和爱国情怀。引用比萨斜塔的纠偏工程案例，理解土力学原理在工程中的应用，理论联系实际。课后安排学习提出“有效应力原理”的学者太沙基的科研经历，培养学生的专业素养、工程思维、科学家精神和国际视野。

第四章 土的压缩性和地基沉降计算

1. 土的压缩性及压缩性指标
2. 土的压缩性原位测试
3. 地基沉降量计算
4. 应力历史对地基沉降的影响
5. 地基沉降与时间的关系

课程思政内容设计：本章主要学习土的压缩性和压缩性指标的确定；掌握地基的沉降量计算方法；了解应力历史对地基沉降的影响和地基沉降与时间的关系。本章思政元素的重点在于理解土体变形的两个方面：压缩和固结的区别和联系，理解压缩研究土体体积变形的最终效果，而固结则研究土体体积变形过程。土体的变形特性展示了过程与结果之间的唯物辩证法。即“万物普遍联系”和“按自身规律永恒发展”，土体沉降变形有自身的规律，固结和压缩存在普遍联系。通过一系列国内外的地基沉降案例，分析地基沉降的原因和防治措施，帮助学生理解有效应力原理及地基沉降计算在工程中的重要性，增加学生的专业自信，训练“学以致用”的工程思维。

第五章 土的抗剪强度

1. 抗剪强度概述

2. 土的抗剪强度试验

3. 土的抗剪强度及破坏理论

4. 砂类土的抗剪强度特征

5. 黏性土的抗剪强度特征

课程思政内容设计：本章主要学习土的抗剪强度测定方法；掌握库仑定律、莫尔-库仑定律和强度指标的确定；了解砂类土、黏性土的抗剪强度特征。本章思政元素的重点在于深刻理解土体强度的理论分析与试验手段之间的逻辑关系，理解实践（土体强度的试验测试）和认识（土体强度的本质）之间的辩证关系，学习从土体强度理论到土体强度试验方案的工程思维，建立工程思辨能力。以陕西省泾阳南塬滑坡案例引入抗剪强度概念和影响因素，结合成语“泾渭分明”，学习中国传统文化、地理知识和防治水土流失，加强生态环境保护意识。通过讨论美国 Fargo 谷仓的破坏案例，理解试验条件对实践的重要意义，强调土体强度指标的选取，务必严谨仔细，培养学生的工程师素养。课后安排学生学习我校俞茂宏教授的科研经历，感受身边科学家严谨、敬业的奉献精神。

第六章 地基承载力

1. 地基的变形与稳定

2. 地基临塑荷载和有限塑性区深度承载力

3. 普朗特地基极限承载力

4. 对普朗特地基极限承载力的修正补充

5. 太沙基地基极限承载力

6. 按建筑地基基础规范确定地基承载力

7. 按现场试验确定地基的承载力

课程思政内容设计：本章主要学习地基的破坏形式和确定地基承载力的方法；掌握地基临塑荷载和极限承载力的计算和建筑地基基础设计规范的地基承载力确定方法。本章思政元素的重点在于深刻理解地基承载力的影响因素，理解地基承载力设计值，不仅仅是确保地基不破坏，还要使地基的承载力、稳定性和变形协调，以实现工程建造安全性、经济性与舒适性。通过加拿大特朗斯康谷仓工程案例引入地基承载力的影响因素和重要性，培养分析和解决复杂综合问题的能力，以及工程思维、国际视野。引用《朱子全书·学三》“举一而反三，闻一而知十，乃学者用功之深，穷理之熟，然后能融会贯通，以至於此。”鼓励学生对所学知识深入思考、融会贯通，增强文化素养。

第七章 土坡稳定分析

1. 土坡稳定及其影响因素

2. 平面滑动面的土坡稳定分析

3. 圆弧滑动面的土坡稳定分析

4. 瑞典条分法

5. 圆弧滑动面的毕肖普法

6. 非圆弧滑动面的分析法

课程思政内容设计：本章主要学习土坡稳定概念及其影响因素；掌握平面滑动面的土坡稳定分析方法；掌握瑞典条分法、稳定数法、圆弧滑动面法及其区别。本章中思政元素的重点在于通过建立瑞典条分法和毕肖普法的区别与联系，让学生理解辩证唯物主义中的“真理的条件性和具体性原理”，即真理是人们对客观事物及其规律的正确反映，可真理是具体的、有条件的。任何真理都有自己适用的条件和范围，任何真理都是相对于特定的过程来说的，都是主观与客观、理论与实践的具体的历史的统一。学习土力学，不仅要学知识，更要理解基本原理。工程问题可以从基本原理出发进行分析。通过介绍我国著名的水利水电工程“国之重器——三峡工程”，激发学生的爱国情怀、民族自豪感、专业自信和创新意识。通过滑坡案例分析，加强学生社会责任感和奉献精神，提高专业素养，培养分析和解决复杂综合问题的能力，学习大国工匠精神和创新能力，助强国之魄。

第八章 土压力和挡土墙

1. 挡土墙的工程应用

2. 挡土墙背上的土压力

3. 静止土压力计算

4. 朗肯土压力计算

5. 库伦土压力计算

6. 朗肯土压力理论

课程思政内容设计：本章主要学习土压力的种类和静止土压力的计算方法；了解朗肯土压力理论、库仑土压力理论，及特殊情况下的土压力计算。本章思政元素的重点在于应用土压力基本知识进行工程问题分析，通过讨论某地“楼脆脆”的工程案例，在对学生进行工程伦理教育的同时引导学生开放思维，实事求是地分析事故原因。让学生深刻理解土压力理论不仅局限于特定的支挡结构物的土压力分析中。突破学习土压力理论的传统思维模式，逐步提高学生对专业知识的理解，更好地把理论知识与工程问题联系起来，建立工程思维方式。

基于以上各章节的思政教学内容，构建本课程的思政教育体系，将爱国主义是中华民族的兴国之魂、强国之魄贯穿整个课程。从象形字——土的演变，到半坡彩陶、唐三彩，感受黏性土的艺术；从举世闻名的万里长城到三峡大坝，从古至今中国人民智慧的结晶，无不彰显中华民族的大国工匠精神，激发学生的爱国主义情怀，增强学生为国奉献精神。

土力学是一门与工程实际密切相关的课程，本课程思政突出工程实践特色，将工程案例分析与力学机理相结合，在典型案例中领悟大国重器、工匠精神、中国人民的智慧，同时又与专业知识相呼应。其规律是在工程中发现问题、分析问题及解决问题，引导学生深刻理解国家的建设与专业知识学习的重要性，增强创新意识和创新能力，勇于攻坚克难。

三、课程思政案例展示

(一)案例一

1. 案例主题

授课教师结合课程内容，讲述“比萨斜塔纠偏”案例，引导学生建立工程思维方式，体会学以致用。

2. 结合章节

绪论第 3 节课程实践性、第三章地基中的应力计算第 5 节地基中的附加应力。

3. 案例意义

比萨斜塔是意大利比萨城的一个标志性建筑，伽利略曾在此塔做自由落体实验，创建了物理学上著名的自由落体定律。比萨斜塔虽以“斜”著名，但学习土力学就要会分析倾斜的原因和地基纠偏处理措施所依据的土力学原理。通过分析比萨斜塔倾斜的原因，展示研究地基土力学性质的重要性，让学生对大自然、对土怀有敬畏之心，面对工程问题要保持严谨认真的态度；通过讨论比萨斜塔纠偏案例，培养学生学以致用的能力，提高保护名胜古迹、文化遗产的使命感。

4. 案例教学展示

1)案例描述

土是建筑物的地基，因学生没有工程经验，对土体变形缺乏切身体验。因此，土的应力状态和变形内容比较抽象，易使学生感觉枯燥无味。

而比萨斜塔是耳熟能详的著名建筑，其独特的圆柱造型和由白色大理石打造的中世纪建筑风格，使其成为欧洲最著名的钟楼之一。伽利略自由落体实验在该塔上进行，赋予了斜塔深厚的历史文化底蕴。以比萨斜塔的建筑艺术和文化底蕴为切入点，与学生产生共鸣，激发学生的参与兴趣。通过介绍比萨斜塔的建造过程，带领学生感受斜塔倾斜带来的工程问题，使学生对土怀有敬畏之心，培养学生在面对工程问题时保持严谨认真的态度。引导学生思考斜塔倾斜的原因，理解土的力学特性在工程实际中的应用，这种思考活动帮助学生培养工程师探索分析问题的思辨能力。通过分析、讨论斜塔纠偏技术，引导学生感受土力学基本原理在工程问题中的重要应用，激发专业学习热情，培养创新能力。

2)教学方法与教学设计

(1)教学方法。

本节内容基于工程案例，采用叙事法及讨论式教学方法。

(2)教学设计。

第一步：知识引导。首先从“土”的象形文字讲起，引用《说文解字注》中的“土”字的注解，展示中国象形文字的魅力，增加文化自信。从文字本源入手，建立土的基本概念。这是一种“叙事的过程”，对课程研究对象——土进行铺垫，带领学生从文字中进入土的世界。

第二步：认知引导。从万里长城到天山山脉，再到黄土高坡，通过展示祖国壮丽山川和家乡风貌，引导学生深入感知土的魅力，理解土是岩石风化的产物，激发热爱祖国大好河山的家国情怀。通过讨论家乡的岩土环境，并以窑洞的生土建筑启发学生，若想利用土，就需要研究土的特性。

第三步：案例切入。教师通过引入有关比萨斜塔的图片，与学生拉近距离，提高兴趣，具有感染力。通过提问：为什么它最终会成为一座斜塔呢？激发学生的学习兴趣。通过介绍比萨斜塔的建造过程，逐步展示比萨斜塔倾斜的原因，让学生在教师的讲述过程中，逐步感受并理解土体基本性质在工程应用中的重要作用，引导学生进入土体的基本性质的学习。

第四步：专业理论讲述与工程案例分析。当学习完土体的附加应力的基本概念之后，教师通过讲述比萨斜塔纠偏处理办法——掏土法，引导学生思考该地基加固办法背后隐含的力学原理。将学生分成小组，查阅“地基应力解除法”及相关资料，并在下次课对比萨斜塔纠偏过程中涉及的基本土力学概念、原理和地基加固工程施工的重点和难点问题进行讨论。在讨论中不断深化对基本概念的理解，建立分析问题、解决问题的工程师思维方式。

5.案例反思

课程思政的一个难点在于如何与课程知识进行有效衔接。本次课程思政的案例选用了学生非常熟悉的建筑，拉近了师生的距离，激发学生研究的兴趣。通过对比萨斜塔纠偏问题的分析和地基处理方法的讨论，实践了以学生为中心的课堂教学，通过典型工程案例引导学生有效融合土力学相关知识点，串联成解决工程问题的体系。使学生切实理解土力学的基本概念，培养工程思维能力，感受工程师严谨认真的态度。建立知识传授、能力培养、价值塑造三位一体的教学体系。

(二)案例二

1.案例主题

授课教师结合课程内容,讲述"千里之堤,溃于蚁穴"这一谚语,引导学生深刻理解土体中的渗流力巨大危害和破坏力。

2.结合章节

第二章土的渗透性及渗流第6节渗流力、流沙和浅蚀的危害及防治。

3.案例意义

本案例的课程思政融入点:渗流力和流沙的危害,这是水利工程中的重要问题之一。要求学生掌握渗流压力和流沙形成的数学模型,这部分包含水动力学和流体力学概念,比较复杂和抽象,学生学习兴趣不浓。但是,当我们把这部分知识和"千里之堤,溃于蚁穴"这句谚语结合,巧妙地激发了学生的学习兴趣,增强了学生的文化自信和专业自信。通过 Teton 坝溃坝的工程事故,直观展示溃坝的整个过程和渗流力的巨大危害,对学生进行了工程伦理教育。

4.案例教学展示

1)案例描述

对于工程经验缺乏的本科生来说,教师需要在知识传授过程中帮助学生建立对渗流危害的认知。本次课程思政,引用了"千里之堤,溃于蚁穴"这句谚语,这句话原本的意思是千里长的大堤,往往因蚂蚁洞穴而崩溃。这一谚语表明了土体渗流的巨大危害。

学生在学习渗流理论过程中,渗流压力及流沙形成条件的理论分析包括水动力学和流体力学概念,相对比较复杂和抽象,而且单纯通过理论分析不能建立对渗流力和流沙现象危害的感性认知。课程通过 Teton 坝的溃坝事故,形象直观地反映了渗流力的巨大破坏力和流沙现象的危害,对学生进行工程伦理教育。在工程事故分析的基础上,引导学生从"千里之堤,溃于蚁穴"中明白,小事不慎将酿成大祸的道理,培养工匠精神、责任心和敬畏之心,能够以严谨认真的态度面对专业学习和工程问题,进行职业理想和职业道德教育。

2)教学方法与教学设计

(1)教学方法。

本节内容基于工程案例,采用案例教学及启发式教学。

(2)教学设计。

第一步:课程导入。古语云:水来土掩。土和水的相互作用是各类水利工程中非常重要的问题。在课程导入中,通过展示我国三峡大坝、武汉长江大桥等国之重器,引用毛泽东同志的《水调歌头·游泳》,体现祖国江山雄伟瑰丽,中国人民建设祖国、改变山河的豪迈气概以及对未来的展望。激发学生民族自豪感和使命感，帮助学生建立文化自信和专业自信，培养学生敢于挑战和拼搏的大国工匠精神。

第二步：理论学习及案例切入。教师在进行了渗流压力、流沙现象和流沙形成条件的理论分析后，学生会认为公式难以理解，缺乏对流沙现象及其危害性的感性认知。此时，教师引入 Teton 坝的溃坝事故，通过展示溃坝全过程，尤其强调溃坝速度之快，破坏力之强，让学生对溃坝事故有直观充分的感性认知。此外，基于工程案例，采用启发式教学法，引导学生利用所学知识分析讨论工程事故原因。当溃坝发生之初是否有阻止的办法？如何对溃坝事故进行有效防治等问题。通过课堂讨论，引导学生建立工程师思维方式，并对学生进行了工程伦理教育。

第三步：教师总结。在讨论完 Teton 坝溃坝的工程案例后，教师引出“千里之堤，溃于蚁穴”这句熟悉的谚语，并向学生讲述谚语故事，进一步展示古人的智慧，帮助学生建立文化自信。通过该谚语的比喻意义，告诉学生做事务必严谨认真。

5. 案例反思

“千里之堤，溃于蚁穴”与土力学课程内容“土的渗透性及渗流”有着非常直接的关联性。这句谚语不但体现了古人对于土和水相互作用特性的准确理解，又告诫人们做事要注意细节，严谨认真，这是一个非常好的课程思政案例。在课程思政过程中，要注意思政元素与授课内容的自然过渡和合理衔接，起承转合自然。

在授课的时候，注重挖掘思政元素的核心和精髓，课程设计首先以毛泽东同志的《水调歌头·游泳》“一桥飞架南北，天堑变通途。更立西江石壁，截断巫山云雨，高峡出平湖”为切入点，激发学生的学习热情和拼搏豪情；其次，在学习完理论知识后以溃坝事故为例，进行工程伦理教育和工程师思维方式引导；最后，引出“千里之堤，溃于蚁穴”，强调做事的态度。课程设计有水到渠成的顺畅之感，并且层层铺垫，顺层递进，让学生深刻理解小事和细节的重要性，充分认识“蚁穴”对水利工程的巨大危害，工程伦理教育效果显著。纵观本次课程，思政教育与知识传授相辅相成，帮助学生建立了工程师知识体系、工程思维模式和社会责任意识。

（三）案例三展示

1. 案例主题

授课教师结合课程内容，引用某地“楼脆脆”工程事故，引导学生掌握土压力概念，并进行工程伦理教育。

2. 结合章节

第八章土压力和挡土墙第 6 节朗肯土压力理论。

3. 案例意义

本案例的课程思政融入点：本案例通过“楼脆脆”工程事故涉及的土力学知识，

培养学生认识“学以致用”的重要性。“楼脆脆”是土木工程的一个典型岩土工程事故，社会关注度较高，影响较大。该工程事故的原因为土压力破坏，比较契合本次学习的知识点。学生能够利用所学土压力理论对事故原因进行剖析，再由教师引导进行专业思维训练，让学生有“所学即所得，所得即所用”之感受。通过工程案例训练提高学生解决复杂问题的综合能力，进行工程伦理和法治教育。有效引导学生对岩土工程这个地下隐蔽工程的敬畏之心，以严谨、诚信、认真的态度对待工程问题。通过工程问题的剖析过程，增强学生责任感，引导学生建立工程思维模式，培养工程师素养。

4.案例教学展示

1)案例描述

2009 年 6 月 27 日清晨一栋在建的 13 层住宅楼整体倒覆，有“楼脆脆”之称。

发生倒塌的该栋楼整体朝南侧倒下，13 层的楼房在倒塌中并未完全粉碎，楼房底部原本应深入地下的数 10 根混凝土管桩被“整齐”地折断后裸露在外。事发楼房附近有过两次堆土施工：第一次堆土施工发生在半年前，堆土距离楼房约 20 米，离防汛墙 10 米，高 3～4 米；第二次堆土施工发生在同年 6 月 20 日，施工方在事发楼盘前方开挖基坑，土方紧贴建筑物堆积在楼房北侧，堆土在 6 天内即高达 10 米。分析表明，第二次堆土是造成楼房倒覆的主要原因。土方在短时间内快速堆积，产生了 3000 吨左右的侧向力，加之楼房前方由于开挖基坑出现临空面，导致楼房产生 10 厘米左右的位移，对 PHC 桩(预应力高强混凝土)产生很大的偏心弯矩，最终破坏桩基，引起楼房整体倒覆。

本次课程思政引用了“楼脆脆”工程案例，是一个体现开放思维、实事求是、工程伦理的课程思政案例，可以对学生进行工程思维训练和职业道德教育。

2)教学方法与教学设计

(1)教学方法。

本节内容基于工程案例，采用案例教学及开放式研讨法。

(2)教学设计。

第一步：课程导入。在课程导入中，通过展示各种挡土墙工程，感受中国土建行业的兴起和土建工程的雄伟，激发学生的学习热情，由此引入“土压力”基本概念，在直观理解土压力的基础上，帮助学生建立文化自信和专业自信。

第二步：理论学习及案例切入。教师在讲完土压力的种类、特点和土压力计算等课程内容后，学生仅能从理论推导过程中理解土压力，由于缺乏这部分知识的应用能力的训练，学生尚不能体会到土压力在实际工程中的应用及重要作用。教师引入“楼脆脆”案例，通过展示该工程事故的发展及处理过程，引导学生感受实际工程问题的复杂性和严峻性，引发产生该事故的根本原因的思考。向学生展示专家的分析内容，感受实际工程问题分析的复杂性，引导学生开放思维、实事求是分析事故原因，帮助建立严谨认真的专业意识。基于工程案例，采用启发式教学法，引导学生利用所学知识分析讨论：该事故中的土压力类型、人工堆填土的土压力大小及其影响因素、土压力的影响范围。通过课堂讨论，引导学生建立工程师思维方式，对学生进行了工程伦理教育。

第三步：教师总结。在讨论完“楼脆脆”工程事故的原因后，教师进行总结：土压力的类型及不同类型土压力的异同点；土压力大小的影响因素及土压力的影响范围。通过以上案例讨论，引导学生建立严谨认真的工作态度，并进行工程师思维方式的训练，建立专业自信，润物细无声地用学术讲好思政。

5.案例反思

“楼脆脆”的工程案例是土力学课程内容“朗肯土压力”的重要工程应用案例。该案例除了包含重要的土力学知识点外，还包含丰富的课程思政元素。在课程思政过程中，要注意思政元素与授课内容的自然过渡和合理衔接。

在授课的时候，注重挖掘思政元素的核心和精髓，课程设计首先展示土建行业的雄伟及挡土墙工程的众多应用，激发学习热情；其次，在学习完朗肯土压力理论后，引导学生分析实际工程事故案例，分析过程可有效帮助学生全面理解土压力，建立工程师思维方式，事故造成的巨大损失可以对学生进行有效工程伦理教育；最后，通过课堂讨论，引导学生切实体会课本知识的作用和意义，深化学生对知识的理解，充分理解开放思维、实事求是、严谨认真、敬畏大自然在工程问题分析中的重要意义。课程设计重在“学生主体，教师引导”，课堂教学有意识通过讨论等互动手段调动学生学习的主动性，教师则从旁引导学生“顺层递进”思考问题，引导学生全面、深刻理解土压力及其工程的重要性，工程伦理教育效果显著。纵观本次课程，思政教育与知识传授相辅相成，达到了“润物细无声”用学术做好思政。以工程事故本体对学生进行工程伦理教育，教育学生务必以严谨认真的态度对待工程问题，增强专业自信和责任意识。培养学生的法治意识、道德修养和工程师素养，从而更好地践行社会主义核心价值观。

科学技术与工程伦理

陈雪江[①]　李早阳[②]　孙中国[③]　冯健美[④]

一、课程思政总体建设目标

科学技术与工程伦理是西安交通大学基础通识类核心课，32 学时，2 学分，面向全校本科生开设，是课程思政示范课之一。

当代工程事关人类社会福祉，工程价值的重要性决定了它是高度道德敏感的，应该对未来的工程师进行工程伦理教育。课程主要从伦理的思想与立场出发，讨论科学技术与工程中的道德原则和行为规范，以及工程对社会的影响和由此引发的工程伦理与社会问题。课程将科学精神、安全规范、环保意识、职业道德、学术道德、科学发展观等思想政治教育元素与工程实际案例相结合，通过集中讲授、互动讨论、小组展示、影评、辩论等教学模式，弘扬科学精神，提升科学素养，提高安全防范意识，增强环保意识，树立全球世界观和使命担当的责任感，从而使学生具备工程伦理意识和社会责任感，掌握具体工程领域的伦理规范，并培养学生具备卓越工程师所需的人文素养。

二、各个章节课程思政建设目标

第一章 工程伦理导论

1. 工程的基本概念

2. 工程与社会的关系

3. 工程伦理教育的历史、现状和意义

课程思政内容设计：这一章主要介绍工程活动的基本概念。工程活动在人类社会发展过程中发挥着重要作用，课程以埃及金字塔、中国万里长城、中国都江堰水利工程等古代浩大工程为例，让学生理解和体会人类文明的发展与社会、自然、

① 陈雪江，能动学院副教授，主要研究领域是晶体生长及分子动力学。

② 李早阳，能动学院副教授，主要研究领域是晶体生长中的传热流动机理与关键技术。

③ 孙中国，能动学院教授，主要研究领域是计算流体动力学。

④ 冯健美，能动学院教授，主要研究领域是压缩机及其系统内流动传热机理与关键技术。

生态的关系，并引发学生对工程行为意义与正当性的反思。以现代工程港珠澳大桥建设为例，培养学生自主创新意识与工匠精神，使学生充分认识现代中国的综合实力、自主创新能力和民族志气，认识现代大工程在社会主义建设中的重要性，从而明确自己作为未来工程师在现代大工程中应该具备的责任和素质。

第二章 伦理学基础

1. 道德与伦理

2. 伦理学思想和立场

3. 伦理困境和选择

课程思政内容设计：这一章主要介绍伦理的基本概念以及伦理学的基本思想和立场。课程通过详细讲述老子、庄子、孟子、朱熹等著名思想家对道德的理解和诠释，让学生感受中华民族儒家学派仁学思想道德内涵，引导学生明确中国道德文化的价值地位，陶冶学生热爱中国道德文化的主体情怀，启迪学生养成中国道德文化的辩证思维，在学习过程中增强文化自信。

第三章 科学技术中的伦理问题概述

1. 医学伦理问题概述

2. 工程伦理问题概述

3. 环境伦理问题概述

课程思政内容设计：这一章主要介绍医学、工程与环境伦理问题的基本思想和原则。课程以工业化进程中两种环境保护思想的形成与发展为主线，一方面引申到当今我国提出的加快生态文明体制改革、建设美丽中国的奋斗目标，使学生深刻理解建设美丽中国的历史意义，深入领会我国“双碳”目标提出的深远意义，引导学生树立尊重自然、顺应自然、保护自然的生态文明理念，帮助学生养成保护环境的良好习惯；另一方面通过对四次产业革命的详细讲述，帮助学生进一步领会科技和创新的力量，向学生传递“工业强国”的基本思想，渗透科技强国的基本理念，增强学生胸怀国家的爱国情怀。帮助学生跳出人类中心思维的局限，建立“世界是普遍联系的、发展的”大格局观，加深对环境保护和可持续发展观的科学认识。

第四章 工程实践中的伦理问题

1. 工程实践的风险与责任

2. 工程实践的利益与公正

课程思政内容设计：这一章主要介绍工程中的风险、安全和责任，以及价值、利益和公正。课程从工程实践中的各类风险拓展到日常生活以及大学生实验过程中存在的各类风险，引起学生对各类风险的重视，提高学生安全意识，培养学生敢于担当的责任意识，养成自我保护的良好习惯。课程从工程价值的多元性和综合性分析，引申到对当今大学生人生价值取向多元化的讨论，引导学生树立正确的价值观，并进一步让学生深刻领悟工程和社会活动中实现公平正义的重要意义，培养学生的公正认知、发展学生的公正思维、引导学生的公正行为。

第五章 工程实践中的可持续发展观

1.可持续发展的思想

2.工程活动与资源、环境

3.工程活动与可持续发展观

课程思政内容设计:这一章主要介绍可持续发展的思想以及在工程实践中如何实现可持续发展。课程通过对可持续发展思想的形成背景、发展历史、内涵的讲述,引导学生深刻领会我国创新、协调、绿色、开放、共享等五大新发展理念的内涵本质、重大现实意义和深远历史意义,从而树立学生的创新意识,牢记实现中华民族伟大复兴的历史使命,明确成才目标,做到自身发展与国家发展、社会进步相协调,并进一步提高学生节约能源和保护环境的意识,养成勤俭节约、保护生态的良好习惯。

第六章 学术道德问题

1.学术与学术道德

2.学术不端行为的表现与种类

3.学术道德的基本规范

4.学术道德的养成

5.学术道德警示制度

课程思政内容设计:这一章主要介绍科研工作者在科研活动中必须遵守的学术道德。课程以当今高校中出现的违反学术道德规范的典型案例为警示,让学生高度重视大学期间的学术道德规范教育,引导学生遵守学术规范,坚守学术道德,维护学术尊严,摒弃学术不端,努力成为优良学术道德的维护者和良好学术规范的践行者。

第七章 工程师的职业伦理

1.工程职业的特点

2.工程职业伦理

3.工程师的职业伦理规范

课程思政内容设计:这一章主要介绍工程师的职业伦理规范。课程通过反映工程师职业美德的案例,引导学生思考在工程具体情境下如何坚守诚实,如何诚实地回答公众的质疑等,以此引申到教育学生在学习生活中能诚实待人、言行一致、守时守信、具有责任意识,并进一步铸造学生崇尚诚信、敬畏学术、引领风尚的精神和品格。

第八章 特定工程领域中的伦理问题

1.能源利用中的伦理问题

2.环境工程的伦理问题

3.信息与大数据的伦理问题

4.生物医药工程的伦理问题

5.土木水利工程的伦理问题

6. 化学工程的伦理问题

课程思政内容设计：这一章主要介绍在能源、环境、化工、土木、信息、生物等特定领域中的工程伦理问题。课程通过分组讨论、专题辩论、影评交流、角色扮演、成果展示等互动形式对特定工程领域的伦理问题进行分析、交流，培养学生“己欲立而立人，己欲达而达人”的换位思维，深入理解和体会不同阶层的价值取向，从而完善自我价值取向，具备工程伦理意识和社会责任感，掌握具体工程领域的伦理规范。

三、课程思政案例展示

（一）案例一展示

1. 案例主题

超级工程——港珠澳大桥。

2. 结合章节

第一章工程伦理导论第 2 节工程与社会的关系。

3. 案例意义

本案例主要讲解工程活动在现代社会发展中发挥着越来越重要的作用，对人们的生产生活产生越来越广泛的影响，超级工程的建设彰显一个国家的实力与地位，工程的社会实践特征又使其充满风险与挑战，其对人、社会、自然的影响也愈加深入广泛。

通过本案例的讲解与讨论，培养学生自主创新意识与工匠精神，使学生充分认识现代中国的综合实力、自主创新能力和民族志气、底气和骨气；增强学生工程环境伦理意识，使学生深入体会工程活动在人类社会发展过程中发挥的重要作用，从而明确自己作为未来的工程师在现代大工程中应该具备的责任和素质。

4. 案例教学展示

1）案例描述

港珠澳大桥是粤港澳三地首次合作共建的超大型跨海通道，全长 55 公里。大桥于 2009 年 12 月开工建设，于 2018 年 10 月开通营运。

港珠澳大桥是具有国家战略意义的世界级跨海通道。大桥的建成开通，完善了粤港澳三地高速公路网络及综合运输体系，构建了三地一小时交通经济生活圈，提升了大湾区的综合竞争力，颠覆了三地之间的时空距离，连接了三地的民心距离，对加强三地人文交流、贸易往来和经济发展，以及维护祖国繁荣昌盛，都具有重大意义。

港珠澳大桥是迄今为止全球规模最大的跨海工程，也是目前世界范围内综合难度最大的项目之一。大桥建设工程种类多，涉及桥梁工程、隧道工程、填海和水运工程，及相关的交通工程和建筑工程等内容，每一项都是技术复杂的庞大工程，特别是沉管隧道为国内经验欠缺且国外少见的挑战项目。

港珠澳大桥沉管海底隧道工程项目面临许多挑战，主要包含：恶劣的岩土条件、超长的沉管隧道长度、很深的隧道沉放深度、较大跨度的横断面、较高的地基载荷、世界上最重的管节、变化多端的恶劣气候和波浪条件、恶劣的海洋环境等。

中国工程师们虽然有建设跨江隧道的经验，但截至 2010 年，仍对建设海底沉管隧道非常陌生。大桥建设初期，国外保持高度技术封锁，开出高达 1.5 亿欧元的天价技术咨询费。在此背景下，项目团队依靠国家强大的工业实力和先进的科学技术，取得了大量重大科技创新，解决了众多重大工程挑战。港珠澳大桥的高质量建成，标志着我国已迈入世界超级跨海通道建设强国行列，是我国土木工程和交通建设的一座丰碑。

港珠澳大桥建设也面临重要的生态环境保护问题。其走线及主体施工水域是国家一级野生保护动物中华白海豚的分布区和国家自然保护区的核心区。在保护区中，为了实现沉管隧道与桥梁工程的连接，需要修建东西两座人工岛。传统的抛石围岛方法，耗时长且所需的工程作业船只众多，将对邻近水域中华白海豚的活动行为及生存环境产生一定的干扰，而且抛石围岛还会对海域造成严重污染。项目工程团队在经过缜密的科研试验后，提出了钢圆筒快速成岛技术，创新了工程施工工艺，在短短的七个半月内就顺利完成了两岛的施工任务，缩短了近三年的海上作业时间，同时减少了近千万方的海上挖泥量，最大限度地降低了工程建设对濒危物种中华白海豚的不利影响，保护了伶仃洋海域的生态环境。

2)教学方法与教学设计

(1)教学方法。

本节内容采用引导案例和讨论式教学相结合的方式。

(2)教学设计。

第一步：案例讲解+讨论。教师结合粤港澳大湾区的地理位置与地形图，介绍港珠澳大桥的建设背景、工程概况，以及其在世界桥梁建设中所处的地位，使学生对这一超级工程有基本了解。进一步结合《超级工程：港珠澳大桥》视频，讲解港珠澳大桥在区域经济发展中发挥的重要作用，在建设过程中遇到的困难与挑战，以及工程师们如何迎难而上解决难题，并讲解建设港珠澳大桥过程中遇到的生态环境问题。组织学生开展讨论，引导学生认识到现代工程对人类社会发展的重要影响；促使学生思考工程的不确定性与探索性使工程建设面临的挑战，以及面对挑战如何发挥我国“集中力量办大事”的制度优势和工程师表现出的工匠精神；引导学生认识到工程对生态环境的影响，以及该坚持的工程环境伦理原则；激发学生的民族自豪感与家国情怀，培养学生作为未来工程师应具备的责任和素质。

第二步：教师总结。教师引导学生认识到未来的大工程、超级工程建设过程中必将出现大家的身影，作为新时代的大学生，应该秉持家国情怀、坚定理想信念，充分认识到工程对人、社会、自然的影响，肩负起自己的社会责任。

5.案例反思

教师结合港珠澳大桥这一超级工程的建设开展授课。一方面，帮助学生们认识到工程与社会的关系，感受工程建设知识和技术的不完备性以及挑战性；另一方面，增强学生的家国情怀和民族自信，培养其工程环境伦理意识和社会责任感，以达到立德树人的教育效果。

（二）案例二展示

1.案例主题

在真理面前，你彷徨了吗？在权威面前，你盲从了吗？

2.结合章节

第三章科学技术中的伦理问题概述第3节环境伦理问题概述。

3.案例意义

本案例主要讲解在科技和工业飞速发展的时代，人类利用自然、改造自然的活动爆炸式增长，自然环境作为人类发展与共生的载体，承受着前所未有的压力，尤其是各类化学物质造成的污染。

案例引导学生树立尊重自然、保护自然的生态文明理念，带着对全球环保事业的责任感去加深对人与人、人与社会、人与自然关系的认识，帮助学生跳出人类中心思维的局限，建立“世界是普遍联系的、发展的”大格局观，加深对环境保护和可持续发展观的科学认识。培养学生不怕艰难险阻、勇敢追求真理的大无畏精神，以及不盲从大众和权威、实事求是的科学精神。

4.案例教学展示

1）案例描述

20世纪50年代，美国农业农村部放任DDT等剧毒杀虫剂大规模使用，化学毒性通过食物链进入人体，诱发癌症和胎儿畸形等疾病。责任感和良知使卡逊在身患绝症、几乎濒临瘫痪和失明的情况下，只身挑战政府官僚和科研机构、商业和工业利益集团等权威，经过4年顽强的调查研究，于1962出版了《寂静的春天》。

《寂静的春天》以生动而严肃的笔触，描写了因过度使用化学药品等而导致的环境污染，以及给生态系统和人类带来难以逆转的危害，将近代污染对生态的影响透彻地展示给读者，给予人类强有力的警示。该书对农业相关实践和政府相关政策提出了质疑，并号召人们迅速改变对自然世界的看法，呼吁人们认真思考人类的发展与前途。

书籍热卖并引发了政府及公众对环境问题的关注，随后有40多个提案在美国各州通过立法以限制杀虫剂的使用。不久，DDT等剧毒杀虫剂也被全世界禁用。

环保组织也纷纷成立，促使联合国于1972年在斯德哥尔摩召开人类环境大会，并签署了《人类环境宣言》，开始了世界范围的环保事业。卡逊以一己之力对抗权威、追求真理并成功改变世界的英雄形象深入人心。

1955年，全世界3亿疟疾患者年死亡超100万，世卫组织号召发展中国家使用DDT对抗疟疾，使用后病死率降低98%。美国科学院称DDT使用20年来至少拯救了5亿人的生命。然而，随着DDT被禁用，疟疾在亚非拉死灰复燃。1969年在反DDT浪潮下，美国终止对斯里兰卡DDT防蚊项目援助，导致疟疾患病人数一年内猛增至50万。盲从权威和大众，其后果以无数生命为代价。

2006年9月，世卫组织再次发表声明，号召非洲国家重新使用DDT防止疟疾流行。不少环境组织表示，开发廉价方便的替代品才是解决问题的最佳方法。《寂静的春天》中曾写道："这是一个工业占主导地位的时代，任何挣钱的方法，无论其代价有多大，都很少遇到挑战。"值得大家深思。

我国目前正在实施创新驱动发展战略，采用菊酯类杀虫剂等更加安全的替代产品，落实绿色发展理念，更多关注人与自然和谐共生，推动人类命运共同体理念。

2）教学方法与教学设计

（1）教学方法。

本节内容采用引导案例和讨论式教学方式相结合。

（2）教学设计。

第一步：案例前半段讲解＋讨论。教师以《寂静的春天》为切入点，讲解该书出版的背景、经过和对世界产生的积极影响，并讲解DDT产生的时代背景、社会价值以及被《寂静的春天》引爆危害并被列为禁药跌下神坛、从全世界普遍禁用到近年重新使用等一系列重要事件，从空间和时间两个层面深度分析人类活动对环境及其自身的影响，引导学生明白环境伦理的重要性，并强调要用发展观和辩证法的观念来看待事物发展。

随后从卡逊的人生境遇出发，讨论在追求真理的过程中，面对官僚、学术权威和巨大利益集团，遭遇重重困难、诋毁甚至是人身攻击，是否有勇气和她一样坚定信念、毫不退缩？引导学生树立正确的人生观、价值观和世界观，促使学生思考在自己的学习、科研和工作中如何求真。

第二步：案例后半段讲解＋教师总结。教师讲解DDT对抗疟疾的积极作用，禁用DDT后世界付出了高昂代价，直至正确认识后恢复合理的使用以及替代品研发。引导学生了解人类进步的进程充满了曲折，随后讨论盲从权威和大众的一刀切往往后果严重，启发学生思考如何坚定实事求是的工作作风，避免矫枉过正，以及如何正确认识"实践是检验真理的唯一标准"，如何求实。

5. 案例反思

"爱国爱校、追求真理、勤奋踏实、艰苦朴素"是陆定一校友提出的校训。追求真理的过程从来都不是一马平川，而是充满了曲折和坎坷。随着全球变暖导致海平面上升，空气和水土污染导致动物灭绝并损害人类健康，环境问题已成为制约人类可持续发展的重要因素。人类改造世界的活动须得到理性约束，在人与自然和谐共生的绿色发展理念下，敬畏自然、顺应自然、保护自然才是最符合人类福祉的做法。

同时，坚定追求真理是青年一代成长的必经之路，真理往往掌握在少数人手中，而要让真理放出光芒，不仅要获得真理，还要为真理不畏艰难险阻地勇敢奋斗。此外，官僚权威不等同真理，民主从众也不等同真理，未经实践充分考验的事实也不等同真理。须实事求是，以实践观、历史观和社会观的角度来理性认识，求真务实，永不褪色。

(三)案例三展示

1. 案例主题

面对 2 ℃气候红线，我们应该如何应对？

2. 结合章节

第八章特定工程领域中的伦理问题第 1 节能源利用中的伦理问题。

3. 案例意义

本案例主要讲解在可持续发展的时代，能源对经济、社会、环境的重要作用和影响。人类需要摆脱以地球资源无限为理论预设、以物质比拼为核心的传统发展观，建立一种与自然共生的价值观，而能源作为自然生态系统的构成者也应纳入伦理关怀的范畴，其内在价值应该得到充分尊重。

通过本案例的讲解和讨论，培养学生树立正确的伦理观，并介绍我国主动应对全球气候变化的重大承诺，激发学生民族自豪感，培养学生要有大局观，胸怀天下，拥抱世界。培养学生人类命运共同体的全球价值观，从而达到立德树人的育人效果。

4. 案例教学展示

1)案例描述

据政府间气候变化专业委员会(IPCC)在 1990 年的气候变化评估报告得出，在过去 100 多年中，全球平均地面气温的上升速率为每年 0.006 ℃。而据英国 East angla 大学环境科学学院提供的资料，1970 年到 2000 年近 30 年期间，气温上升的平均速率约为每年 0.026 ℃，为近 100 年速率的 4.3 倍。可见，当前全球气温变暖的趋势愈加明显。

在人为因素方面，温室效应是被当前普遍认可的造成全球气温升高的最主要原因，而人类在各种活动中向大气排入的二氧化碳等吸热气体是温室效应的罪魁祸首。

我国力争在 2030 年前实现碳达峰，2060 年前实现碳中和，这是党中央经过深思熟虑做出的重大战略决策，事关中华民族永续发展和构建人类命运共同体。以热点话题为案例，告诉学生，在中国共产党领导中国人民努力实现第二个百年奋斗目标的征程中，通过创新驱动和绿色驱动，一定会实现“双碳”目标，彰显中国积极应对气候变化、走绿色低碳发展道路、推动全人类共同发展的坚定决心，体现主动承担责任的大国担当，启发和培养学生应具有全球世界观、主动创新精神和使命担当的责任感。

2）教学方法与教学设计

（1）教学方法。

本节内容采用引导案例和讨论式教学方式相结合。

（2）教学设计。

第一步：案例＋讨论。教师讲解在能源利用中面对环境问题和能源资源冲突的伦理困境时，首先播放相关视频资料《如果全球气温上升 2 ℃，世界会怎么样？》，让学生清楚认识到能源资源的过度开采不仅带来了可利用储量的不断减少，而且造成生态环境的严重污染，摆在我们面前最严峻的问题就是全球 2 ℃温升“红线”，节能减排是大势所趋，是全世界各国都要思考的问题。然后提问并讨论应对气候变化有哪些有效措施？自己能做些什么？怎么做才是正确的？我国是怎么做的？教师介绍什么是碳达峰、碳中和，讲解我国提出“双碳”目标的战略意义和体现的内涵，激发学生的民族自豪感，提醒学生既要有家国意识，也要有人类情怀，启发学生自主思考和分析问题。

第二步：教师总结。人类命运共同体理念是顺应时代发展大势，也是对时代需求的一种回应。新时代大学生应紧跟时代步伐，不断学习、与时俱进，正确认识社会发展规律，正确认识国家、民族、人类的前途命运和自己的社会责任。

5. 案例反思

全球气候变暖已经是全世界不可回避的问题，高碳排放带来的温室效应、全球气候变暖、南极冰川融化等问题已经严重威胁到人类生存。传统的能源伦理观认为能源的使用是为人类服务的，人是利用能源的主体，也是推动能源进化的最活跃因素，以能源为借口来遏制人的发展权利和需求是不可取的。显然，在这种价值判断基础上形成的能源伦理，在本质上无法真正珍惜能源和保护自然环境，更不用说对其他生命体施以道德关怀。新的能源伦理需要从价值上摆正人与自然、人与能源的关系，在人与自然之间建立一种新型的伦理情谊，这样人类才会从内心深处尊重和热爱大自然，也只有这样，能源危机和生态失调问题才能从根本上解决。这种新的能源伦理基础和核心是人与能源的协同进化，其实质就是尊重能源，将人与能源的有机整体论作为一种新的世界观和价值观。

微机原理及应用

乔瑞萍[①] 张国梅[②]

一、课程思政总体建设目标

微机原理及应用是西安交通大学电子信息类专业的一门专业核心课，面向大三本科生开设，32 学时，2 学分，是课程思政示范课之一。

课程思政总体目标：培养学生精益求精的大国工匠精神，激发学生科技报国的家国情怀和使命担当。课程中通过讲述 CPU、存储器系统、总线与接口、汇编语言等并相应融入华为鲲鹏架构，构建鲲鹏知识体系，培养学生从整体到局部、从局部到整体的框架结构，夯实基础，提升系统能力，树立民族自信，为我们国家集成电路内循环培养高端专业技术人才，将知识目标和课程思政的目标有机结合，将学生个人发展与国家命运相统一，“寓”道于教，润物无声，达到立德树人的目的。

二、各个章节课程思政建设目标

第一章 微型计算机中的数据的表示方法

1. 计算机和微处理器发展概述

2. 常用数制与编码表示方法

3. 微型计算机中的数据的表示方法

4. 计算机的基本结构及其整机原理

课程思政内容设计：计算机发展经历了机械计算器时代、电子时代、微处理器时代，微处理器至今已经历了五代（4 位—8 位—16 位—32 位—64 位），计算机技术的发展与集成电路（IC）的结合促进了计算机的发展。计算机的核心是微处理器芯片，微处理器芯片的设计和制造水平代表着整个芯片领域和行业的技术水平。为了遏制我国在高新技术领域的高速发展势头，美国实施对我国华为等企业的技

---

① 乔瑞萍，信息与通信工程学院副教授，研究领域是图像处理、视频目标检测与跟踪、机器学习。

② 张国梅，信息与通信工程学院副教授，研究领域是智能无线通信与网络、卫星导航抗干扰、无线通信系统仿真技术等。

术禁运，让我们清晰地认识到我国在高端芯片领域与世界先进水平之间还存在一定的差距，尖端芯片制造成了“卡脖子”难题。但我们也应看到，近年来我国在电子技术和微电子技术方面有了很大的进步，芯片设计水平大大提高，专用芯片的设计几乎达到先进水平，芯片制造工艺和关键设备能力也在逐步提升，因此我们应该对攻克处理器芯片“卡脖子”难题充满信心。

在教学中，通过在课前和课间播放微处理器芯片生产过程、中科院芯片专家讲座和我国芯片制造现状等相关视频，拓宽视野，让同学们一方面可以了解高端芯片制造的核心瓶颈是什么，客观地看到我国与国际先进水平之间的差距。另一方面又能了解到我国芯片制造的真实水平和能力，认识到我们解决芯片“卡脖子”难题的决心和必然性。为了走向这种必然，作为青年一代要树立远大的学术理想，瞄准国家重大需求和“卡脖子”难题，只有将个人理想同国家科技发展需要紧密结合，才能为国家科技进步做出卓越贡献。在讲到微处理器发展史时，结合视频内容融入“立志为国家科技事业发展作贡献和坚持技术自信”的思政元素。

第二章 微处理器结构及微型计算机工作原理

1. 微型计算机的组成及工作原理

2. CPU 的内部结构，以及物理地址与逻辑地址

3. 编程模块(寄存器阵列)

4. 堆栈

课程思政内容设计：微型计算机由中央处理器、内存、I/O 接口和总线四部分组成，其中中央处理器(CPU)类似于人的大脑，处于主控地位，总线操作、内存访问、外设存取、中断响应、总线使用权是否让出等，均由 CPU 统一调控，CPU 是计算机有条不紊地执行各条指令的支撑。计算机尚且如此，对于一个地域广阔、民族众多、发展不均衡、所处国际环境错综复杂的大国来说更是如此。在这种复杂而特殊的国情之下，我们需要一个领导核心来带领全国人民谋求高质量发展，实现中华民族伟大复兴，这就是中国共产党。引导同学们深刻理解党的领导地位，理解党在国家和民族发展中肩负重任的必然，坚决做到拥护党的领导，坚决做到“两个维护”。

通过讲解 CPU 的结构，引入华为基于 ARMv8 架构的处理器——鲲鹏 920 的体系结构。通过讲解华为海思芯片的应用，激发学生学习兴趣，引导学生深知具备系统能力需要夯实软硬件功底，以此培养学生大国工匠精神。

第三章 80×86 寻址方式与指令系统

1. 计算机指令格式

2. 寻址方式(数据寻址、程序转移地址寻址)

3. 8086 指令系统

4. 80X86 的寻址方式及新增的指令

课程思政内容设计：指令是指示计算机硬件执行某种运算、处理功能的命令，程序就是一系列按一定顺序排列的指令，执行程序的过程就是计算机的工作过程。指令集，就是微处理器（CPU）中用来计算和控制计算机系统的一套指令的集合，而每款 CPU 在设计时就规定了一系列与其硬件电路相配合的指令系统，指令系统的优劣标识着计算机系统的强弱。指令系统的设置需要复杂的硬件结构来支持。芯片强国的战略已刻不容缓，教育学生要夯实基础，将个人价值体现融于民族梦想中。

第四章 汇编语言程序设计

1. 汇编语言语法

2. 汇编语言程序设计

3. 汇编程序及上机过程

4. DOS 及 BIOS 功能调用

5. 任务切换与混合语言编程

课程思政内容设计：通过比较 ARM64 和 X86 架构的差异点，介绍跨架构移植中需要注意的差异点，重点讲述寄存器集合、状态寄存器、指令集，从而将华为的汇编结构引入。编写 ARMv8 汇编代码并加以优化调试。让学生通过算法设计和程序调试，实现自我价值。精心设计大作业，在华为鲲鹏云服务器上搭建 ARMv8 汇编实验环境，将 X86 移植到 ARMv8，再结合高级语言和汇编语言各自优势，在系统级上认识程序和算法，从而提升系统能力。与此同时，培养学生不怕困难、精益求精、团队合作、勇于创新的精神，为我们国家内循环培养人才。

第五章 微处理器外部结构和总线操作时序

1. 微处理器总线与系统总线

2. 总线的三态性与分时复用特性

3. 8086CPU 中特殊的存储体结构

4. 总线周期与时钟周期

5. CPU 的复位

6. 总线操作时序

课程思政内容设计：我们把总线比喻成城市里的公共汽车，总线承载着数据，传递着信息，起到通信作用。随着微电子技术和计算机技术的发展，总线技术也在不断地发展和完善，致使计算机总线技术种类繁多，各具特色。引入现实中的交通工具，如生活中的高铁，让我国在出行领域处于世界领先地位。中国拥有独立的高铁技术，通过引进、消化、吸收、再创新的自主创新之路，中国高铁走向国际。另外还有空中交通工具，北京时间 2021 年 6 月 17 日 9 时 22 分，“神舟十二号”载人飞船将聂海胜、刘伯明及汤洪波 3 名航天员送入太空，13 时 34 分，“神十二”精准着陆，航天员状态良好，飞行任务取得圆满成功。通过这些事例激励学生自主创新、

勇于奉献。

第六章 半导体存储器

1. 存储器的分类和分级

2. 单片存储器容量与其地址线和数据线的关系

3. 静态芯片组的设计

4. 高速缓冲存储器 Cache

课程思政内容设计：存储芯片可谓是电子系统的粮仓。存储芯片可简单分为闪存(NAND FLASH 和 NOR FLASH)和内存(DRAM)，NAND FLASH 主要应用于智能手机、SSD、SD 卡等高端大容量产品，而 NOR FLASH 主要应用于功能机、MP3、USBkey、DVD 等低端产品。此外，在汽车电子及智能手机的 TDDI、AMOLED 中也会用到 NOR FLASH。2020 年 10 月 29 日通过的"十四五"规划聚焦"卡脖子"工程，《中国制造 2025》中提到了包括先进存储等在内的新一代信息技术产业。我国存储产业仍处于起步阶段，大力发展国产存储器刻不容缓，这不仅关乎国家半导体产业发展，更关乎国家信息存储安全。因此，引导学生学习存储器设计的基本原理，夯实基础，培养学生具有家国情怀，勇于担当的责任感，同时要规避风险，构建专利"护城河"、攻克"卡脖子"领域。

第七章 存储器管理

1. 实方式存储器管理

2. 保护方式存储器管理

3. 保护及任务切换

4. 虚拟 8086 方式

课程思政内容设计：计算机系统中存储器一般分为内部存储器和辅助存储器两级，寄存器容量小，微处理器对寄存器的访问速度最快。内存可以分成系统区和用户区两部分，系统区用来存储操作系统等系统软件，用户区用于分配给用户作业使用。操作系统的存储管理负责对可执行存储器的分配、回收，以及提供地址变换、内存扩充、内存保护等在存储层次间数据移动的管理机制。在讲存储器管理时引入华为鸿蒙操作系统，鸿蒙操作系统是微内核设计，微内核仅包括了操作系统必要的功能模块(任务管理、内存分配等)，其处在核心地位，具有最高权限，其他模块不具有最高权限，也就是说其他模块出现问题，对于整个系统的运行是没有阻碍的。华为能够拿出自己的操作系统顶住美国的封杀，展现出了超强的实力以及超前的忧患意识。以此培养学生敢于挑战、勇于奉献的品质。

第八章 中断与异常

1. 概述

2. 中断

3. 异常

4. 中断和异常的暂时屏蔽

5. 中断及异常的优先级

6. 实地址方式下的中断

7. 中断控制器优先管理级 8259A PIC

课程思政内容设计：在计算机系统中引入中断的概念，是计算机技术发展史上的一个里程碑。有了中断，计算机从“计算”工具，演变为同时管理多种设备、同时执行多个任务、功能丰富多彩、无所不能的信息处理工具。中断控制使 CPU 与外部设备在大部分时间并行工作，只有少部分时间用以互相交换信息，大大提高了 CPU 的工作效率。通过列举众高校疫情期间停课不停学的感人事例，培养学生团结、奉献及爱国精神。

第九章 输入/输出方法及常用的接口电路

1. 微型计算机系统中接口电路的作用

2. I/O 端口的编址方法：统一编址与独立编址

3. 基本输入输出方法

4. 微型计算机接口中，存储器、I/O 接口与 CPU 的连接

5. 8255A 并行接口电路的工作方式与编程

6. 可编程计数/定时器 8253/8254 的工作方式与编程

课程思政内容设计：接口是微型计算机与外部设备交换信息的桥梁。培养学生硬件电路整体化设计的系统能力。

学习接口时，通过演示动画课件，形象地展示软件如何使硬件运作起来，使学生能够更深入地理解计算机硬件和应用程序之间的联系，同时对其交互有非常清晰的认识。培养学生系统能力，夯实基础，具备构建新产品、新技术体系的能力，攻克技术难关，不再被“卡脖子”，培养学生成为未来国家急需的掌握核心技术的高层次人才。

三、课程思政案例展示

（一）案例一展示

1. 案例主题

中国计算机发展历程。

2. 结合章节

第一章微型计算机中的数据的表示方法第 1 节计算机和微处理器发展概述、第 3 节微型计算机中的数据的表示方法。

3. 案例意义

介绍中外计算机发展史，展现我国近年来计算机的崛起，尤其是华为对计算机

应用的贡献,华为无惧美国“卡脖子”断供芯片的行为,迎难而上,激发同学们家国情怀和民族自信,不畏艰难,将个人发展与国家命运相统一;另外,在讲计算机中数据表示方法时,介绍中国古代的超级计算机算盘,算盘快精准的运算功能,是现代计算机最原始的鼻祖,从而使学生增强民族自豪感。

4.案例教学展示

1)案例描述

案例1　1946年,世界上第一台通用电子计算机ENIAC在美国宾夕法尼亚大学诞生,是第二次世界大战中催生出来的,发明人是美国人莫克利(JohnW. Mauchly)、艾克特(J. PresperEckert)等,被美国国防部用来进行弹道计算,这台巨人计算机无存储器。之后不久,美籍匈牙利科学家冯·诺依曼研制了自己的计算机,冯·诺依曼机体系必须具备运算器、控制器、存储器、输入输出等功能,因此,冯·诺依曼被称为现代计算机之父。提问:国产计算机的发展经历了几个阶段?

案例2　计算机可以进行数据的四则运算,中国古代的算盘又有怎样的贡献呢?

2)教学方法与教学设计

(1)教学方法。

本节内容采用案例、讨论式和启发式等教学相结合的方式。

(2)教学设计。

①案例1导入。教师描述案例1,介绍计算机的发展历程。

②分析+启发。通过描述计算机的发展历程,引导学生了解计算机核心技术和应用。

第一代(1946—1958年)是电子管计算机。代表机型有:ENIAC、IBM650(小型机)、IBM709(大型机)等。主要应用于科学计算。

第二代(1959—1964年)是晶体管计算机。代表机型有:IBM7090、IBM7094、CDC7600等。主要应用于数据处理、工业控制。

第三代(1965—1970年)是集成电路计算机。代表机型有:IBM360系列、富士通F230系列等。主要应用于文字、图形处理。

第四代(1971年至今)是大规模和超大规模集成电路计算机。应用于社会的各个领域。

③讨论:学生分组列举身边计算机应用场合,然后引出我国计算机发展的历程。

教师介绍国产CPU发展历程,可分为三个阶段:起步、转折、提速。

21世纪初至今,CPU自主研发提上议程。国产CPU主要厂商如下:复杂指令集(CISC)下,以X86架构为主,国内代表厂商包括海光、兆芯;精简指令集(RISC)下,涉及ARM、MIPS、Alpha等架构,国内代表厂商包括鲲鹏(ARM)、飞腾(ARM)、龙芯(MIPS)、申威(Alpha)等。

1999 年，飞腾 CPU 由国防科技大学研究团队创造。

2002 年，我国首款通用 CPU——龙芯 1 号(代号 X1A50)流片成功，龙芯是完全自主研发的引领者。

2006 年，申威 1 单核 CPU 研制成功。

2016 年，海光信息同 AMD 达成合作，引入 X86 架构授权。2018 年下半年，海光 CPU 实现量产。

2019 年 6 月，兆芯在上海正式发布新一代 16nm X86 处理器产品——开先 KX-6000 和开胜 KH-30000。

2019 年 1 月，华为推出鲲鹏 920。华为围绕“鲲鹏+昇腾”构筑双算力引擎，打造算、存、传、管、智五个子系统的芯片族，满足新算力需求。典型的应用场景有：行业云、AI 计算、边缘计算、HPC、WEB 应用等。

④提问：让学生查找资料进行对比，中国计算机在世界上处于什么位置及存在哪些问题?

⑤案事例 2 导入。教师在讲解计算机二进制、十进制转换数据运算时描述案例 2，引导学生讨论。不少学生儿时学过珠心算，有切身体会。

算盘起源于中国，迄今已有 2600 多年的历史，是中国古代的一项重要发明。在阿拉伯数字出现前，算盘是世界上广为使用的计算工具。算盘的功能在于计数和运算。中国古代以十进位制计数，这一方法确定了满十进一的计数规则，并且用位值决定数字的大小。十进制的优越性在于计数简便。马克思在《数学手稿》中称赞十进制是“最妙的发明之一”。十进制在算盘上得到完美应用，不仅可以加减任意的数字，还能用位值标示数字的大小。算盘的特点与运算息息相关。曾有人把算盘和中国四大发明相提并论，因为算盘的出现，大大推动了人类相关文明的进展。算盘是中国古老文化的光辉，李正道指出“中国的算盘就是最古老的计算机”。

中国发明的珠算，既提供给人类计算功能，又具有教育启智等功能，其科学内涵是十分丰富的。珠算是中华民族传统的优秀文化，也是世界优秀文化的组成部分。

5. 案例反思

本案例说明计算机的发展是由计算机技术的发展与集成电路(IC)相结合而推进的，计算机的诞生是为了更好地应用于生活各个方面。中国的算盘是现代计算机最原始的鼻祖，以此增强学生的民族自信和文化自信。

(二)案例二展示

1. 案例主题

汇编语言程序设计。

2. 结合章节

第四章汇编语言程序设计第 1 节汇编语言语法、第 2 节汇编语言程序设计。

3. 案例意义

汇编的操作跟硬件密切相关，是高效的程序设计语言，很多硬件设施的嵌入式编程使用的都是汇编语言。学习汇编语言还能够进行软件性能优化、跨平台程序移植、设计通用/专用微处理器体系结构，当前出于国家信息安全方面的考虑，中国必须建立独立自主的计算机产业，具有完全自主知识产权的处理器及其汇编语言将会非常重要。

4. 案例教学展示

1)案例描述

讲述华为基于 ARMv8 架构的处理器(鲲鹏 920)的体系结构。通过比较 ARM64 和 X86 架构的差异点，介绍跨架构移植中需要注意的差异点，通过回顾第三章讲述的寄存器集合、状态寄存器、指令集，从而引入华为的汇编结构。

2)教学方法与教学设计

(1)教学方法。

本节内容采用案例、对比、分组讨论和翻转课堂等教学相结合的方式。

(2)教学设计。

①问题导入＋分组讨论。汇编语言源程序不能被计算机直接识别，必须经汇编程序翻译后变成机器语言目标程序方能被计算机识别和执行。引出问题，在目前计算机 X86 体系下，教材中的程序示例在其他微处理器下可否直接运行？

②案例导入。教师讲解汇编语言结构时，描述案例。

③案例分析＋对比＋讨论。通过汇编顺序、分支、循环、子程序结构，涉及程序框架的伪指令、执行程序的运算和程序转移指令，将基于 ARM64 对应的指令进行对比，分组讨论。

④项目驱动＋分组＋翻转课堂：布置大作业，让学生设计模拟计数器，实现加减乘除四则运算，进行 X86 和基于 ARMv8 架构的处理器(鲲鹏 920)的体系结构两种平台对比、移植，分工合作，各组选派代表讲解设计思路等，完成后，汇报答辩，演示程序执行结果。

5. 案例反思

通过底层汇编程序成功移植，让学生切实感受到在使用汇编语言时，能够更深入地理解计算机的运行过程和原理，能帮助学生形成一个软硬兼备的编程知识体系。引导学生学习先进技术，进行消化吸收，从而为以后创新打下基础。培养学生团队合作与创新精神。寓道于教，润物无声。

(三)案例三展示

1. 案例主题

微处理器中断响应机制在现实生活中的案例。

2. 结合章节

第八章中断和异常第 1 节概述、第 2 节中断、第 6 节实地址方式下的中断。

3. 案例意义

疫情下涌现出无数的勇士，有勇敢的逆行者，他们不畏艰辛，用自己的血肉之躯和专业技能，为人民群众筑起一道道屏障，保障大家的健康；有变身为勇士的教师和学生，疫情期间停课不停教、停课不停学，体现出他们敢于担责与勇于担当的精神。

4. 案例教学展示

1)案例描述

案例 1　微处理器中断响应机制在疫情防控中的案例。疫情期间高校停课不停教、停课不停学。

案例 2　芯片断供，华为负重前行。

2)教学方法与教学设计

(1)教学方法。

启发式教学、隐形渗透式教学。

(2)教学设计。

①问题引入＋启发：通过播放生活场景和微机中断系统应用 flash 动画引入中断概念。生活场景：一位“白领”在电脑前工作时，门铃和电话铃同时响了，必须对两件事做出反应，即先接电话还是先开门。若认为开门重要，则暂停工作，起身开门再接电话。处理完再工作。对比中断的 5 个步骤：中断请求、判优、响应、处理、返回，引出案例。

②案例 1 导入。教师在讲解中断时，描述案例 1。

③案例 1 分析＋讨论。通过讲解中断的概念及中断的 5 个步骤，抛出问题让同学们讨论疫情发生时，中国抗击疫情艰辛历程的 5 个阶段：a. 迅速应对突发疫情；b. 初步遏制疫情蔓延势头；c. 本土新增病例数逐步下降；d. 取得决定性胜利；e. 全国疫情防控进入常态化。分析每个阶段，深入理解中断的概念。疫情发生时高校立即采取停课不停学、视频教学等一系列教学活动，没有影响学生的正常学习。让学生针对新冠肺炎疫情发生引发的舆情与民情展开讨论，在与疫情斗争的过程中，形成了“生命至上、举国同心、舍生忘死、尊重科学、命运与共”的抗疫精神。抗疫精神反映了中国精神和社会主义核心价值观，彰显了社会主义制度的优越性，增

强了学生的制度自信。

④案例 2 导入:新冠肺炎疫情在全球肆虐(中断发生)。2020 年 4 月 3 日,华为云联线全球,宣布启动全球抗疫行动(中断响应),华为云拿出了两个武器:科技抗疫与生态抗疫(中断服务)。华为云全球市场总裁认为,全球抗击疫情有四个主要挑战,即如何快速诊断病毒?如何最有效地为奋战在一线的医生提供支持?如何让学生不中断学习?如何帮助企业渡过危机?针对以上四大挑战,科技可以助力解决。例如,华为云与华中科技大学、蓝网科技等合作,研发推出了治疗新冠肺炎 AI 辅助医学影像量化分析服务。该服务依托华为云医疗智能体——医学影像分析平台开发构建,可以实现单病例量化结果秒级输出,AI+医生复核的总体效率是纯人工量化评估速度的数十倍,大幅提升了诊断效率。华为云还携手伙伴为学校和教育机构提供在线教育服务,帮助企业"上云",每一个新注册的海外用户可获得 1500 小时免费云资源,并享受 7 天的华为云专业团队支持。华为云全球抗疫伙伴计划也发布聚焦远程办公、AI 抗疫、企业协同、智慧医疗、在线教育等五大场景,面向全球招募合作伙伴,构建生态抗疫。华为云在云、5G、AI 等技术变革的浪潮中,能使各行各业,改变他们的生产关系,释放他们的生产力。

疫情期间,学习、生活、工作不受影响(中断返回)。

⑤案例 2 分析+启发+讨论。启发学生以中断概念为线索,针对全球疫情肆虐,华为如何应对展开讨论。激发学生科技救国的斗志及独立自主的奋斗精神。

5. 案例反思

计算机中断处理功能的强弱,是反映其性能好坏的一个主要指标。疫情期间中国应对疫情的举措彰显了制度的优越,增强了学生的制度自信。正如习近平总书记指出:"中国的抗疫斗争,充分展现了中国精神、中国力量、中国担当。"华为针对疫情采取科技抗疫与生态抗疫,增强了学生的爱国主义精神和民族自信。

建筑与城市发展概论

周　典①　段城江②

一、课程思政总体建设目标

建筑与城市发展概论是西安交通大学专业大类基础课，16 学时，1 学分，面向建筑学和人居环境科学与技术专业本科生开设，是课程思政示范课之一。

课程通过讲授建筑与城市的基本特征、本质含义、演进历程和发展趋势，培养学生了解建筑学与城乡规划学的体系结构；通过建筑实例参观和城市生活体验，引导学生观察并感知空间设计中的美学表达和科学内涵；通过强调对专业兴趣和空间思维方式的培养，引导学生分析建筑、城市与人的生活之间的关联性，从而实现通过规划设计使城市和生活更美好。

课程思政目标是在"育人"中"树人"，使学生兼备民族文化传承精神和科技创新发展热情。既要展现我国建筑和城建史中的传统文化魅力，开展具有中国特色的美育教育和文化艺术教育，增强学生的民族自信和文化自信，也要宣扬我国新型城镇化建设中提倡的"城乡统筹""韧性发展""健康城市""智慧城市"等新理念和新战略，引导学生与时俱进，熟知国情和新发展阶段的特征，建立科技信念和创新意识。

二、各个章节课程思政建设目标

第一章 什么是建筑

1. 建筑的定义

2. 建筑的基本属性

3. 建筑学概念的扩展

课程思政内容设计：建筑是科技与美学的结合。本章从建筑的发展过程讲起，帮助学生理解建筑产生的本质意义；引导学生思考在建筑中客观看待真善美的表

---

① 周典，人居学院教授，主要研究领域是建筑计划与设计方法、居住环境规划与设计、生态建筑设计、气候环境与城市规划。

② 段城江，人居学院助理教授，主要研究领域是新型城镇化、城市出行、城市热环境。

达，尤其是在与西方古典建筑对比之下，讲解中国传统建筑之美及其特有的营造哲学；通过当代建筑的介绍，强调科学推动和引领之下建筑的创新发展，培养学生的科学探索和创新精神。

第二章 建筑的物质与社会、文化属性

1.建筑的物质性含义

2.建筑与人的物质、精神活动需求

3.建筑的社会性与文化性

课程思政内容设计：文化自信是国家和人民对自身文化价值的充分肯定，是对自身文化生命力的坚定信念，是更基础、更广泛、更深厚的自信。本章结合建筑基本属性的讲解，枚举论证中国古代建筑中蕴含的“天人合一”思想。建筑不仅是一项艺术性的工程技术，还承载着社会和文化意义，表现出它的民族性、地域性、历史性和时代性。对建筑属性的探究，可增强学生的民族自信和文化自信，形成自觉传承中华文化精神的内在需求和坚定行动力。

第三章 建筑的构造方式与基本类型

1.建筑的构造原理

2.建筑的类型分析

课程思政内容设计：建筑学不仅充满美学思考，也体现着工程学科的系统论思维。本章以建筑系统为范例，阐述系统的结构和功能；理解系统的开放性、自组织性、复杂性、整体性和关联性；分析系统、要素和环境三者的相互规律性。此外，通过介绍以榫卯为代表的木构技艺，进一步展示传统建筑独特的技法、丰富的形制和因地制宜的建造理念。

第四章 建筑的发展与面临的问题

1.生态建筑

2.智慧建筑

3.面临的问题

课程思政内容设计：结合国内外建筑发展历程及面临的问题，引导学生思考：建筑如何体现以人为本、尊重自然的思想？建筑设计如何体现科学与美的统一？如何突显创新探索精神？此外，讲授生态建筑和智慧建筑是实现“生态文明建设”的重要手段。课程中可融入十九大相关内容，鼓励学生探讨建筑与自然、建筑与生态保护、建筑与绿色发展的关系。

第五章 城市文明的起源与成长

1.城市的由来

2.西方城市的形成与发展

3.中国古代城市的形成与发展

课程思政内容设计：通过介绍凌家滩遗址、石峁遗址、良渚古城遗址等知识点，使学生了解中华文明的起源，熟悉早期中国的城建历史，培育学生的传统审美观念，从而增强学生的民族自信心和自豪感。分别介绍各遗址概况：凌家滩遗址是我国目前发现的最早的城市，距今约 5300 年；石峁遗址是我国规模最大的早期城市遗址，内城面积约 235 万平方米，外城约 425 万平方米；良渚古城遗址是我国区域性早期国家的例证，已被列入世界遗产名录。

第六章 城市的本质与特征

1. 城市的本质

2. 城市的基本特征

3. 认知城市的方法

课程思政内容设计：现代城市发展与工业化和城镇化密切相关，认知城市也必须与认知社会同步。我国自 2013 年起推行“以人为核心的新型城镇化”战略，强调建设城乡统筹、产业互动、节约集约、生态宜居、和谐发展的新型城镇化。目前社会广泛关注的“乡村振兴”“房住不炒”“共同富裕”等议题也与高质量城镇化发展诉求一致。本章将引入城镇化发展中的热点、重点问题进行探讨，分析我国“以人民为中心”的政策架构和“为人民服务”的施政理念。

第七章 现代城市的演进

1. 城市发展的典型模式

2. 城市规划的主流理论

课程思政内容设计：城市规划学的起源与田园城市、城市美化运动、公共卫生改革等事件有关，其演进涉及地理、建筑、社会、经济、管理等多学科，涌现出诸多具有开创贡献的学者。本章将以人物志的形式讲述一批城市规划学家的研究事迹以及他们的学术贡献，如胡焕庸的人口地理学、陆大道的点轴开发理论、叶嘉安的 CA 模型、吴良镛的人居环境科学、吴志强的理性规划等。

第八章城市发展与面临的问题

1. 城乡规划体系的变革

2. 城市发展面临的问题

3. 生态城市和智慧城市

课程思政内容设计：讲解城市学科的最新研究热点，如新型城镇化、城乡统筹、智慧城市、收缩城市等，引导学生辩证地、有深度地、前瞻地思考城市发展问题。以“收缩城市”为例，城镇化通常以其外放扩张性为特征，但实际上，中国 26.71％的地市、37.16％的县区发生着不同程度的收缩。当然，收缩不等于必然衰落，面对收缩重在强调路径转型。

三、课程思政案例展示

(一)案例一展示

1.案例主题

良渚古城遗址:一脉相承的中国城市形制。

2.结合章节

第五章城市文明的起源与成长第1节城市的由来。

3.案例意义

(1)以列入世界文化遗产名录的重大考古发现为素材,充分展示中华文明的传承性、优越性和独特性;

(2)趣味性地讲解中国城市文明的早期历史,使学生了解我们的文化起源,增强爱国情怀、文化自信和民族自豪感。

(3)以图文并茂的案例及故事替代枯燥的理论知识,用科普教育的方式建立大一学生对建筑专业的研究兴趣。

4.案例教学展示

1)案例描述

中国是全球农业起源中心之一,也是唯一延续至今的文明古国。但怎样新颖、客观、信服地展示我们的文化自信,讲清楚、讲明白我们的文明起源和文化特色却不是一件简单工作。本案例选取良渚古城遗址,讲解中国一脉相承的城市形制格局,帮助同学理解华夏文明的起源,增强爱国情怀和民族自豪感。

概括来说,作为良渚文化社会的权力与信仰中心,良渚古城以其规模宏大的城址、功能复杂的水利系统、等级差异悬殊的墓地以及反映信仰与制度的玉器为代表,揭示出公元前3300年至公元前2300年,长江下游环太湖流域曾存在一个以稻作农业为经济支撑,具有社会分化特征和统一信仰体系的区域性早期国家。由此,不仅表明良渚文化所代表的中国早期社会已进入文明时代,也验证了中国多元一体、兼容并包的文明起源。

2)教学方法与教学设计

(1)教学方法。

采用PBL问题导向教学法和启发式研讨法。

(2)教学设计。

第一步:知识回顾与铺垫。城市文明的产生与农业起源、定居及社会大分工密切相关。城市产生的标志可从“城”和“市”两个角度分析:前者表示社会层面,原始社会向奴隶社会过渡,阶级分化明显,为保护奴隶主阶级而修建城池,同时上层阶层开始研究文字、制定礼制、建立宗教，城市文化萌芽也逐渐成长；后者表示经济层面，手工业、商业从农业中分离，因手工业生产而出现专门的作坊，因商品交换产生了市场。

第二步：案例切入和脉络问题。①引出案例。通过一个趣味互动环节，逐步释放知识点，使学生了解并记忆"良渚古城遗址作为中国早期城市典型案例"的代表意义。②提出脉络问题。为什么良渚古城是中国区域性早期国家的例证？

良渚古城实证了中华5000年文明历史，并在中国城建史上留下重要篇章。下一步将分项解读良渚古城遗址，讲解中国早期城市形制特点。

第三步："三位一体"论述——问题解答、知识剖析与思政融入。①良渚古城构成。良渚古城规模宏大，良渚水坝功能复杂，反山和瑶山遗址呈现等级体系特征，证明了良渚王的存在。②外围水利系统。11条堤坝主要修筑于两山之间的谷口，分为前后两道防护体系。据估算，整个外围水利系统储水面约13平方公里，蓄水量可达275万立方米。作为世界最早的水坝遗址，良渚在坝址选择、地基处理、坝料选材、填筑工艺、结构设计、交通运输等方面均表现出较强的科学性。同时，如此规模浩大的水坝营建，说明良渚已具备应对复杂需求的社会组织管理能力。③良渚王城。王城的宫殿区、内城和外城呈三重向心式布局，这种空间特征与中原地区的城市一脉相承，由此推测良渚文明和中原有千丝万缕的联系。④良渚玉器。良渚文化大量用玉，形成以琮、璧、钺等为载体的统一精神信仰，建立了一种等级分化基础上的规范用玉制度。神人兽面纹居于玉器核心位置，且形象统一，遍布环太湖区域，应当是良渚先民共同尊奉的地位最高，乃至唯一的神祇。⑤小结。良渚古城作为中国区域性早期国家的例证。结合联合国教科文组织世界遗产委员会的评述，良渚古城的代表性和意义可总结为：规模宏大的王城展现统一的权力中心；精神信仰与社会政治、人伦功能并重的用玉制度，表明统一的信仰体系；建筑及规划、礼制、墓葬文化具有显著的社会阶层和等级制度；巨型工程规模表明充足的人口基数和强大的社会管理、组织能力。

第四步：启发式讨论和升华。①引导学生总结中国城市形制"一脉相承"的规律性。从城头山遗址、良渚古城遗址、春秋淹城遗址、明清归德府城到北京紫禁城的影像展示，可清晰感受到中国古代城市一脉相承的形制特点：城墙围合防御，滨河（护城河）布局，宫城、内城、外郭三重城市格局，政治中心的高台建筑等。②开放研讨：中国文明具有独特持续性的原因。梁启超在《论中国学术思想变迁之大势》中说："西人称世界文明之祖国有五：曰中华，曰印度，曰安息，曰埃及，曰墨西哥。然彼四地者，其国亡，其文明与之俱亡……而我中华者，屹然独立，继继绳绳，增长光大，以迄今日。"

纵观历代王朝更替和各族群的互动融合，中国文化是多源与多元的，是包容并蓄的。在文化上既保持初心又创新包容，在不断调整变化之中海纳百川、融合归一，这或许正是中华文明延续至今，且不断复兴进步的原因之一。

5.案例反思

(1)建筑学具有独特的教学和科研方式，以后在展示良渚古城三重空间结构时，可制作一份3D建筑模型。由此，既能近距离进行体验式教学，也能使学生提前了解建筑学专业的特点和优势。

(2)增加一些建筑或土木工程计算题，使学生直观感知良渚遗址的规模效应。譬如：外围水利系统库容量约4600万立方米，相当于西湖的3倍。那么，古城遗址的土方量约1000万立方米，城内人口约2万人，池中寺粮仓可储藏约20万千克稻米，又可如何类比？

(3)对“一脉相承”的辩证理解。鼓励学生逆向思考：一脉相承如何避免教条主义？一脉相承强调的是建筑与城市的形式，还是城市承载的文化功能？对中华城市传统的继承，应与以人为本、全面、协调、可持续的“科学发展观”相辅相成。现代城市的功能需求与空间布局已明显不同于过去，我们所强调的一脉相承不仅是保护好历史遗存，也是对传统城市营造方法的批判性继承，是对“因地制宜”“功能与形式相统一”“人与自然和谐相处”等理念的传承。

(二)案例二展示

1.案例主题

收缩城市：城市科学中的辩证法思维。

2.结合章节

第八章城市发展与面临的问题第2节城市发展面临的问题。

3.案例意义

(1)以收缩城市为案例，引导学生对马克思主义唯物辩证法进行全面分析和理解。

(2)厘清中国收缩型城市产生的原因、现状特征和发展路径，帮助学生深刻认识城镇化发展的复杂性和多面性，塑造客观、辩证、发展的理性思维。

4.案例教学展示

1)案例描述

城镇化通常被认为是外放扩张的，但实际上，城市演进具有复杂的系统特征。既然有吸引大量外来人口的超大城市，也必然存在某些被“抽空”的“衰落”地区。“收缩城市”是近年城市学科研究的热点，中国26.71%的地级以上行政单元和37.16%的县区发生着不同程度的收缩。通过“收缩城市”讲解，能扩展学生的研究视野，锻炼科学思辨和分析能力，训练学生结合矛盾论、发展观、系统论等哲学方法，深度剖析城市科学的前沿问题。

2)教学方法与教学设计

(1)教学方法。

采用问题导向、黑格尔辩证法和苏格拉底式教学法。

(2)教学设计。

第一步:引题——城市收缩是否存在?①城镇化的复杂性。因内外部政治、社会和经济力量的交织影响,城市演进中会产生工业化、郊区化、再工业化、绅士化等复杂现象。此外,受资源禀赋、发展环境、同类竞争等条件限制,并不是所有城市都能够或者说需要发展为大城市,甚至城市并不是在全生命周期均处于扩张性的积极阶段。②城市收缩的普遍性。清华大学龙瀛表示,中国三分之一国土的人口密度在下降,1 万多个乡镇和街道的人口在 2000—2010 年间流失。张学良团队也利用五普和六普数据,指出我国东北地区和长江经济带的人口收缩最严重,且出现了"市区—市辖区"双收缩现象。

第二步:辩论——收缩由内因还是外因导致?①正方:内因主导。城市人口收缩与产业衰退密切相关,典型原因是资源枯竭或产能结构落后,导致发展动力不足。当前,我国整体转向质量型发展模式,劳动密集型产业丧失主导地位,创新、技术和环保标准不断提升,如果城市人口规模偏低,服务业岗位有限,经济转型动力不足,就难免出现"人口流失"现象。②反方:外因主导。以区域视角和"中心-边缘"模式分析,外围中小城市在区域人口流动的"拉力-推力"机制下,通常难以吸引或挽留常住居民;而中心大城市劳动力需求旺盛,会通过户籍、公共服务、人居环境等优势条件虹吸外围人口。此类典型地区如台山、高碑店、都江堰等,以及西安周边的咸阳。③合:收缩型城市的类型及原因。城市收缩指人口大规模(1 万人以上)、长时期(超过 2 年)流失,并经历结构性经济危机。上述内因和外因都是造成城市收缩的可能原因。城市收缩的类型可归纳为三种:东北地区的整体性收缩、东部外向型工贸城市的局部性收缩、大都市外围中小城镇的依附性收缩。

第三步:探索——收缩型城市的发展路径。国家发改委《2019 年新型城镇化建设重点任务》要求:"收缩型中小城市要瘦身强体,转变惯性的增量规划思维,严控增量、盘活存量,引导人口和公共资源向城区集中。"①破除"唯规模论"迷思。城市人口外流并不等于必然衰落,而应顺应城市化的新规律:城市面积适当"瘦身",不盲目建设新城区,重点盘活公共服务资源相对齐全的主城区。②产业发展是破解收缩的利器。投资拉动、产业升级、调整产业结构是收缩城市撬动经济发展的主要方法。譬如:底特律曾采取投资拉动策略;莱比锡积极打造新兴产业和"新锐艺术中心";东莞"机器换人"计划,积极培育高新技术产业。③特性化发展的必要性。城市发展具有路径依赖性或者说惯性。每个城市自身特点不同,内外因素相异,有显著的不确定性。收缩型城市要把"量的缩减"转化为"质的提升",必须找准特色定位,具体问题具体分析。

5. 案例反思

1)全球解决城市收缩问题是否有成功案例

城市收缩是全球现象，底特律、匹兹堡、芝加哥、利物浦等传统工业城市早就陷入过收缩。Philip Oswalt 在《收缩的城市》中统计：1990 年，全球约 1/6 城市收缩，其中 70%位于欧美工业国。收缩型城市的转型之路充满挑战，但不乏成功案例，如德国莱比锡和凯泽斯劳滕，它们战胜收缩的共同方法是改善内城公共环境和居住品质，积极发展高新技术和文化产业。

2)收缩城市引发的社会影响有待思考

城市收缩一定程度上意味着人口流失、房价不稳、经济减缓等问题，但我们仍需强调："收缩"并非贬义，应将其视作一种需要面对和适应的新现象和新机制，转变传统"为增长而规划"的价值观念，以"精明收缩"为转型机遇，积极制定有效的适应性战略。对收缩城市而言，应以"网络联系论"替换"城市规模论"。在区域乃至国家生产网络中，建立丰富多元的联系，寻求不可替代的地位。同时，积极开展治理转型和存量开发，通过有机更新提升城市活力与中心性，品质化地服务当地人口。

(三)案例三展示

1. 案例主题

智慧建筑：未来建筑的一种可能。

2. 结合章节

第四章建筑的发展与面临的问题第 2 节智慧建筑。

3. 案例意义

(1)解析建筑与能源的矛盾、建筑与技术的融合、建筑与人的互动，增强学生对建筑学科学性、复杂性和重要性的思考。

(2)以智慧建筑和智慧城市为例，引导学生关注未来城市生态系统的演化方向，畅想如何应用新技术解决社会重大问题？如何通过专业努力实践生态文明建设？

4. 案例教学展示

1)案例描述

随着大数据和 5G 通信时代加速来临，未来建筑有望成为具有感知能力的"生命体"，拥有自进化大脑的"智慧平台"和能够进行人—机—物深度融合的"开放生态系统"。智慧建筑就像为传统建筑的"躯体"增加智能化"大脑"，是一次质的飞跃。它不仅体现着下一代科学技术在人居环境中的融合型应用，也体现着设计师与使用者对建筑低碳节能和城市绿色宜居发展的深层次需求，是从传统"工业文明"向"生态文明"转变的一个里程碑。

目前，智慧建筑研究仍处于试验性、开放性阶段。在教学中鼓励学生参与前沿课题讨论，能激发大家的创新探索精神，站在时代革新和国家发展的高度，树立更远大的专业追求。

2)教学方法与教学设计

(1)教学方法。

采用基于问题的发现式教学法和讨论式教学法。

(2)教学设计。

第一步：开放讨论——想象下一代建筑的可能性。当我们想象下一代建筑时，会自然联想起技术革命、信息爆炸、人机互动、万物互联、虚拟现实等壮阔情景；或者气候变化、环境污染、能源短缺、人口减少、疾病肆虐等危机。通常说，下一次工业革命发生在以高度数字化、网络化、机器自组织化为标志的智能化时代。那么，下一代建筑必然是智能化的建筑，必然呼应着对新技术的应用和对全球社会环境问题的解答。

第二步：案例展示——智慧建筑和智慧城市。鼓励学生提前自学，并参与案例讲解过程。

①德勤“边缘”大楼。德勤会计师事务所(Deloitte)的阿姆斯特丹办公楼命名为“边缘(The Edge)”，由伦敦 PLP 建筑事务所设计，被誉为“全球最智慧的建筑”“工作的新形式”，并在 BREEAM 绿色建筑评估中获得 98.36 最高分。边缘大楼的设计理念是让使用者获得最大的舒适度和健康度，创造最大生产效率。其建筑形态依据太阳轨迹设计，并利用斜面屋顶和中庭，最大限度获得自然光源，减少照明需求；建筑南侧和屋顶的太阳能光电板，可得到超过自身需求的发电量，实现零净能耗；建筑北侧第 15 层的开敞中庭提供舒适的办公散射自然光，并形成全楼空气循环系统；太阳能光电板结合地下含水层储能技术，将热能储存于地下 100 多米的保温隔离环境，冬天再抽回使用，为建筑提供季节性供暖和制冷；LED 智能照明系统采用 POE 有源以太网供电技术，使灯具成为多功能传感器，并与 IT 系统融为一体；建筑雨水收集系统用来冲厕和灌溉花园；通过传感器和手机 App，建成庞大的数据收集系统，根据员工分布对电力、照明、配电、消防和空调系统进行调整和优化管理；智慧系统能引导用户根据工作行程找到办公地点，根据个人偏好调节环境光线和温度，自动找寻停车位/充电桩等。②桑坦德智慧城市。拥有 18 万人口的桑坦德(Santander)是西班牙北部港市，也是一个数字城市和智慧城市先驱试验地。全市基于路灯、电线、公交车、警车、出租车、绿地、停车场、建筑墙面等，永久安装了 1 万个传感器。此外，下载一个特殊插件后，有 GPS 导航的智能手机也能成为移动传感器。这些传感器实时测量城市的光、压力、温度、湿度、空气污染，甚至汽车和人的运动速度和轨迹。通过分析大数据，计算机平台能准确绘制交通拥堵、空气污染、噪声地图，及时检查损坏的路灯、自行调节灯光亮度、优化公园灌溉装

置;市民可查询公交线路及抵达时间、城市古迹历史、节目活动,甚至超市促销优惠,由此享受智慧医疗、智慧交通、智慧消费带来的便利。

第三步:总结展望——智慧建筑的时代价值。2020年起,国家密集部署"新基建",着力在科技端和战略新兴领域打造集约高效、智能绿色、安全可靠的现代化建筑基础设施体系。智慧建筑响应建筑工业化、数字化、智能化升级的趋势,对加快建造方式转变、推动建筑业高质量发展具有重大意义。

5.案例反思

教学难点:智慧建筑的技术支撑和实现路径。

智慧建筑高度应用物联网、云计算、大数据、人工智能、边缘计算等新一代信息技术,以及高精度感知、监控、智能家居和办公设备,能实现人、建筑、环境与工程系统的融合,通过自动感知、泛在连接、及时传送和信息整合实现建筑、用户和环境的互动,使建筑具备自学习、自进化能力。

课程可增加讨论、辩论、案例展示等互动环节,鼓励学生主动学习更多案例,分析智慧建筑的研究价值和实现难点,积极思考环境变化和气候危机对建筑发展的影响,主动展开对建筑学新材料、新技术和新方法的探索。

机械设计基础

奚延辉[①] 武通海[②] 徐 亮[③] 王永泉[④]

一、课程思政总体建设目标

机械设计基础是西安交通大学机械大类专业基础课程，72 学时，4 学分，面向机械、能动、航天航空等学院本科生开设，入选国家精品在线开放课程以及国家级一流本科课程，是西安交通大学课程思政示范建设课程之一。

本课程着力培养学生机械设计的设计意识、思维与能力，构建学生机械产品设计的知识体系、问题分析与解决能力。本课程传承交大“厚德载物”的文化沉淀，承载“立德树人”的传统，将知识、能力、与价值融合，构筑高端装备设计人才的起跑线。

课程思政的总体目标：了解机械设计的重要性，树立专业自信与设计报国的情怀；掌握机械设计的基本原理与方法，形成辩证思维与工程哲学的意识；夯实机械产品创新设计的能力，构建系统的工程价值观、社会观和职业观；提升机械设计的问题分析能力，培养精实、探索的工匠精神。通过知识、能力、意识和素养的综合培养，使学生在潜移默化中形成正确的工程价值、职业素养、工程思维，进而树立潜心钻研、为国筑器之志向。

二、各个章节课程思政建设目标

第一章 绪论

1. 机械的组成

2. 本课程的内容、性质和任务

课程思政内容设计：作为机械设计基础课程的第一课，通过展示我国古代的典型机械装置图片和现代的典型陆海空先进机械装备，让学生了解我国古代和现代

---

① 奚延辉，机械工程学院教授，机械设计基础课程负责人。

② 武通海，机械工程学院教授，机械设计基础课程骨干教师。

③ 徐亮，机械工程学院教授，机械设计基础课程负责人。

④ 王永泉，机械工程专业系主任，机械设计基础课程骨干教师。

的先进机械发展成就,激发学生的爱国热情,加强国情教育,帮助学生树立工匠精神、家国精神和时代精神。

第二章 机械设计概述

1.机械设计的概念

2.机器设计的基本要求及一般程序

3.机械设计中的常用设计方法

课程思政内容设计:讲授智能机器人中技术壁垒最高的关键零部件之一关节减速器的案例。目前,精密减速机市场75%的份额被日本的Harmonica公司和Nabtesco公司所占领,国内一些厂家正在迅速崛起,中端减速器已经赶上,高端减速器的传动精度、稳定性和寿命问题尚需下功夫解决,在创新设计、制造工艺、材料等方面还有很长的路要走。激发学生了解机械设计的重要性,树立专业自信与设计报国的情怀。

第三章 机械运动设计与分析基础

1.概述

2.机构的组成

3.平面机构运动简图

4.平面机构的自由度计算

5.平面机构的速度瞬心

课程思政内容设计:讲授机构组成及自由度计算,让学生理解约束与自由度的关系,分析人的自由受法律、道德约束的必要性。构建学生系统的工程价值观、社会观和职业观。

第六章 平面连杆机构

1.概述

2.平面连杆机构的基本形式及演化

3.平面四杆机构的基本特性

4.平面连杆机构的运动设计

课程思政内容设计:讲授四杆机构的急回特性,通过从动件在工作行程时速度慢些、在空回行程时速度快些以提高机器生产效率。教育青年学生,要想不负韶华、努力奋斗实现梦想,就应该在人生道路上提高学习和工作效率。以习近平总书记时间观作为思政切入点,旨在激励学生珍惜读书时代的青春年华,不忘初心,努力奋斗,做好社会主义国家的建设者和接班人。

讲述典型连杆机构机械装置和我国研发的高端装备和应用,使课程内容更加生动;加深学生对机构演化的认识,让学生对机构的创新设计有深刻理解,展示机械装备创新对国家科技发展的巨大推动作用。

第七章 凸轮机构

1. 概述

2. 凸轮机构的类型和应用

3. 从动件的几种常用运动规律

4. 盘形凸轮轮廓曲线的设计

5. 凸轮机构的基本尺寸设计

课程思政内容设计:凸轮机构输出的运动规律是由凸轮轮廓形状决定的,在凸轮运动过程中,既有升程也有回程,以及休止,这与人生的发展轨迹相类似。对凸轮机构而言,其轮廓曲线设计中的首要步骤是绘制基圆,然后才能根据运动规律绘制轮廓曲线。对青年学生而言,要想在人生道路上有所成就,创造辉煌,首先要树立正确的价值观,做好人生规划,走好每一步。

讲授凸轮机构的应用,介绍发明正时皮带的初衷,以汽车发动机进、排气凸轮驱动技术进步的案例,说明绿色设计理念对机械创新的原动力,增强学生创新意识。

第八章 齿轮传动

1. 概述

2. 齿廓啮合基本定律

3. 渐开线齿廓

4. 渐开线标准直齿圆柱齿轮及其啮合传动

5. 渐开线齿轮的加工方法及齿轮变位的概念

6. 齿轮传动的失效形式、设计准则及材料选择

7. 齿轮传动的计算载荷

8. 直齿圆柱齿轮的强度计算

课程思政内容设计:通过历史资料图片或文字、统计图表等形式,介绍国内外的齿轮理论和应用发展历程,让学生了解技术发展的客观规律,在课中穿插本校齿轮领域资深前辈乐兑谦教授的探索故事,培养学生的专业自豪感;从生活或工程中提取实例,逐步讲解历史上的齿轮演变过程,引导学生工程哲学意识的形成。

齿轮作为汽车、高铁、坦克、舰船等重要零部件,直接关系着高端装备性能的高低,通过引入铸造法、切削法(展成法)和激光 3D 打印法,以超快激光进行修形,并以激光强化技术提高齿轮接触和弯曲疲劳强度,让学生了解我国齿轮制造技术的发展历史和未来发展趋势,可以加强学生理解《中国制造 2025》对我国经济发展的重要战略意义。

第九章 蜗杆传动

1. 概述

2. 普通圆柱蜗杆传动的主要参数与几何尺寸计算

3. 蜗杆传动的工作情况分析

4. 蜗杆传动设计

课程思政内容设计：重点挖掘辩证思维与工程哲学的意识。讲授蜗杆传动的材料选择，通过蜗杆和蜗轮材料性能匹配的要求，得出材料配对应“一硬一软”的选择准则，启示学生辩证思考“软”与“硬”的性质和关系，正确认识团队（集体）内部个体的特质和兼容协同行为对整体目标的影响，从而更好地处理社会生活和工作实践中的人际关系。培养学生团队合作意识，构建系统的工程价值观、社会观和职业观。

第十章 轮系

1. 概述

2. 定轴轮系及其传动比计算

3. 周转轮系及其传动比计算

4. 混合轮系及其传动比计算

5. 轮系的功用

课程思政内容设计：授课教师结合课程内容讲述轮系结构和功用时，引出个体与团队的关系，通过“女排精神”例子，激发学生的团队意识，引导学生在个人发展与团队进步以及国家责任方面，做出有意义的协调和统一，理解个人发展和团队与国家命运共同体的关系。

第十一章 带传动

1. 概述

2. 带传动的基本结构及特点

3. V 带和带轮

4. 带传动的工作情况分析

5. 带传动的强度计算

6. 普通 V 带传动的设计

课程思政内容设计：带传动具备一定柔性的特点，通过与链传动的对比，得出带传动吸收振动、缓冲冲击的优点，同时也引出其传动比不准确、不适用重载的摩擦传力特点，使学生正确认识到优点与缺点的辩证与相互隐含关系，从而辩证地进行机械传动设计和选型。摩擦带来功耗，但是摩擦也可以用于传动，这一辩证概念在工程中普遍存在，要让学生深刻理解事物的多面性。带的弹性滑动和打滑本是同根生，但是结果完全不同，超过极限的弹性滑动就是失效。培养学生的边界和条件意识，延深至工程师的底线和红线意识。

第十四章 机械系统动力学

1. 概述

2. 机械系统动力学分析原理

3. 机械系统的速度波动及其调节

4. 刚性回转构件的平衡

课程思政内容设计：讲授刚性回转构件的平衡内容，介绍中国工程院院士、本校屈梁生教授首创的全息动平衡技术，让学生深刻体会老一辈科学家面向国家重大需求，扎根工程实际，解决行业“瓶颈”问题的家国情怀，培养学生学习老一辈科学家的求真务实、勇于创新的科研精神，以达到立德树人的效果。

第十五章 螺纹连接

1. 概述

2. 螺纹连接的基本知识

3. 螺纹连接的预紧和防松

4. 螺纹连接的强度计算

5. 螺栓连接设计

课程思政内容设计：讲授螺纹连接的应用，阐明“雷锋精神”的内涵就是螺丝钉精神，本质是奉献精神和服从国家需求，而新时期爱国主义的精髓就是服从党的领导。讲授全国发明创业奖获得者唐宋才和他的“唐氏螺纹”的故事，让学生理解工匠精神，树立正确的工程意识。螺栓一般都是成组使用构成螺栓组实现连接，两个定位销才能实现平面定位，将这些工程知识与“个人和团队的关系”联系起来，以培养学生的团队意识、协作精神。

第十六章 轴

1. 概述

2. 轴的工作能力计算模型

3. 轴的设计

课程思政内容设计：在轴的结构设计中，通过分析轴上零件、载荷、支承、制造和安装等诸多要求，获得轴的结构设计要遵循“按需设计”的设计准则，启示学生辩证思考“个人职业追求”与“国家需求”的联系与矛盾，正确认识在社会主义制度下，国家利益、集体利益和个人利益在根本上是一致的。维护国家荣誉和利益，是每个公民义不容辞的职责，从而树立良好的“三观”与职业观。

第十七章 轴承

1. 概述

2. 滑动轴承的类型和典型结构

3. 滑动轴承轴瓦结构

4. 滑动轴承的工作能力计算

5. 其他滑动轴承简介

6. 滚动轴承的主要类型、特点及其代号

7. 滚动轴承的类型选择

8. 滚动轴承的工作情况分析

9. 滚动轴承的额定载荷与寿命

10. 滚动轴承的静载荷计算

11. 轴承装置的结构设计

课程思政内容设计:轴承是工业的支撑,通过高端装备核心竞争力引入,引导学生了解基础研究的重要性,建立科学理性的问题分析思维。考虑轴的热伸缩效应,故将轴承结构设计为一端可游动。从因势利导、顺势而为的哲学思想引出工程中的可持续发展和环境友好等设计理念及工程师责任感。通过了解球轴承的发展,让学生了解多个自由滚动体会导致自由运动的干涉和失效,理解机械设计中约束和协同的意义,进而延拓至工程设计中的界限思维,引导学生树立职业道德规范的意识。引出大国工匠案例,让学生体会大国工匠的精神实质,对学生自身价值的实现提供启发,对学习的方向进行引领,领会"关键核心技术必须牢牢掌握在我们自己手中"的深刻内涵。

第十八章 联轴器与离合器

1. 概述

2. 联轴器

3. 离合器

课程思政内容设计:介绍联轴器的功能要求,了解装配误差和受力变形引起的几何干涉问题,深刻理解机械设计处理的真实世界比理想状态复杂得多,增强学生积极探索的工匠精神。

机械零件陈列室参观。介绍陈列室里真实失效零件的来源,它们是从工厂的废旧品堆里挑拣出来、用架子车拉回来的。为了提高教学质量,一批西迁老教师,包括谢友柏院士,自己动手创造条件建设了这个陈列室,激发学生继承"西迁精神"。

三、课程思政案例展示

(一)案例一展示

1. 案例主题

通过对比中国古代及现代的先进机械,激发学生的爱国热情,帮助学生树立工匠精神、家国精神和时代精神。

2. 结合章节

第一章绪论第 1 节机械的组成。

3. 案例的意义

本案例的思政融入点:作为机械设计基础课程的第一课,通过展示我国古代的典型机械装置图片和现代的典型陆海空先进机械装备,让学生了解我国古代和现代的先进机械发展成就,激发学生的爱国热情,加强国情教育,帮助学生树立工匠精神、家国精神和时代精神。

4. 案例教学展示

1)案例描述

随着人类社会的发展，机械的发明出于人类对生活以及生产的需要，其推动制造、加工、生产的前进，从而对人类活动和生活方式等产生深远的影响，改变人类社会的原本构架。回顾整个中国传统机械及文化，蕴含着古代人民智慧的大量而又精巧的机械不断被发明创造，他们对社会发展起到极大促进作用。新中国成立以来，机械科学技术取得了长足的进步，在某些领域已经处于世界领先水平。本案例通过讲述我国古代的机械发展史和现代中国机械方面的成就，让学生了解机械的发展对社会进步的巨大推动作用。同时结合所讲的机械装置，加深学生对机械概念的理解。

2)教学方法与教学设计

(1)教学方法。

本节教学内容采用案例教学、讨论式教学和启发式教学相结合的方式。

(2)教学设计。

第一步：问题引导+讨论。抛出问题：什么是机械？经过简单讨论后，进行举例说明，了解学生对机械的初始认识。

第二步：讨论+案例。提问：大家知道“机械”二字的具体含义吗？学生对这个问题几乎不能作答。此时教师展示《庄子·齐物论》：“其发若机栝。”释文称：“机，弩牙；栝，箭栝。”《说文解字》对“机”的解释是“机，主发者也。”由此可知，“机”之本义指转动构件。《庄子·外篇·天地第十二》载“有械于此，一日浸百畦，用力甚寡而见功多，夫子不欲乎?”《韩非子·难二》中有类似的论述：“审于地形、舟车、机械之利，用力少，致功大，则入多。”可见将机械的概念界定为“机械是能用力甚寡而见功多的器械”。

第三步：讨论+案例。最早的机械是什么？简单讨论后，教师阐述机械始于工具，工具是简单的机械。石器时代的各种石斧、石锤和木质、皮质的简单粗糙的工具是后来出现的机械的先驱。从简单工具演进到由多个零件、部件组成的现代机械，经历了漫长的过程。几千年前，人类已创制了用于谷物脱壳和粉碎的臼和磨，用来提水的桔槔和辘轳，装有轮子的车，航行于江河的船及桨、橹、舵等。所用的动力，从人自身的体力，发展到利用畜力、水力和风力。所用材料从天然的石、木、土、皮革，发展到人造材料。而现代各种复杂精密的机械，都是从古代简单的工具逐步发展而来的。此时向学生展示石器时代的各种石斧、石锤图片，以及桔槔和辘轳等图片。让学生了解机械的普适性概念，并总结出机械的定义：人造的用来减轻或替代人类劳动的多件实物的组合体，也就是能帮人们降低工作难度或省力的工具装置。

第四步：案例+讨论。讲述三种典型的古代机械装置。第一种，晋崔豹《古今注》卷中:"大驾指南车,起黄帝与蚩尤战于涿鹿之野。蚩尤作大雾,兵士皆迷。于是作指南车以示四方,遂擒蚩尤而即帝位。"提问学生:可能有何种方法或装置以示方向?而古人通过车上立一木人,一手伸臂直指,只要在车开始移动前,根据天象将木人的手指向南方,由于车内有齿轮定向装置,以后不管车向东还是向西转,均可实现手臂始终指向南方。第二种,《西京杂记》中有一段记载说:"长安巧工丁缓者,……又作卧褥香炉,一名被中香炉,本出房风,其法俊绝,至缓始更为之。为机环转运四周,而炉体常平,可置之被褥,故以为名。"在汉代文人司马相如的《美人赋》中,有"金鉔熏香,黼帐低垂"的句子,据宋代学者章樵注解,"鉔音匝,香球,衽席间可旋转者",可见被中香炉在公元前二世纪的西汉就已经有了。它的球形外壳和位于中心的半球形炉体之间有两层或三层同心圆环,炉体在径向两端各有短轴,支承在内环的两个径向孔内,能自由转动。同样,内环支承在外环上,外环支承在球形外壳的内壁上,炉体、内环、外环和外壳内壁的支承轴线依次互相垂直,炉体由于重力作用,不论球如何滚转,炉口总是保持水平状态。提问:这与什么装置的原理相似呢?香薰球的这种结构完全符合现代航空航海中使用的陀螺仪原理,罗盘就是悬挂在一种称为"万向支架"的持平环装置上。这样,无论有多大风浪,船体怎样摆动,无论在怎样复杂的气流中,飞机如何颠簸,罗盘始终保持水平状态,确保正常工作。第三种,晋·陈寿《三国志·诸葛亮传》:"建兴九年,亮复出祁山,以木牛运,粮尽退军;十二年春,亮悉大众由斜谷出,以流马运,据武功五丈原,与司马宣王对于渭南。"这段文字说明了诸葛亮发明木牛流马的聪明才智。木牛流马为诸葛亮在北伐时所使用,其载重量为"一岁粮",大约四百斤以上,每日行程为"群行三十里",为蜀汉十万大军提供粮食。通过此例子,让学生思考战争对机械科技发展的影响,引导学生可以将研究视野考虑到极端工况或极端环境,可能会研发出史无前例的伟大创新产品。

第五步:案例+讨论。教师引言:悄然间改变了人们生活习惯的中国桥、中国路、中国车、中国港、中国网等一个个超级工程,哪一个的建设能离开机械的发展呢?机械的强大铸就了国家和民族的昌盛。现在的中国"可上九天揽月,可下五洋捉鳖","神舟号"飞船频传捷报、自行设计研制的"蛟龙号"载人潜水器华丽问世、全球最大的海上钻井平台"蓝鲸 2 号"惊艳亮相,这些机械装置无一不展示出我国目前机械发展的辉煌。

再结合历经三个月太空作业的"神舟十二号"飞船和学生进行讨论,尤其是辅助宇航员行走任务的机械臂,无不体现出我国空间站机械臂的高精度和稳定性。通过照片展示和讨论的方式向同学提出以下问题:"神舟十二号"飞船的研制成功,大概花了多少年?有多少科研工作者参与?国家投资多少经费?"蛟龙号"目前最大下潜深度是多少?通过这些问题的讨论,可以让学生了解这些国之重器的研制艰辛和前沿动态,激发学生学习机械设计基础课程的兴趣,同时也培养学生的爱国热情，激励更多的学生报效祖国，为国家的发展添砖加瓦。

5. 案例反思

授课教师以讲故事的形式向学生讲述我国古代的典型机械装置和现代的先进机械装置，使课程内容更加生动。此授课方式，不但可以调动课堂气氛，并且可加深学生对我国机械发展史的认识，了解从古至今典型机械装置的魅力所在，使学生充分认识到机械对国家发展和社会进步具有巨大的推动作用。

（二）案例二展示

1. 案例主题

通过蜗杆设计中蜗杆和蜗轮材料性能匹配原则，展示工程中的“软”与“硬”协调的哲学思辨。

2. 结合章节

第九章蜗杆传动第 4 节蜗杆传动设计。

3. 案例意义

本案例通过蜗杆设计中蜗杆和蜗轮材料性能匹配的要求，得出材料配对应“一硬一软”的选择准则，启示学生辩证思考“软”与“硬”的性质和关系，正确认识团队（集体）内部个体的结构和兼容，协同行为对整体目标的影响，从而更好地处理社会生活和工作实践中的人际关系。

4. 案例教学展示

1）案例描述

蜗杆和蜗轮材料不仅要求有足够的强度，而且配副材料要有优良的减摩性和摩擦相容性。所谓减摩性好，是指配对材料相对滑动摩擦因数小、跑合性好、磨损小、易于形成润滑油膜等。为此，蜗杆、蜗轮配对材料应该一硬一软。这种由客观科学规律所决定的选型原则，背后体现的是一种辩证的工程哲学，也可引申和推广到社会生活领域，启发学生对“强”与“弱”“刚”与“柔”等关系的辩证思考，正确处理自我与他人、个人与团队之间的关系。

2）教学设计与教学方法

（1）教学方法。

采用启发引导、互动交流及案例引入方式。

（2）教学设计。

先从蜗杆和蜗轮的材料性能要求切入，强调配副材料选择不仅要考虑一种材料自身的特性，更重要的是要考虑两种材料配对时材料的相互作用特性。随后引入并重点讲解减摩性的概念，并将其与单一材料耐磨性的概念进行对比，使学生理解减摩性概念是建立在两种材料配对特性的基础上的。简要回顾硬度的概念及其对材料摩擦性能的影响，之后进行课堂提问和交流，基于这样的减摩性要求，该如何确定配对材料的基本特性？是一“硬”一“软”，还是两者都“硬”？抑或是两者都“软”？为什么？在揭示答案之后，进一步引导学生思考，蜗杆和蜗轮材料哪个硬些好，哪个软点好？随后从日常生活中人与人之间相处的常见场景（如夫妻关系、同伴关系等）切入，启发学生思考社会交往中“强”与“弱”“刚”与“柔”的辩证关系，从而具备正确处理自我与他人、个人与团队之间关系的意识。用20世纪70年代教研室试制钢-钢匹配的蜗轮蜗杆，证明磨损加剧的实际案例来强化学生的认知，指出任何时候都不能违背客观规律。

5. 案例反思

通过对蜗杆和蜗轮配对材料选择要求的介绍和思政元素的引入，帮助学生建立辩证的工程思维，引导其树立正确的工程意识。

（三）案例三展示

1. 案例主题

通过讲述全息动平衡技术的起源，激励学生的创新意识。

2. 结合章节

第十四章机械系统动力学第4节刚性回转构件的平衡。

3. 案例的意义

本案例的思政融入点：本案例通过讲授中国工程院院士、西安交通大学屈梁生教授首创的全息动平衡技术，让学生深刻体会老一辈科学家面向国家重大需求，扎根工程实际，解决行业“瓶颈”问题的家国情怀，培养学生学习老一辈科学家的求真务实、勇于创新的科研精神，以达到立德树人的效果。

4. 案例教学展示

1）案例描述

失衡是大型旋转机械最常见的故障，其处理过程在所有故障中也是最为复杂的。目前，针对转子现场动平衡的方法，主要有模态平衡法和影响系数法两大类，然而在实际应用中，这两种方法都存在一些难以克服的缺陷。针对此问题，屈梁生院士在国际首创了全息谱技术，全面集成机器振动的幅值、频率、相位信息，开发了轴系全息动平衡技术，形成了一种精度高、运用灵活简单、无须专用动平衡仪器的现场动平衡技术，显著提高了现场动平衡的精度和效率。全息谱是地地道道、土生土长的技术，屈院士在1989年发表全息谱第一篇论文时，琢磨该取个什么样的英文名呢，后来把前缀词Holo（全）和spectrum（谱）连起来，就成了全息谱的英文名，得到了国外许多学术刊物的承认，一直沿用到现在，并成了Google检索的关键词。全息谱是在数据层集成信息，它在机械状态监测和故障诊断中的应用比国际上提出的信息融合概念要早了很多年。

2)教学方法与教学设计

(1)教学方法。

本节教学内容采用案例教学,讨论式教学和启发式教学相结合的方式。

(2)教学设计。

第一步:问题引导+讨论。授课教师在讲解完刚性转子的静平衡原理、动平衡原理后抛出问题,如何在工程实际中进行回转构件平衡?让学生进行简单讨论,并举例。通过讨论,可以使学生对工程中回转构件的平衡有一个初始认识。

第二步:案例引入+启发。引出在工程中常用的动平衡方法,介绍模态平衡法(1953 年提出)、影响系数法(1964 年提出)、统一平衡法(1981 年提出),归纳总结这些方法的优缺点,然后引出全息动平衡案例,丰富学生的知识、拓展学生的视野。

第三步:激发学生的创新精神、爱国精神。屈院士曾经说过:“有了一流的实验室、一流的仪器和设备,不一定就能向社会和国家回报一流的成果,更需要创造性的劳动。”正如习近平总书记多次在讲话中指出的“创新是引领发展的第一动力”,鼓励学生要有勇攀高峰、敢为人先的创新精神。“一代人有一代人的奋斗,一个时代有一个时代的担当。”期望学生将来努力实现更多“从 0 到 1”的突破,那我们国家就一定能抢占科技竞争制高点,开创未来发展新局面。

5.案例反思

本案例中的屈梁生院士来自西安交通大学机械学院,是我们敬仰的老教授,对学生具有很强的亲和力及示范作用。通过讲解屈院士的事迹,学生对交大老教授有了更为深刻的了解,同时增强了学生的自豪感,并且会受到强烈的鼓舞。通过创新精神的总结,使学生感到,很多原创性思维是通俗易懂的,并不是神秘莫测的,从而提高他们的创新意识。

(四)案例四展示

1.案例主题

通过讲述圆珠笔头上的“圆珠”加工这一“卡脖子”难题,树立学生正确的工程认知,塑造其工程素养,锻造其工匠精神。

2.结合章节

第十七章轴承第 9 节滚动轴承的额定载荷与寿命。

3.案例意义

通过引入圆珠笔头上的“圆珠”这一个小小的“瓶颈”,让学生了解轴承部件的精密的概念和重要性,结合轴承的精密等级、尺寸精度等概念,让学生深刻理解机械工程领域的“卡脖子”问题的本质是基础部件的问题,树立职业自豪感的同时培养工匠精神。

4. 案例教学展示

1）案例描述

2014年1月4日，李克强总理在参加一个有关钢铁煤炭行业产能过剩的座谈会时，他举例说，中国至今不能生产模具钢，比如圆珠笔的“圆珠”都需要进口。瑞士公司的笔头一体化生产设备，生产一个小小的圆珠笔头需要20多道工序。笔头里面有不同高度的台阶和五条引导墨水的沟槽，加工精度都要达到千分之一毫米的数量级。笔头关键部位的尺寸精度要求在2微米，表面粗糙度要求0.4微米，在笔头最顶端的地方，厚度仅有0.3到0.4毫米。进行如此高精度的加工，既要容易切削，加工时还不能开裂。经过5年数不清的失败，太钢集团终于在2016年9月试验成功了“添加剂”分布均匀的笔尖钢。大规模炼钢10多次后，第一批切削性好的钢材终于出炉了。在贝发笔业的测试实验室，用太钢原料生产出来的笔芯正在进行极限测试，在同一个角度下，每支笔芯都要连续不断地书写800米不出现断线情况，这已经是对这一产品的第六轮测试。

2）教学方法与教学设计

(1)教学方法。

本节采用案例、讨论与启发教学结合的方式。

(2)教学设计。

第一步：案例+启发。通过圆珠笔头上的“圆珠”攻关的案例，引导学生思考工程问题的难点，理解圆珠、笔头以及配副精密的本质。

第二步：案例分析+讨论。结合高精密轴承(P2级)，引导学生讨论轴承的设计及制造精度，尤其是装配精度的重要性。

第三步：案例分析+讨论。结合圆珠笔头上的“圆珠”的攻关过程，从材料配比试验，加工装配分析，到书写极限测试，引导学生讨论每个环节的难点以及解决问题的思路，深刻理解工程问题的“不拘小节”和“精益求精”，塑造学生要有工匠精神，要有解决机械产品“卡脖子”问题的思维和认知。

第四步：教师总结。细节决定成败是机械产品开发中必须正确树立的基本认识，所谓高端装备的高端往往取决于极小的零件、公差、配合等。所以，这也是机械设计工程师所必须具有的工程素养。此外，每个技术的突破都源于坚持基础攻关和精雕细琢，工匠精神是工程素养的高阶内涵。

5. 案例反思

小小的圆珠笔头上的“圆珠”，居然成为我国的“卡脖子”技术。这个案例不但让学生可以沉心静气地思考专业技术问题，还可以树立正确的工程认知，塑造其工程素养、锻造其工匠精神。

工程伦理五

徐正红[①] 孙安邦[②] 石建稳[③] 刘 增[④]

一、课程思政总体建设目标

工程伦理五是西安交通大学专业硕士的必修课,32 学时,2 学分, 面向能源与动力工程专业硕士生开设。课程于 2020 年被评为西安交通大学校级思政示范课,于 2021 年被评为陕西省的省级课程思政示范课。

教育之本在于立德树人,作为人才培养的核心要素之一的伦理教育关乎学生的精神养成和品格塑造。工程伦理五课程将思政教育带入课堂,针对我国一流综合性大学本科生缺乏伦理知识与伦理意识的现状,研究一系列“以学生为中心”的教学模式,将理论学习与研究性学习相结合,采用多种教学手段,在传授前沿科技知识的同时培养研究生的科技伦理与工程伦理意识,使其掌握基本的伦理规范,增强他们的社会责任感及树立可持续发展理念,突出爱国主义、工程(工匠)精神、工程师伦理责任与国防安全教育等思政元素。力争全方位培养我校专业硕士生,为我校实现世界一流大学目标奠定基础。

二、各个章节课程思政建设目标

第一章 工程与伦理(大班教学)

1. 如何理解工程
2. 如何理解伦理
3. 工程实践中的伦理问题
4. 如何处理工程实践中的伦理问题

课程思政内容设计:以怒江水电站开发争议为引导案例,启发学生思考工程实

---

① 徐正红,电气工程学院副教授,主要研究方向为电子技术应用与生物医学光子学。

② 孙安邦,电气工程学院教授,主要研究方向为放电等离子体技术及其空天应用。

③ 石建稳,电气工程学院副教授,主要研究方向为纳米材料及其在能量转换和环境催化中的应用。

④ 刘增,电气工程学院副教授,主要研究方向为多逆变器系统及其在分布式发电中的应用。

践的特点及其伦理问题，以及重大工程实践应该如何处理经济社会发展和环境保护的关系。让学生体会多维度思考的重要性，探讨工程伦理困境。同时明确工程及伦理概念，提升学生对工程实践中伦理问题的辨识能力。通过对比工程与技术、伦理与道德的共同本质和不同之处，明确两者之间的相关性，加强学生道德情操和伦理价值观念。

第二章 工程中的风险、安全与责任（大班教学）

1. 工程风险的来源及防范

2. 工程风险的伦理评估

3. 工程风险中的伦理责任

课程思政内容设计：以美加大停电事故、福岛核电站事故及印度帕米尔毒气泄漏事故为引导案例，说明工程都是有风险的。通过辩证思考风险的各种因素，启发学生理解“以人为本”“预防为主”“整体主义”及“制度约束”等伦理原则，培养学生的伦理责任意识，提升他们作为未来工程师的社会责任感。

第三章 工程中的价值、利益与公正（大班教学）

1. 工程的价值及其特点

2. 工程所服务的对象与可及性

3. 工程实践中的攸关方与社会成本承担

4. 公正原则在工程的表现

课程思政内容设计：以南水北调工程为引导案例，提出利益分配问题。引导学生多维度思考工程的价值与特点，培养学生全面分析问题的能力，确立经济价值不能作为工程价值唯一标准的理念，树立公平公正原则与和谐发展观。

第四章 工程活动中的环境伦理（大班教学）

1. 工程活动中环境伦理观念的确立

2. 工程活动中的环境价值与伦理原则

3. 工程师的环境伦理

课程思政内容设计：以杀虫剂 DDT 与《寂静的春天》为引导案例，说明现代科学技术与工程的高度复杂性会引发的生态问题，从可持续发展与工程技术相关性的角度，论证可持续发展是工程技术必须坚持的伦理原则，而工程实践是实现人类社会可持续发展的基础和关键。启发学生理解当今社会必须更新观念，树立“绿水青山就是金山银山”的环境观，增强民族自信心，培养爱国精神，把工程技术发展纳入人类社会可持续发展的大系统，促进人与自然的和谐发展。

第五章 工程师的职业伦理（大班教学）

1. 工程职业

2. 工程职业伦理

3. 工程师的职业伦理规范

课程思政内容设计：采取自主学习的形式，培养学生自我管理能力与自学能力。通过对工程师的伦理责任与伦理规范学习，培养学生职业责任感及“工程（工匠）精神”，树立“将公众的安全、健康与福祉放在首位”的职业伦理原则，培养学生从向善到行善的自觉、自愿与自然的职业精神。在这章教学中增加了“学术诚信”的教学内容，以国际和国内发生的学术不端事件为例，对研究生进行教育和警示，站在学生角度分析讨论学术不端的起因、危害和避免学术不端的注意事项。

第六章 多主题研讨与实践（小班研讨）

研讨课主题

1. 信息技术与大数据伦理问题
2. 智能电网建设中的伦理问题
3. 纳米材料的相关伦理问题
4. 人工智能引发的伦理问题

实践课主要内容（每学期教学一般选其中 4 个活动）

1. 观影与研讨
2. 自主学习与专家讲座
3. 微视频制作与展播
4. 工程伦理沙龙
5. 结课宣誓仪式

课程思政内容设计：利用智慧教室，采取小班研讨形式，由四位教师分别组织学生进行以下研讨：信息与大数据伦理问题、智能电网建设的伦理问题、纳米材料学科的伦理问题、人工智能引发的伦理问题等。采用教师主讲、小组讨论、汇报总结、观影与讨论、微视频制作、学术沙龙等多种教学模式，培养学生的团队合作能力、分工协作能力、沟通能力、思辨能力、口头与书面表达能力等，实现课程“意识—规范—能力”三位一体的培养目标。

三、课程思政案例展示

（一）案例一展示

1. 案例主题

生态保护与绿色低碳循环发展。

2. 结合章节

第四章工程活动中的环境伦理（大班教学）。

3. 案例意义

生态环境问题绝不仅仅是一个科学技术问题，而是涉及人类的价值取向。生态环境危机的本质是人类生存与消费需求过度增长引起的对自然环境过度开发而造成的环境损害。现代工程技术转向节能、降耗、环保、低碳以及环境友好型方向，国家大力开发新兴能源，发展绿色低碳循环经济。培育学生的生态意识，传播生态文明思想，明确他们的生态责任，为学生树立可持续发展理念，案例学习有助于国家的生态文明建设与学生未来的全面发展。

4.案例教学展示

1)案例描述

案例1 “鸡粪发电”——中国建设了亚洲最大的鸡粪发电厂。

鸡是一种常见的家禽，因其生长迅速并且饲料转化率高而成为中国乃至全世界最主要的养殖动物。据估算，目前全世界的鸡总数已达上百亿只，全中国的鸡总数也高达数十亿只。一只鸡从破壳到出栏的42天内平均会产生4公斤的粪便。显然，如此之多的饲养鸡每天产生的鸡粪量都是一个天文数字，如何处理这些鸡粪一直是各国需要面临的一大难题。传统方法是将鸡粪发酵加工为肥料，但随着化肥使用规模和使用量的扩大，鸡粪肥料的市场空间在逐渐缩小，各国必须寻找一个新方法来处理越来越多的鸡粪。

我国福建省光泽县是亚洲最大的白羽肉鸡养殖基地，全县养鸡6 000万只，每年产生30万吨鸡粪。而光泽县根本无法消耗这些鸡粪，而且更大的压力来自40公里以外的富屯溪，它位于福建省母亲河——闽江的上游，如果找不到创新的鸡粪处理方法，对整个中国东南地区的水系将造成毁灭性的灾难。

福建光泽县于2008年建成了亚洲最大的鸡粪发电厂，它是由圣农实业首期投资2.4亿元建设的，以鸡粪和谷壳为原料燃烧发电，烧剩的灰也是很好的有机肥。圣农公司、清华大学及唐山锅炉厂合作研发，改进发电设备，经过7年测试才建成今天这套发电设备，共申请专利16项，获得授权8项。电厂建成后每年鸡粪消耗量达80万吨，年发电量达1.3亿多度，相当于4万多个家庭的一年总耗电量。如此强大的发电能力不仅满足了光泽县当地的电力需求，多余的电力还出口到周边地区，进一步促进当地经济发展。

鸡粪发电，是一种变废为宝的智慧，既环保又能取得经济效益和社会效益，是创新科技的一个典范。

案例2 “光伏＋”发电——治沙新模式。

“板上发电、板下种植、板间养殖”的“光伏＋”模式，是库布齐生态治理中探索出的新型治沙模式，通过对土地资源、沙漠光照的充分利用，实现能源就地消纳，达到“林光互补”生态修复。目前，库布齐沙漠生态光伏示范区已经建成31万千瓦，治沙面积2万亩，年发电量5亿度，销售收入达4.5亿元。

2)教学方法与教学设计

(1)教学方法。

采用“案例引导—课堂讨论与分享—教师总结—课后思考”一系列闭环教学模

式，全面提升学生的学习能力，培养他们的高阶能力。

(2)教学设计。

第一步：观看电视片《创新中国》(第2集)的“鸡粪发电”部分视频。用PPT课件(图片及文字)展示“光伏+”治沙新模式；

第二步：组织学生讨论，“鸡粪发电”技术与“光伏+”治沙新模式的优势是什么？这些新型发电技术与项目体现了工程伦理哪些基本原则？

第三步：创新科技如何促进中国未来发展？

第四步：教师总结，布置课后思考题。

5. 案例反思

习近平总书记指出“绿水青山就是金山银山”，推进绿色、低碳、循环的可持续发展，才能造福子孙后代。案例可以启发学生思考，并获得以下结论。

(1)科学技术应该能保护环境并造福于人类，就是所谓的“科技向善”原则；

(2)我们需要改变“人类中心主义”的传统观念，创立人与自然新的价值标准；

(3)科学技术必须有利于人类社会与自然环境的可持续发展；

(4)创新是科技发展的原动力。

(二)案例二展示

1. 案例主题

学术诚信。

2. 结合章节

第五章工程师的职业伦理(大班教学)。

3. 案例意义

目前高校不同程度存在很多学术不端现象，如学术浮夸、学术不端、学术腐败等。有的急功近利、东拼西凑、粗制滥造；有的逃避现实、闭门造车、坐而论道；有的剽窃他人成果甚至篡改文献、捏造数据。以国际和国内发生的学术不端事件为例，对研究生进行教育和警示，站在学生角度分析讨论学术不端的起因、危害和避免学术不端的注意事项。国家发展离不开科技进步，但学术不端行为不仅使个人蒙羞，影响学校声誉，更有可能耽误国家在某些领域的发展，成为民族的罪人。

4. 案例教学展示

1)案例描述

据中国科学信息技术研究所统计，2009年至2019年，中国学者在国际期刊发表论文数量仅次于美国，居世界第二位。与此同时，中国学者论文被国际期刊撤稿的数量也位居前列。

案例1　翟某某严重抄袭论文事件。

2019 年 2 月 9 日，有网友在网上曝光了其在知网上查翟某某论文“查重率”的结果图片，这些图片显示翟某某的论文《谈电视剧中“白孝文”的表演创作》文字复制比达 40.3%，总字数为 2783 个字的文章中重复字数 1125 个。与该文相似的文献包括《白孝文人物分析》和《一个有灵魂深度的人物——〈白鹿原〉之白孝文论》。2019 年 2 月 14 日，翟某某本人也在个人微博发布致歉信，表示愿意配合学院的一切调查，接受学院做出的一切决定，同时申请退出博士后科研流动站的相关工作。2019 年 2 月 19 日，学院撤销翟某某博士学位，取消其博导资格。

案例 2　汉芯事件(Hanxin events)。

2003 年 2 月某大学陈某负责的团队推出的“汉芯一号”，后据人民网报道，这是一起令人瞠目结舌的重大科研造假事件。

2)教学方法与教学设计

(1)教学方法。

采用“案例引导——课堂讨论与分享——教师总结——课后思考”一系列闭环教学模式，全面提升学生的学习能力，培养他们的高阶能力。

(2)教学设计。

第一步：教师利用 PPT 课件，展示两起“学术不端”案例。介绍这些事件的严重危害有哪些？哪些行为属于学术不端？同时展示教育部颁布的《学位论文作假行为处理办法》。

第二步：组织学生展开讨论。学术不端事件发生的根本原因是什么？这些事件的严重危害有哪些？除了抄袭和数据造假之外，你知道还有哪些行为也属于学术不端？

第三步：提问。作为高校研究生如何做到学术诚信？组织学生课堂发言。

第四步：教师总结发言，布置课后思考题。

5.案例反思

学术诚信是指在学术活动中坚持诚实、公平的基本行为准则。习近平总书记在哲学社会科学工作座谈会上指出：“繁荣发展我国哲学社会科学，必须解决好学风问题。”这一重要讲话具有很强的针对性。当前，一些不良的学术风气严重影响科学技术的发展，要解决这些问题，必须将硬措施与软约束相结合，大力推动学术界形成崇尚精品、严谨治学、注重诚信、讲求责任的优良学风，营造风清气正、互学互鉴、积极向上的学术生态。良好的学风与学术生态的前提就是学术诚信。案例可以启发学生思考，并获得以下结论。

(1)学术造假、抄袭剽窃等“学术不端”问题在全世界范围内广泛存在，这些行为不仅会对个人信誉产生影响，严重的还会影响团队，甚至阻碍相关行业的发展。

(2)学术问题是严肃且严谨的，优秀的学术成果可以延续，能为后人带来有效的参考。对于每一个从事学术研究的人而言，经常保持怀疑的态度，经常保持认真、严谨的作风，不参与造假，这才是对学术的尊重。

(3)学术诚信是公平公正伦理准则的体现，作为未来科学技术的研究者，必须树立这一思想，守住伦理底线，为国家和民族发展作出自己的贡献。

(三)案例三展示

1.案例主题

与工程伦理相关的微视频制作。

2.结合章节

第六章多主题研讨与实践(小班研讨)。

3.案例意义

“学以致用”是从理论到实践的过程，也是教育的最高境界。工程伦理问题也需要“发现—分析—解决”的过程。学生按照自己对“工程伦理”的理解，分组拍摄、制作5分钟微视频。在校园内外寻找现实生活中涉及工程伦理的现象，分析其中的伦理原则，并提出相应的解决方案。使学生在整个活动中锻炼自己的组织能力、分工协作能力、交流沟通能力、表达能力与创新能力等，培养团队精神及作为新一代青年勇于面对现实问题的责任担当，也为个人的未来发展奠定基础。

4.案例教学展示

1)案例描述

随着手机功能不断提升，拍摄视频已经不需要专业人士与设备相助，智能手机用户都可以自己完成。视频编辑软件也如此，通过简单学习就可以掌握基本的编辑功能。随着“抖音”与“快手”等短视频平台大量涌现，微视频成为现代青年人喜闻乐见的一种媒体形式。顺应时代发展，从2018年课程开设初期就设立了“微视频”制作与展播这一教学环节，深受广大学生的喜爱。

微视频制作采取学生自由组队，5～6人一组，自编、自导、自演、自拍，自己完成视频剪辑与制作。微视频选题众多，2018年我校研究生生活的校园是兴庆校区，微视频主题包括噪声污染、图书馆占座、食堂座椅设置、电瓶车安全、实验室安全等。2019年，我校研究生搬迁至创新港，他们拍摄的主题包括创新港宿舍与教学楼设计、垃圾分类、施工噪声、快递泄露隐私以及宿舍安全等内容。2020—2021年，微视频选题又有很大变化，更多结合全球抗疫问题。这一教学环节新颖，学生参与性非常强，很好地锻炼了他们的组织能力、交流表达能力、分工协作能力等高阶能力。

在每组微视频播放前，教师邀请每个小组成员都集体登台亮相，以“电影发布会”的展映形式来提升他们的参与感与成就感。微视频展播后，由学生投票评选“最佳选题奖”“最佳摄影及制作奖”“微视频大赛最佳影片奖”等。课堂上活跃、生动、交互的氛围带来了良好的教学效果。

2)教学方法与教学设计

(1)教学方法。

"课下"与"课上"结合,自主研讨与交流互动结合。

(2)教学设计。

第一步:教师提前 5 周通知学生自由组队,7～8 人一组,确定组长。小组交流并在一周内确定微视频主题。

第二步:小组明确成员分工,自编、自导、自演、自拍,并完成视频剪辑与制作,在 5 周时间内完成微视频作品并上传至"思源学习空间"。

第三步:课堂举办"电影节活动(微视频发布会)",请全体小组成员上台,介绍自己完成的作品并发表感言,类似各大电影节的影视人员集体走红毯环节。随后播放各小组拍摄的微视频。

第四步:小组轮流完成第三步后,教师做作总结发言,全班同学、助教与教师一同参与投票,评选各个奖项。

5. 案例反思

微视频拍摄与制作这一教学模式,能充分调动学生的积极性,满足他们的成就感。特别是学生能结合社会现象与周围环境发现问题并解决问题,实现了"学以致用"的教学理念,可以启发学生多维度思考并获得以下结论。

(1)工程伦理不只是单一的理论,而是与现实社会发展密切相关的。

(2)团结协作完成一部微视频作品的选题、拍摄、制作与展播,本身就是工程伦理原则的一种实践。

(3)交流与分享,是学习的另一种有效形式。

中外建筑艺术与欣赏

周　晶[①]

一、课程思政总体目标

中外建筑艺术与欣赏是全校通识类核心课、通识类核心课标杆课程、课程思政示范课程、中国大学 MOOC 线上课程，32 学时，2 学分。

课程以人类文明成果在建筑艺术上的表现为核心，以中外著名建筑的文化影响力为主线，将建筑遗产作为人类文明进程的见证者，以启迪智慧、传承文明、保存文脉和弘扬正确的价值观与世界观为课程思政目标。教师秉持传承中华优秀传统建筑文化的原则，对课程思政进行统筹规划，学生通过对优秀传统建筑的实地考察、建筑模型制作与短视频拍摄，对建筑与中华文明发展进程的密切联系有更深入了解，助力正确的历史观、世界观、价值观的养成，强化学生的家国情怀和对中华民族伟大复兴宏伟愿景的认同。

二、各个章节课程思政建设要点

第二章 民的庇护所——传统民居

1. 传统民居类型
2. 生土建筑
3. 干栏式建筑
4. 合院民居

课程思政内容设计：这一章介绍中国传统民居的主要类型、建造特点和地域文化特征。本章思政元素是国家实施的脱贫攻坚与乡村振兴战略帮助中国西南贫困山区少数民族村（寨）摆脱贫困，在传承民族特色文化的同时保护乡村景观，建设美丽乡村，“留住记忆”“记住乡愁”。课程思政以习近平总书记生态文明建设思想为指导原则，以传统干栏式民居的生态改造为切入点，体现以习近平同志为核心的党中央对建设美丽乡村的坚定信念，对造福全体人民的坚强决心。使学生体会到中国政府的乡村振兴战略对中国人民留住记忆，记住乡愁做出的巨大努力。

---

① 周晶，人居学院建筑学系教授，主要研究领域为建筑历史与文化。

第三章 神之栖居地——宗教建筑

1. 宗教建筑概述

2. 佛教建筑

3. 基督教堂

4. 伊斯兰教清真寺

课程思政内容设计:这一章介绍世界范围内的一些宗教建筑,如佛塔、石窟寺、佛寺、教堂与清真寺等,主要涉及建筑风格、文化特征和对世界文明进程的意义。本章思政元素是古代丝绸之路在不同文明群体的交融互鉴方面的重大贡献。课程思政以习近平总书记提出的“一带一路”倡议相关论述为指导思想,即在致力于维护全球自由贸易体系和开放型世界经济的同时,势必对促进世界各文明的交流与融合,对人类命运共同体的构建有重要意义。课程案例选取唐代高僧玄奘所著的《大唐西域记》对印度佛教遗址发掘,重建印度佛教历史的指导性意义为切入点,向青年学生传达在全球面临挑战的世界格局中,文化交流成为构建人类命运共同体的新桥梁。

第五章 人间的天堂——古典园林

1. 世界园林体系概述

2. 中国古典园林系统

3. 伊斯兰园林系统

4. 欧洲园林系统

课程思政内容设计:这一章介绍世界范围内代表性的园林系统,主要内容是不同文明集团独特的造园理念、园林艺术与文化影响力。本章思政元素是中国特有的古典园林文化对世界园林艺术的突出贡献。课程思政以习近平总书记有关文化自信的论述为指导思想,向学生传递“文化自信是更基础、更广泛、更深厚的自信,是更基本、更深沉、更持久的力量”的理念。案例选取中国古典园林艺术在10世纪与18世纪的两次对外传播以及对世界园林体系持续的影响力,帮助学生理解“文化是一个国家、一个民族的灵魂。坚定文化自信,是事关国运兴衰、事关文化安全、事关民族精神独立性的大问题。”的精神内涵。

第六章 防御的堡垒——城池

1. 防御体系概述

2. 中国古代城池

3. 欧洲古代城堡

课程思政内容设计:这一章介绍世界范围内具有代表性的城市防御体系,如中国的长城关城、古代城墙以及欧洲中世纪的城堡等。本章思政元素是中国古代文化遗产的保护。课程思政以习近平总书记有关文化遗产保护的重要论述作为指导思想,向学生传递文物是历史的见证,保护文物就是保护历史;文物是珍贵的不可再生资源，保护文物就是促进经济和社会可持续发展理念的重要举措。

三、课程思政案例展示

（一）案例一展示

1. 案例主题

古老干栏见证脱贫攻坚与乡村振兴。

贵州是我国少数民族的聚集地之一，也是中国传统民居类型干栏式民居的主要分布地区，由于自然条件限制，这一地区在历史上交通不便、经济落后、人民生活贫困。案例通过20多年来各级政府在当地开展的各项扶贫行动，特别是针对黔东南地区千户苗寨与肇兴侗寨传统干栏民居和村落的生态化保护与提升，展现脱贫攻坚与乡村振兴战略在少数民族地区取得的巨大成就。

2. 结合章节

第二章民的庇护所——传统民居第2节生土建筑相关内容。

3. 案例意义

案例选择千户苗寨与肇兴侗寨作为课程思政融入点有以下意义。

一是脱贫攻坚和乡村振兴战略的成功范例。干栏式民居是我国如侗族、苗族、壮族、布依族、土家族、瑶族等民族的主要居住类型，是具有两千多年历史的传统居住形式。黔东南地区是我国干栏式民居的典型分布地区，由于自然地理条件的制约，该地区在相当长的历史时期内一直很贫困。近40年来，我国政府投入了巨大的努力，在生态环境保护与经济发展、民族文化传承与社会发展方面进行了卓有成效的探索，取得了令世人瞩目的成就。

二是保存村貌与留住乡愁的经典范例。千户苗寨和肇兴侗寨的生态规划与景观规划充分考虑了当地少数民族的文化独特性，将非物质遗产的保护和传承与开发旅游资源有机结合，体现了民族传统与文化，维护中华民族多元一体格局。

4. 案例教学展示

1）案例描述

黔东南地区是我国干栏式民居的典型分布地区，该地区群山密布，地质条件复杂，被描述为“地无三尺平，天无三日晴”，历史上一直是经济发展较为缓慢，人民生活最为贫困的地区。由于该地区森林资源丰富，侗族、苗族、壮族、布依族等多个少数民族自古就采用全木结构的干栏式民居。这种建筑类型是人类最早的居住形式之一，由数千年前的巢居方式演化而来，是我国南方山区最典型的住宅形式，与北方的窑洞（穴居）民居形式相对应，是最具环境适应性的原生态住宅形式。

随着现代生活方式的全面改进，越来越多家用电器的使用使全木结构的连片式干栏民居面临火灾的巨大威胁。21 世纪初期，具有 500 年历史的贵州某侗寨曾因为火灾使整个村寨几乎化为灰烬。在国家美丽乡村建设政策的引导下，配合国家扶贫政策，当地政府与东南大学、同济大学等高校对黔东南少数民居聚落进行了整体生态规划和旅游开发规划，西江千户苗寨和肇兴侗寨就是通过开发乡村旅游整体脱贫成功案例的代表。

思政案例真实展示了黔东南少数民族地区人民的居住状态、社会生活状况以及扶贫政策和精准扶贫措施对该地区少数民族群众在社会生活、经济生活和精神面貌等方面带来的巨大改变。

2）教学方法与教学设计

（1）教学方法。

在案例教学环节中，教师采用叙事法和课堂讨论相结合的形式，用典型图片和短视频对两处干栏式民居村落的历史形态，经过生态提升的民居与村落现状进行对比展示，并且将实行生态旅游开发之后苗族与侗族村落的乡村风貌的转变，村民社会生活与精神生活的变化进行展示。

（2）教学设计。

首先，简要介绍干栏式建筑的演变，地域性建筑分异以及干栏式建筑特征，说明干栏式建筑的历史价值、文化价值和非物质遗产保护价值；

其次，提问学生为什么干栏式建筑目前多在中国西南少数民族地区使用？使学生对当地的自然条件、历史发展进程、干栏建筑的环境适应性以及少数民族群众的生存状态有所认识，进而对国家实施的乡村振兴和脱贫攻坚政策的必要性和重要性有所理解。

再次，对中国西南地区的干栏式民居与东南亚地区的干栏式民居在建筑材料、营建方式等方面进行初步的比较，加深对中国干栏式民居建筑文化特色的了解以及中国政府对干栏式民居有效保护的文化意义。

最后，总结中国建筑学者和设计师在西南少数民居地区干栏式民居村落规划中保护少数民族传统文化的具体措施，如在生态旅游规划中深化侗寨鼓楼广场空间的开发，多层次展示侗族文化精华——鼓楼、花桥和侗歌，强化学生对少数民族地区乡村生态建设的理解，并对国家扶贫政策的实际效果和深远历史意义产生共鸣。

作为课程思政案例的回顾，教师还提供学生参与课程思政的机会和环节，作为课程作业，让学生收集自己家乡有关乡村振兴、留住乡愁的案例资料和数据，在混合式教学的课堂讨论与互动环节分享自己的调研资料，使学习效果更具反馈性。

5.案例反思

通过实际案例教学，学生对国家的扶贫政策带给中国贫困的地区和人群的社会生活以及乡村面貌所带来的变化有普遍认同，青年学生对国家重大政策的远期效果有很大的期待，教师也对课程充分利用案例教学进行课堂思政的必要性和迫切性有了深刻理解。

（二）案例二展示

1. 案例主题

丝绸之路见证人类文明的交融互鉴。

在中国历史上，外来宗教传入后其宗教建筑采用汉式传统建筑形式是非常普遍的，如楼阁式佛塔、伽蓝七堂式佛寺、汉式基督教堂、清真寺等。案例选取入选世界遗产名录的丝绸之路作为课程思政主题，学生自主到位于古都西安的丝绸之路遗产点进行实地考察。如与唐代高僧玄奘相关的古老宗教建筑大慈恩寺、荐福寺和兴教寺，并通过解读玄奘所著《大唐西域记》相关章节，说明不同文明群体的交融互鉴是人类文明最宝贵的物质与精神遗产，以及中华文化海纳百川的精神境界对全人类文明遗产的重大贡献。

2. 结合章节

第三章神之栖居地——宗教建筑第 2 节佛教建筑。

3. 案例意义

案例选择古都西安著名的宗教建筑——大慈恩寺（大雁塔）、荐福寺（小雁塔）、兴教寺（三藏舍利塔），以及著作《大唐西域记》作为课程思政元素的意义。

丝绸之路是历史上人类文明交流的纽带，佛教、基督教与伊斯兰教最早都是经由丝绸之路传播到中国的。作为陆上丝绸之路起点的古都西安，域内留存着众多宗教文化的印记和各文明群体文化交流的见证，大慈恩寺、荐福寺和兴教寺，均与唐代高僧玄奘沿丝绸之路西行求法的著名历史事件有密切关系，是丝绸之路东西方文化交流的例证。

4. 案例教学展示

1）案例描述

古都西安有超过 3000 年的建城史，作为历史上两大强盛王朝（汉朝和唐朝）的都城，一直是古代贸易路线丝绸之路的重要节点，各种文明成果在这里汇聚与碰撞，造就了古都西安深厚的历史底蕴。被列入丝绸之路世界文化遗产名录的大慈恩寺和荐福寺是唐代高僧玄奘从印度游学返回长安之后翻译佛经的皇家译经场，兴教寺则是玄奘最后归葬之处。玄奘参考印度神庙建筑形式修建的大慈恩寺塔，自唐代起就是古都长安的标志性建筑，由玄奘口述，其弟子辩机编撰的《大唐西域记》，则是玄奘赴印度求法 17 年中对丝绸之路沿线西域各国风土人情与社会状况的记录，迄今依然是研究古代印度佛教历史与古代印度社会最具权威性的著作。19 世纪后半叶，英国考古学家在印度开展佛教考古活动，《大唐西域记》是最基本和最核心的指导性著作。

2)教学方法与教学设计

(1)教学方法。

案例教学以建筑认知形式实现,作为一次课程过程考核计分。教师要求学生利用课余时间实地考察位于雁塔区的大慈恩寺和大雁塔、位于南稍门附近的荐福寺和小雁塔,以及位于长安区的兴教寺和三藏法师舍利塔。具体要求是在地图上标注目标建筑的区位;手绘考察建筑的立面和平面图;制作3～5分钟考察短视频。

(2)教学设计。

首先,要求学生在西安市区自主进行建筑认知考察。考察的目标建筑虽然有所限定,但并不限于以上三座建筑,教师还推荐学生就近参观陕西省历史博物馆和西安市博物院。教师事先发放考察表和任务书,学生按照考察项目查找资料,实地拍摄或手绘,并完成文字介绍和短视频制作。

其次,要求学生预读玄奘的《大唐西域记》中与思政案例内容相关章节,教师课堂上用微课《从长安到那烂陀》介绍玄奘西行求法涉及的重要印度佛教遗迹,用微课《康宁厄姆与玄奘的对话》介绍《大唐西域记》对印度佛教考古,乃至重建印度佛教历史的突出贡献。

再次,在课堂互动环节中,邀请学生进行微型学术讲座(每个5分钟),学生就三座寺院或佛塔做口头汇报,设置提问环节。展示建筑认知考察成果,考察侧重点是建筑类型与建筑风格及建筑装饰的异域文化特征。

最后,教师在评述中点明该章节课程思政主题,指出"一带一路"倡议并不是古代丝绸之路的复制与延续,而是塑造和谐世界的中国方案。加强学生对古代丝绸之路历史贡献的认识,以及"一带一路"倡议和构建人类命运共同体理念对实现国家长远发展目标的现实意义。

5.案例反思

宗教是人类文明的重要组成部分,由于宗教文化的特殊属性,宗教建筑被赋予特定文化符号,具有神秘色彩。通过学生实地考察西安代表性宗教建筑,达到以下目的:①帮助学生澄清对宗教场所的某些模糊认识,使学生从历史价值与文化意义角度看待宗教建筑,而不是将其仅作为宗教活动场所;②通过对宗教建筑章节的学习,学生对各文明集团的文化成就在宗教建筑上的表现有进一步认识;③教师通过课程教学,正确引导学生用辩证唯物主义的观点看待宗教及其建筑,树立正确的宗教观。

(三)案例三展示

1.案例主题

人文意趣引领世界风潮。

中国古典园林是世界园林系统最精彩的组成部分,明清江南私家园林以自然的山、水、地貌为基础，有意识、有目的地加以改造加工，再现高度概括、提炼、典型化的自然环境，“虽由人作，宛自天开”，达到了人与自然的高度和谐。案例选择世界文化遗产苏州拙政园作为思政案例，因其“咫尺之内再造乾坤”，达到了“天人合一”的理想境界。中国古典造园美学在很大程度上影响了日本庭院和欧洲 17 世纪之后的自然风景园林风格，是中国传统高雅文化对外输出的杰出范例。

2. 结合章节

第五章人间的天堂——古典园林第 2 节中国古典园林系统。

3. 案例意义

选择苏州拙政园作为课程思政案例有以下积极意义。

一是中国古典园林在世界造园史上独树一帜，对东方造园理论和实践均产生过较大影响。如日本造园艺术中最具象征性、抽象性的“禅庭”“石庭”“枯山水”等极端写意的园林形式，皆源自中国古代文人山水画和宋代以后古典造园理论的浸润。

二是中国古典园林意趣影响了 18 世纪之后的欧洲审美风潮。中国造园艺术在欧洲的影响以英国园林风格“自然风景园”(Landscape Garden)为开端，英国著名造园家威廉·钱伯斯(William Chambers)评价中国造园“取法自然，作品深刻，中国造园家具有渊博的学识和高深的艺术素养。”钱伯斯在英国伦敦主持修建的邱园(Kew Gardens，现英国皇家植物园)，其中的中国宝塔和孔子之家，至今仍是邱园景观透景线焦点。中国园林文化的引入还带动了各类中国艺术，包括瓷器、家具以及装饰图案在欧洲的风靡。

4. 案例教学展示

1）案例描述

中国古典园林的几大构成要素——筑山、理池、植物、动物、建筑、匾额、楹联与刻石均在拙政园中得到了完美诠释。拙政园中大面积的水营造出园林空间的开朗气氛，池中岛屿，山顶池畔的亭榭小筑疏朗，雅致而天然。园中建筑布局和造型巧妙运用对比、衬托、对景、借景以及尺度变换、小中见大、以少胜多等造园手法，创造出人与自然和谐共生的环境。拙政园始建于 16 世纪初，是江南私家园林的代表作品，也是苏州占地面积最大的古典园林。拙政园的多种造园手法，如隐显结合、虚实相间、藏露掩映、借景等在江南私家园林中带有普遍意义，也是苏州园林共同的艺术特征。

2）教学方法与教学设计

(1)教学方法。

案例采用嵌入式互动教学形式，学生事先按要求收集拙政园相关背景资料，并选取其中一幅个人最中意的拙政园景致，从环境处理、空间布局、流线设计、景观效果等方面分析景点构成要素的组合方式在该园林中的应用。教师则提供的文徵明《拙政园三十一景》作为底图，学生将各自准备的拙政园一景拼接到底图上，总结拙政园景致中最具人气的景点并逐一进行评价。

(2)教学设计。

首先，教师用幻灯片形式播放明代著名画家文徵明绘制的《拙政园三十一景》图册，随后播放学生提交的拙政园景点现状图片。找到文徵明图册中依然存在的景点，对比景点的历史与现状，针对这些景点的景观要素、艺术特征和造园手段进行分析。

其次，教师提供世界各地仿照苏州园林建造的景观图片，如英国伦敦的邱园、美国洛杉矶的流芳园、德国慕尼黑的芳华园等，学生找出中国古典园林要素在国外园林中的表现形式和特点。教师进一步提供日本庭园，如茶庭、禅庭、枯山水的图片，让学生分析日本庭院对中国古典园林的借鉴和创新。

最后，教师在课堂互动环节中有针对性地提出与课程思政主题相关的问题。中国古典园林的造园理念与造园手法对18世纪之后的欧洲园林、景观乃至艺术风潮有重要的引领作用；中国传统文化和中华文明对世界文化的发展有重要贡献，青年学生对民族文化应该持有绝对的自信心和自豪感。

5.案例反思

在世界范围内，中国古典园林代表东方园林文化的最高成就，但在很大程度上，由于青年学生的知识储备和视野受限，对中华文明在艺术领域，如园林艺术上的成就了解甚少，盲目崇拜西方环境艺术。课程案例通过学生深入了解以拙政园为代表的中国古典园林在世界园林文化中的地位，对欧洲造园艺术的影响，使学生对中国文化的世界影响力有所认识，增强文化自信。正如习近平总书记所讲的“在5000多年文明发展中孕育的中华优秀传统文化，在党和人民伟大斗争中孕育的革命文化和社会主义先进文化，积淀着中华民族最深层的精神追求，代表着中华民族独特的精神标识。”

(四)案例四展示

1.案例主题

保护文物古迹，让历史说话。

中国古代县级以上的城市均筑城墙，城墙既是中国古代城市军事防御体系的重要组成部分，也是中国古代城市管理体系的关键设施。案例选择西安明城墙，是因为西安明城墙是国内保存最为完整的城墙，迄今有600多年的历史。坚固的城墙结构、完善的防御体系和筑城技术彰显古代工匠精神，城墙的修复工程也体现了市民对文化遗产保护意识的提升。

2. 结合章节

第六章防御的堡垒——城池第 1 节防御体系概述。

3. 案例意义

案例选择西安古城墙作为课程思政融入点有以下意义。

西安古城墙是西安建城历史的见证。西安古城墙是中国现存规模最大、保存最完整的古代城垣，位于西安市中心城区，是古城西安的地标性建筑物。西安古城墙的始建年代可以追溯至隋唐，并一直存续至今，在中国古代城市建设史、军事和建筑艺术方面，均有很高价值。2015 年 2 月，习近平总书记在西安市博物院考察时指出，“要把凝结着中华民族传统文化的文物保护好、管理好，同时加强研究和利用，让历史说话，让文物说话，在传承祖先的成就和光荣、增强民族自尊和自信的同时，谨记历史的挫折和教训，以少走弯路、更好前进。”

西安古城墙是古都最靓丽的风景线。1983 年，西安市政府对古城墙进行了大规模修复工程，城墙维修加固工程按照“修旧如旧”“不改变文物原状”的原则进行，体现了国家对古代遗产保护的重视，也体现了市民对文化遗产保护意识的提升。

4. 案例教学展示

1）案例描述

西安古城墙是中国现存规模最大、保存最完整的古代城垣。城墙为明代建筑，全长 13.7 千米，始建于明太祖洪武三年（1370 年），是在明太祖“高筑墙、广积粮、缓称王”的政策指引下，在隋、唐皇城的基础上建成的。城池规模宏大，至今保存完好。西安古城墙具有功能完备的“防御”体系，四座主城门至今依然担负交通枢纽的作用，每座城门上的城楼、城墙四角的角楼、瓮城以及城墙外的城壕，成为西安市民休闲娱乐的最佳去处和游客在古都西安的“打卡”胜地。

2）教学方法与教学设计

（1）教学方法。

本案例课程采取学生自主进行建筑实地考察形式，作为课程的过程考核计入平时成绩。教师事先发放建筑认知考察表，要求学生利用课余时间自行前往西安古城墙某一段进行实地考察，学生按考察项目完成基本任务，上交考察表，并附考察区域的区位图、考察地段的代表性建筑图片和考察笔记。

（2）教学设计。

首先，教师事先布置建筑考察作业，发放建筑认知考察表，表中涉及考察地点、考察路线、考察内容、重点建筑的基本信息等项目，并在表格中设置开放性题目，学生根据自己的考察体会选择回答。

其次，将学生分成两组，一组学生根据所收集的资料，按教师要求简述 20 世纪之后西安古城墙修复的历史资料，修复工程采用的文化遗产保护理念以及技术，总结修复工程的得失以及对西安其他遗产保护项目的借鉴;另一组学生整理西安古城墙修复之后,古城墙在城市形象提升、旅游吸引力加强以及社会经济发展方面产生的经济效益和社会效益。

最后,教师在课堂互动环节中通过学生的信息分享,有针对性地指出文化遗产保护是功在当代,利在千秋的文化建设,加大文化遗产保护力度,对中华文明的薪火相传、提升国家软实力均有积极意义,帮助学生树立文化遗产保护意识。

5.案例反思

西安交通大学兴庆校区坐落在唐长安城长乐坊和道政坊遗址上,周边分布众多重要的历史遗迹:东边紧邻大唐东市,与北门隔路相望的是唐兴庆宫遗址公园,西邻西安古城墙东南角,与西一楼近在咫尺,南门隔马路是唐代著名乐游原。但教师通过调查发现,选修本课程的学生对这些国宝级文化遗产知之甚少,在校四年可能没有去过这些地方。因此,推介身边的文化遗产,普及保护文化遗产知识,让更多学生对古代建筑文化遗产有初步了解,是教师义不容辞的责任。

Internet 原理与技术

王志文①

一、课程思政总体建设目标

Internet 原理与技术是西安交通大学通识选修课程，32 学时，2 学分，面向全校所有专业、具有一定计算机网络基础的研究生开设，是课程思政示范课之一。

Internet 技术的发展与应用，直接推动了人类社会的第三次工业革命，即信息化社会的构建，并为第四次工业革命(智能化社会构建)的实施提供了坚实的技术基础。本课程重点突出中国特色与文化，将我国古代劳动人民的智慧、当代中国人的科技强国理想和国家信息化建设过程中的感人事迹、重大决策及伟大成果等内容融入课程中，构建思政元素嵌入式的授课形式。课程授课过程中，一方面要讲授 Internet 原理与技术相关的知识点及其内在的工作机理；另一方面对我国在 Internet技术突破与应用推广方面作出贡献与成就的重要人物、关键事件也需要专门讲述，向学生传递“文化自信、敢于创新、报效祖国”的育人理念，培养新形势下既拥有扎实基础知识和过硬动手技能，又勇于承担中华民族伟大复兴事业所赋予的时代责任的青年才俊。为实现上述课程思政的总体目标，本课程在具体教学中拟围绕下面两条路径展开。

一方面，中华文明历史悠久，不同朝代实施的伟大工程与重大事件中，有着大量的地域互联互通工程和文化制度一体化的历史事件，如蒙恬修建的秦长城连通了原来的赵、燕长城；秦始皇制定的“书同文、车同轨”解决了六国不同的文字表示、马车车轮间的任意长度；隋炀帝修建的京杭大运河贯通了海河、黄河、淮河、长江、钱塘江等五大水系；中国红军“三湾改编”确定的将“支部建在连上”有效实现了党对军队的领导。在教学内容设计中，作为教师，有责任将坚定“四个自信”落实到实际的课程教学内容中，否则，学生会认为 Internet 是美国人从理念、设计、实现到应用全方位所包揽的工程。本课程引入我国重大历史成就与事件，以证明我国历史上很早就存在“互联互通”的理念，并在多个工程建设中成功地付诸了实践，这有利于培养学生学习兴趣、增强学生的文化自信、提升学生的民族精神和家国情怀。

---

① 王志文，计算机学院副教授，主要研究领域是网络管理与安全、区块链技术及应用。

另一方面，新中国成立以来，以美国为首的西方国家在政治上一直打压中国、在经济上制裁中国、在科技上封锁中国，但这些打压行为并未吓倒中国人民，在中国共产党的领导下，全国人民自力更生、艰苦奋斗，克服了众多困难，在政治、经济、军事、科技等不同战线均取得了丰硕的成果，中国不再是以前贫弱、落后、处处受欺的国家。尤其是改革开放以后，党和政府高度重视科技的作用与意义，明确提出"科技是第一生产力"的治国理念，投入大量的人力、物力与财力，掌握了一大批先进技术，研制出大量的高科技产品，不但摆脱了贫穷落后的状态，而且在世界上的话语权越来越多、越来越重。本课程引入这些科技竞争的思政元素，要让学生明白国家的发展与进步不是靠上天与他国恩赐的，而是依靠自己"撸起袖子加油干"干出来的，以美国为首的西方发达国家亡我之心、弱我之为从未停止，只有树立起为国家、为民族奋斗力行的大志，才能以积极的心态投身于中华民族伟大复兴历程的使命感和创造新时期丰功伟绩的自豪感之中。

二、各个章节课程思政建设目标

第一章 Internet 概述

1. Internet 起源、发展与创新

2. Internet 结构

3. 相关标准化组织

4. Internet 的未来趋势

课程思政内容设计：①"车同轨、书同文"是互联互通的最早实践，是用于国家治理的文字与交通的互联互通，领先于 Internet 互联互通理念 2000 多年，说明中华文明与治国智慧历史悠久，也为全人类作出了巨大的思想贡献，让学生树立文化自信。②在讲授 Internet 发展过程时，通过陈述"中国是世界上使用 Internet 人数最多的国家""中国已经成为世界上最主要的 Internet 基础通信设施和设备的制造基地""中国科学家牵头的国际互联网标准 RFC 已经达到 324 个""中国成功运用 Internet降低新冠肺炎疫情影响"等客观事实，强调中国对互联网发展的贡献，互联网对国计民生的影响。③由 Internet 联系到中国互联网发展的见证人和奠基者吴建平院士，通过介绍他的名言"中国不能仅仅是互联网的享用者，更应该成为互联网的贡献者。"帮助学生树立正确的学习目标。④2013 年清华大学李星教授当选 IAB 成员，2013 年和 2014 年，中科院胡启恒院士与钱华林研究员分别作为"全球领导者""创新者"入选互联网名人堂，通过这些名人效应激发学生的民族自豪感。⑤在讲授相关标准化组织时，通过介绍国际标准化组织 ISO 接受 TCP/IP 技术的坎坷经历，弘扬科技工作者追求真理、严谨治学的求实精神。

第二章 Internet 基础

1. TCP/IP 体系结构设计

2. IP 层

3. 传输层

4. 应用层

5. Internet 接入

课程思政内容设计：①由 TCP/IP 体系结构联系到发明该结构的图灵奖获得者 Vinton G. Cerf 和 Robert E. Kahn，通过介绍他们为了推动互联网发展放弃申请专利，弘扬科技工作者集智攻关、团结协作的协同精神以及淡泊名利、潜心研究的奉献精神。②由应用层 Web 服务联系到发明万维网、第一个浏览器和万维网基本协议和算法的图灵奖获得者 Tim Berners Lee，通过介绍他为了推动万维网发展无偿贡献版权，弘科技工作者扬淡泊名利、潜心研究的奉献精神。③由应用层 FTP 和 E-mail 服务联系到发明相关协议的 Jon Postel，将他捍卫平等开放的互联网环境的事实与“夫学术者，天下之公器也”相联系，弘扬中华传统文化，增强文化自信。④在讲授 Internet 接入时，通过介绍中国为了发展宽带自主敷设海底光缆接入 Internet 的事实，强调中国力量的崛起，增强民族自豪感。

第三章 Internet 单播路由

1. Internet 路由体系

2. RIP

3. OSPF

4. BGP

课程思政内容设计：①在讲授 Internet 路由体系时，通过介绍 William (Bill) Yeager 发明多协议路由器的动机，弘扬科技工作者勇攀高峰、敢为人先的创新精神。②由路由器联系到发明中国第一台网络接入路由器的张尧学院士，通过介绍他的名言“要学会交互式学习和主动学习，不要做书呆子，大学的知识没有绝对的对与错；要学会思考，多问为什么，不要盲从；要学会生活自理和吃苦，不要懒惰和奢靡。”帮助学生建立正确的学习方法，端正学习态度。③在总结 RIP、OSPF、BGP 协议时，通过介绍华为研发路由器的经历和所取得的成就，将不畏磨难、不忘初心、专注为理想而奋斗的精神与胸怀祖国、服务人民的爱国精神相联系，帮助学生树立正确的世界观。

第四章 Internet 组播

1. 组播机理

2. IGMP

3. 交换机组成员关系维护

4. 组播分组转发

5. 组播路由协议

课程思政内容设计：①在讲授组播时，通过介绍在校博士生 S. E. Deering 通过博士论文《数据报互连网络中的组播路由》(RFC1112)奠定组播网络体系结构和路由协议的过程，鼓励学生敢于创新并对创新充满自信。②在讲授交换机组成员关系维护时，通过介绍 Almon B. Strowger 发明自动电话交换机的动机，弘扬科技工作者勇攀高峰、敢为人先的创新精神。

第五章 移动 IP

1. 移动节点的 IP 通信

2. 移动 IP 技术架构

3. 代理搜索、注册

4. 数据包选路

5. 移动 IPv6

课程思政内容设计：①在讲授移动 IP 的概念时，通过介绍移动电话之父 Martin Lawrence Cooper 发明手机的原因，指导学生积极面对挫折，树立正确的人生观。②介绍曾经主宰移动通信的国际企业摩托罗拉公司的辉煌与颓败历程，告诫学生科技公司没有永远的赢家，没有技术创新就没有前途，正如华为总裁经常警示的“华为随时面临破产危机”那样，国人要居安思危、树立危机感意识。③在讲授移动 IP 未来发展趋势时，通过陈述“中国成为 5G 标准的重要贡献者”等客观事实，强调中国力量的崛起，增强民族自豪感。

第六章 IP 服务质量

1. QoS 背景

2. 流量分类

3. 流量监管与流量整形

4. 队列调度

5. 集成服务、区分服务

6.. 端到端的 QoS

课程思政内容设计：①在讲授 IP 服务质量的概念时，通过指导学生自学本校郑庆华教授团队获得的国家科学技术进步奖“天地网远程教育关键技术、系列产品及其应用”的相关资料，增强创新自信，培养学生的爱校情怀。②在讲授 QoS 背景时，将 IP 与 ATM 网络技术竞争的事实与“事有便宜，而不拘常制；谋有奇诡，而不徇众情。”相联系，弘扬中华传统文化，增强文化自信。③在讲述 IP 服务质量时，让学生明白造成 IP 服务质量不尽人意的根源在于核心网络资源的不足，国家提出的 5G 新基建战略有助于推进边缘计算、雾计算等计算模式的应用，进而改善 IP 服务质量，让学生明白国家制定大政方针的针对性和正确性。

第七章 P2P 原理与应用

1. P2P 基础

2. P2P 拓扑结构

3. P2P 关键技术

4. P2P 典型应用

课程思政内容设计：①在介绍 P2P 典型应用时，通过介绍 PPS、腾讯视频客户端、百度云盘、微信等国产软件采用并改进了 P2P 传输技术，增强民族自豪感。②介绍 18 岁的肖恩·范宁为方便音乐文件的搜索与下载，开发了首个基于 P2P 传输技术的产品 NAPSTER 并吸引了大量用户，引导学生响应政府的"大众创业、万众创新"号召，积极寻找互"联网＋"商机。③介绍《中国互联网络发展状况统计报告》，围绕互联网基础建设、互联网应用发展、政务应用发展、产业与技术发展及互联网安全等五个方面，综合反映每半年我国互联网发展状况。通过不同时期统计报告的对比，说明 Internet 在我国取得的发展成就，强调这些成就是中国共产党带领全体人民艰苦奋斗的结果。

第八章 IPv6

1. IPv4 的局限性

2. IPv6 技术优势

3. IPv6 地址、IPv6 报文格式

4. IPv6 选项扩展头部、常用扩展头部

5. IPv6 邻居发现协议

6. IPv6 过渡策略

课程思政内容设计：①在讲授 IPv6 概念时，通过陈述"中国政府 2004 年启动下一代网络示范工程""华为参与制定 IPv6 标准""中国加快推进 IPv6 规模部署"等客观事实，强调中国对互联网发展的贡献，增强民族自豪感。②在总结 IPv6 技术时，通过引用习近平总书记的名言"推进网络强国建设，推动我国网信事业发展，让互联网更好造福国家和人民。"让学生体会中国共产党实现中华民族伟大复兴中国梦的决心，激励学生为中国梦努力学习。③客观介绍 IPv6 应用现状，我国 IPv6 用户数排名世界第 13 位、用户普及率排在第 67 位，用事实教育学生我国的 IPv6 应用推广任重道远。④截至 2021 年 4 月 8 日，中国总共获得 IPv6 地址块数量为 59 039 个/32，美国共获得 IPv6 地址块数量为 57 785 个/32。IPv6 部署后，中国可以让每个用户拥有多个固定的 IP 地址，实现通信内容的溯源，保障用户的通信和财产安全，例如避免网络诈骗情况的发生。另外，IPv6 根域名服务器全球总共 25 台（有 3 台主根）分布在 16 个国家，其中 1 台主根域名服务器和 3 台辅根域名服务器部署在我国。让学生明白，只有敢于面临竞争，努力谋求核心技术突破，全面提升国家的国际地位，才能够获得更丰富的 IPv6 资源，赢得更多的 Internet 话语权。

三、课程思政案例展示

(一)案例一展示

1.案例主题

互联互通理念及其实践。

2.结合章节

第一章 Internet 概述第1节 Internet 起源、发展与创新。

3.案例意义

互联互通是当今开放世界的主旋律,是国家之间、区域之间实施政治、经济、文化、科技、教育等领域交互与融合所必需的前提。我国早在秦代就开启了互联互通在国家治理中的应用,并一直沿用至今,表明我国古人具有非常高明的治国智慧,且远远领先于其他国家。以此案例激发学生的"四个自信"。

4.案例教学展示

1)案例描述

车同轨。在秦始皇统一中原之前,诸侯国之间向来是没有统一的制度的,各地的马车大小都不一样,因此车道有宽有窄。统一六国后,车辆还要在不同的车道上行走,不但不方便,而且会造成马力的浪费。因此秦在统一六国后,规定车辆上两个轮子的距离一律改为六尺,使车轮的距离相同。自公元前220年起,陆续修建了以咸阳为中心的三条驰道:一是向东直通过去的燕、齐地区;二是向南直达吴、楚地区;三是为了加强对匈奴的防御修筑的,从咸阳直达九原的驰道,全长900余公里。三条驰道都遵循同一规范,即道宽50步,车轨宽6尺。

书同文。秦统一六国前,诸侯国各自为政,文字的形体极其紊乱。这给政令的推行和文化交流造成了严重障碍。因此在统一六国后,秦始皇即把统一文字作为当务之急。丞相李斯以秦国文字为基础,参照六国文字,创造出一种形体匀圆齐整、笔画简略的新文字,称为"秦篆",又称"小篆",作为官方规范文字,同时废除其他异体字。

"车同轨、书同文"是互联互通的最早实践,是用于国家治理的文字与交通的互联互通,不同于 Internet 的互联互通对象为各个独立的网络。

Internet 本质上就是不同网络的互联互通,互联互通是 Internet 的基石,也是其终极目标。但互联互通理念并不是在 Internet 上首次使用,中国早在秦始皇统一六国之后就考虑了整个国家在制度上、文化上、交通上的互联互通,以便将统一的六国与原本的秦国有机地形成一个统一的郡县制国家。通过"车同轨、书同文"的政策有效解决了原来不同国家的文化差异与道路交通差异,达到了各郡县在治理上的互联互通，为中华文明交流与文化传承作出了卓越贡献。

2）教学方法与教学设计

（1）教学方法。

本节内容采用案例教学、讨论式教学和启发式教学相结合的方式。

（2）教学设计。

第一步：问题引入。分析互联互通为何成为 Internet 的基石，互联互通理念的本质是什么？我国在互联互通理念方面有哪些作为？历朝历代中，最著名的互联互通工程有哪些？对后世有何影响和意义？

第二步：案例分析与讨论。分析“车同轨、书同文”的历史背景、实施过程以及最终取得的效果，让学生明白互联互通在中国的国家治理中早就使用了。尽管“车同轨、书同文”的连通对象与 Internet 不同，但其基本理念或蕴藏的智慧是一样的。接下来让学生讨论没有“车同轨、书同文”这一工程，对中华文明的发展有何影响？新时代下做好互联互通需要关注哪些因素？

第三步：教师总结提升。Internet 起源于美国，但 Internet 的基石——互联互通理念很早在中国已经得到应用。所以，学生不要盲目崇拜 Internet 的一切，我们的祖先早就明白互联互通在国家治理中的重要性，作为当代大学生，要有文化自信。更重要的是，要理解互联互通的精髓，将其更好地应用于我们的国家治理，服务于全国各族人民，从而提升国家的整体凝聚力。

5. 案例反思

Internet 的确给全人类的生产、生活带来了巨大的变革，甚至国家安全。我们只有深入理解 Internet 的互联互通本质，改进其中的技术要素，增强国内网络资源的保护力度，才能让 Internet 这柄“双刃剑”发挥出积极的作用，为我国的政治、经济、军事、科技、文化等领域提供新的信息化途径，使综合国力更上一层楼。

（二）案例二展示

1. 案例主题

Internet 话语权之争。

2. 结合章节

第八章 IPv6 第 2 节 IPv6 技术优势。

3. 案例意义

Internet 表面上看所有连接的网络是平等的，其实不然。Internet 资源拥有量决定了所连接网络的地位、决定了联网用户可获得的服务质量。美国利用 Internet 发起国地位，控制了 IPv4 网络的大量资源，破坏了 Internet 原本的平等性、自由性与灵活性。我国获得的 IPv4 网络资源非常有限，限制了我国的 Internet 话语权，在网络安全与数据传输质量方面受限，以此激发学生为实现网络强国目标而努力学习。

4. 案例教学展示

1）案例描述

IP 地址分配不公。我国于 1994 年才开始正式接入 Internet，而 IP 地址的分配权掌握在欧美国家手中。2011 年 2 月全球的 IP 地址资源已分配完毕，我国分配到的 IP 地址总共只有 3.37 亿个左右，四五个人才分到一个 IP 地址。而美国作为全球互联网的控制者，拥有最多的 IP 地址资源，其拥有的 IP 地址数量达到了总数的 70%，每一个美国公民可以分到 10 个 IP 地址。IP 地址的短缺导致我国大量使用虚拟 IP 地址，因此网络效率低下、下载速度慢等，严重影响了用户的体验。

根域名服务器部署不均衡。在传统以 IPv4 为基础的 Internet 中，全球共有 13 台 IPv4 根服务器，唯一的主用根域名服务器就部署在美国，其余 12 台辅助根域名服务器有 9 台部署在美国、2 台部署在欧洲、1 台部署在日本，我国没有一台域名服务器，对我国网络安全造成极大的安全隐患。

为了解决上述问题，我国与世界上其他深受 Internet 资源分配不公而蒙受损害的国家一起，积极推进以 IPv6 为基础的下一代 Internet 建设。IPv6 协议的出现将解决 IP 地址短缺的问题，它规定的地址长度为 128 位，是 IPv4 地址长度的 4 倍，理论上 IP 地址的数量将会是无限的。截至 2021 年 4 月 8 日，中国总共获得 IPv6 地址块数量为 59 039 个/32，美国共获得 IPv6 地址块数量为 57 785 个/32。IPv6 部署后，我国可以让每个用户拥有多个固定的 IP 地址，实现通信内容的溯源，保障用户的通信和财产安全，比如避免网络诈骗情况的发生。另外，IPv6 根域名服务器全球总共 25 台（有 3 台主根），分布在 16 个国家，其中 1 台主根域名服务器和 3 台辅根域名服务器部署在我国。

2）教学方法与教学设计

（1）教学方法。

本节内容采用案例教学、类比教学和启发式教学相结合的方式。

（2）教学设计。

第一步：问题引入。在说明 IP 地址在 Internet 中的作用之后，讲述 IP 地址的分配规则。由于 Internet 起源于美国，在分配 IP 地址时，美国占据了主导权，分配了超过 70%的地址数量。接下来说明根域名服务器在 Internet 中的作用，我国没有根域名服务器会遭受可能的损失。

第二步：案例分析与类比分析。通过问题引入可知，Internet 资源的拥有量直接决定了 Internet 话语权。美国为何给自己分配如此巨量的 IP 地址（大量的地址被闲置）、部署众多的根域名服务器？一方面，美国利用先入为主的优势；另一方面则是美国利用其强大的国际地位与掌握大量的 Internet 标准为利器。与此相类似的案例，中国重返联合国安理会常任理事国，以美国为首的西方国家则利用各种手段在政治上打压中国重返。我们通过抗争、提升实力、增强国家地位、团结广大第三世界国家，最终成功重返联合国安理会常任理事国。Internet话语权之争与此一样，在无力改变IPv4为基础的Internet话语权前提下，我国与其他众多受影响的国家联合起来，积极推进以IPv6为基础的下一代Internet，攻克众多与IPv6相关的技术难题，提交了近百份与IPv6相关的RFC文档，并以此为基础形成了多项IPv6标准或规范，通过不断的技术攻关与资源竞争，终于获得了拥有世界第一的IPv6地址，同时也部署了4台IPv6根域名服务器。

第三步：教师总结提升。"落后就要挨打，弱国无外交"是亘古不变的原则，Internet话语权之争同样遵守这一原则。Internet话语权对于一个国家的网络安全至关重要，作为青年学子，必须明白国家安全对国家建设与发展，以及对百姓生活的影响。通过此案例，应明白提升核心技术竞争力就是提升Internet话语权，就是提升国家的竞争力。

5. 案例反思

尽管我国在新一代Internet的话语权之争中取得了一定的进步，但应该看到与美国仍然存在差距。IPv6并非全面推广应用，不少国家和地区仍在使用IPv4，IPv6的使用落后于IPv4。即使IPv6尚未获得众多应用的生态支持，但我们必须努力营造这种生态，好比华为的鸿蒙操作系统要取代安卓操作系统，需要有志于推广鸿蒙的国内各应用厂商研制各式各样的与鸿蒙适配的应用软件。

(三)案例三展示

1. 案例主题

《中国互联网络发展状况统计报告》。

2. 结合章节

第二章 Internet基础第5节 Internet接入。

3. 案例意义

《中国互联网络发展状况统计报告》围绕互联网基础建设、互联网应用发展、政务应用发展、产业与技术发展及互联网安全等五个方面，力求通过多角度、全方位的数据展现，综合反映每半年我国互联网发展状况。通过不同时期统计报告的对比，说明Internet在我国的快速发展对民众生活方式、社会经济发展的巨大影响，并强调这些成就是中国共产党带领全体人民艰苦奋斗的结果，借此增强学生的自信心。

4. 案例教学展示

1）案例描述

《中国互联网络发展状况统计报告》(以下简称《报告》)，始于1997年11月，是由中国互联网络信息中心(CNNIC)发布的最权威的互联网发展数据的报告之一,采用每半年一次的报告发布机制。CNNIC 持续跟进我国互联网发展进程,不断扩大研究范围,深化研究领域。《报告》围绕互联网基础建设、互联网应用发展、政务应用发展、产业与技术发展及互联网安全等五个方面,力求通过多角度、全方位的数据展现,综合反映每半年我国互联网发展状况。

中国互联网络信息中心(CNNIC)2021 年 8 月 27 日发布的第 48 次《报告》显示,截至 2021 年 6 月,我国网民规模达 10.11 亿人,较 2020 年 12 月增长 2175 万人,互联网普及率达 71.6%,超过全球平均水平 6 个百分点。10 亿用户接入互联网,形成了全球最为庞大、生机勃勃的数字社会。

中国互联网络信息中心(CNNIC)1997 年 10 月 31 日发布的第 1 次《报告》表明,我国上网计算机数 29.9 万台,其中,直接上网计算机 4.9 万台,拨号上网计算机 25 万台。我国上网用户数 62 万人,其中,大部分用户是通过拨号上网,直接上网与拨号上网的用户数之比约 1∶3。

通过对比两项统计报告,可以发现我国接入互联网方式发生了根本性变化,拨号上网早被淘汰,入网用户由 62 万人飞跃至 10.11 亿人。这只是接入用户一个维度指标数据,其他方面数据也都发生了翻天覆地的变化。

2)教学方法与教学设计

(1)教学方法。

本节内容采用案例教学、讨论式教学和启发式教学相结合的方式。

(2)教学设计。

第一步:案例+讨论。引导学生思考、讨论《中国互联网络发展状况统计报告》统计的基础指标数据出现持续上升的原因,尤其是学生自己看到的 Internet 发展与变化、亲身感受到 Internet 对生活方式与学习方式改变方面。学生能够明白中国经济高增长以及科技水平提升惠及社会大众,并对中国改革开放的成就感到自豪。

第二步:案例分析+启发。授课教师结合中国经济发展历程,引导学生思考中国 Internet 基础统计指标数据上升过程并不是理所当然的,更不是西方国家对中国的技术输出或人道主义援助,这些成就的取得是中国共产党带领全体人民艰苦奋斗的结果,是党的好政策引导一大批高科技公司努力攻克技术难关、大幅降低 Internet 资源成本之后获得的成果,诞生了一批助力 Internet 建设与发展的龙头企业,为我国 Internet 茁壮成长贡献了巨大力量。按照中国现有的发展态势,《中国互联网络发展状况统计报告》统计的 Internet 基础指标数据还会继续提升,在某些指标方面逐渐接近甚至超越西方发达国家。

第三步:教师总结提升。作为新时代社会主义事业的建设者和接班人,我们要增强“四个自信”。《中国互联网络发展状况统计报告》统计的 Internet 基础指标数据进一步提升有赖于学生毕业后继续奋斗和付出。因此，作为大学生中的佼佼者，进入研究生阶段需要强化自己的科研能力，需要学好服务社会的本领，为中华民族的伟大复兴贡献自己的力量。

5.案例反思

对于中国互联网发展的奇迹及其对国家治理、民众生活与社会生产的影响，学生有切身体会，也非常自豪。作为教师，需要引导学生明白"天上不会掉馅饼"。中国互联网的高速发展及民众生活方式的智能化水平提升是人民艰苦奋斗的结果。作为新时代社会主义事业的建设者和接班人，要有学好本领服务社会的意识，还要弘扬"西迁精神"，发扬艰苦奋斗、团结协作的精神，努力提升自己的科技能力与水平。

桥梁工程

张硕英[①]

一、课程思政总体建设目标

本课程的目标是使学生掌握中小跨径桥梁的设计、构造和施工基本原理，具备桥梁工程师的基本能力和素质。本课程人才培养的职业定位是工程师，而工程的目的是以人为本、为社会服务、支持国家建设。因此，本课程的育人目标以如何为国家建设作出更多、更好、更大的贡献为落脚点，培养服务国家（桥梁）建设的优秀人才，为中华民族伟大复兴进程中的城乡（桥梁）建设培养人。

本课程的思政育人总目标是了解桥梁发展历程、代表性人物和工程，建立专业认同感和职业责任感，把个人发展与中华民族伟大复兴紧密结合，建立正确的“三观”，正确认识工程与社会、工程与环境之间的关系，对工程建设“八字方针”（安全、适用、经济、美观）有深刻的理解，培养思辨精神。

二、各个章节课程思政建设目标

第一章 总论

1. 国内外桥梁发展概况

2. 桥梁的分类、组成与主要类型

3. 桥梁的规划与设计基本原则

4. 桥梁荷载

5. 桥面布置与构造

课程思政内容设计：本章是桥梁工程的基本概念部分，包括桥梁的分类、规划与设计的基本原则，以及桥梁荷载、桥面布置与构造等，涉及大量的桥梁工程顶层设计问题，是使学生具备桥梁工程师基本素质的最重要的一章，因此本章的思政元素比较多，主要的落脚点包括以下几点。

(1)对我国桥梁建设悠久的历史和改革开放后取得的举世瞩目成就的认识。通过著名桥梁专家茅以升、林同炎等人的故事和其人格魅力，使学生体会优秀工程师

① 张硕英，人居环境与建筑工程学院副教授，主要研究领域是土木工程。

的特质，以及培养学生把个人发展与中华民族伟大复兴紧密结合的社会责任感；通过桥梁跨度排名、高度排名等我国引领世界桥梁的代表性数据，体会大国雄心，了解桥梁工程有待进一步突破的领域，激发学生的“四个自信”、民族自豪感及社会责任感。

(2)对桥梁规划遵循的“八字方针”原则及其背后的工程系统思维和可持续发展认识。以南京长江大桥炸桥之辩为例，通过桥下净空与周边环境关系问题的研讨，帮助学生建立正确的工程建设价值观，认识处理好工程与社会、工程与文化之间关系的重要性。

(3)对桥梁平面、纵断面、横断面设计中“以人为本”理念的认识。在讲解桥面纵坡的设计时，从坡度要满足规范要求这个简单的认知点切入，介绍万平口大桥伤害致死案，让学生体会生命无价，强化热爱生命、尊重生命、敬畏生命的价值观，使学生认识到工程要“以人为本”的深刻内涵，认识到设计无小事，强化职业责任与职业态度。

(4)对大跨钢桥容易出现的桥面铺装病害问题的认识。让学生对复杂工程问题建立直观的认识，理解技术创新的重要性和难点所在，培养学生的创新意识和创新思维。

第二章 桥梁上部结构

1. 简支板、梁桥上部结构的设计与构造

2. 桥面板的设计与计算

3. 主梁计算

4. 简支钢板梁和钢桁架梁桥、钢-混组合桥梁

5. 拱桥上部结构的构造与计算要点

课程思政内容设计：本章主要介绍桥梁上部结构的构造、设计与计算，以典型的中小跨径混凝土梁桥为主线进行系统学习，并在此基础上学习钢桥、拱桥的设计要点。本章是整个课程的重中之重，是使学生具备中小跨径桥梁设计能力的核心内容。因此，本章思政元素的重点在把工程师素质教育与专业知识学习和专业能力培养紧密结合起来，避免专业教育与思政教育“两张皮”。为此，本章思政内容设计思路是抓住工程建设“八字方针”这个关键点，从工程与社会关系认识的顶层视角开始，在讲到每个经典的结构类型和设计方法时，除了讲授有关结构安全的重点内容外，还要通过适当的提问和研讨启发学生分析其背后隐藏着的安全性、适用性、经济性的逻辑关系，并且侧重引导学生开展适用性分析，就如何做到“以人为本”开展深入的讨论，启发学生进一步思考当前的设计是否还有改进的可能。

第三章 桥梁支座、墩台与基础

1. 桥梁支座

2. 桥墩和墩台

课程思政内容设计:本章主要介绍桥梁支座的类型和构造。按照梁桥、拱桥分别介绍桥墩和桥台的类型和构造,要求掌握常见的支座、桥墩和桥台的设计要点。本章学完以后,学生可以建立一般中小跨径桥梁设计的整体认识。因此,本章思政元素的重点在于强化工程的系统思维,把桥梁下部结构设计与前面讲的上部结构设计协同起来,从更加全面的视角理解桥梁工程设计的“八字方针”。为此选择两个引发媒体普遍关注的桥梁侧翻事故案例,以触目惊心的事故和网络上意见不一的评论激发学生兴趣,在培养思辨精神的同时,提高学生对工程与社会关系的认识。结合对普通民众分析事故原因的讨论,讲解如何科学、专业地分析工程事故。通过启发学生提出避免事故的举措,培养学生从管理、运维、社会教育、技术创新等视角解决问题的能力,而不仅仅局限在结构安全视角上。通过对事故发生后设计规范的修订,以及修订后仍然会出现类似事故的原因,使学生理解工程技术是不断进步的,只按照规范标准做到安全底线是不够的;优秀的工程师应该高度重视“以人为本”背景下的工程设计优化思想,从而强化工程师职业责任与职业态度在学生心中的地位。

第四章 桥梁施工

1. 桥梁常规施工方法

2. 桥梁施工案例

课程思政内容设计:本章通过对照建筑工程施工技术,学习桥梁的常规施工方法,理解桥梁在大跨方面的特性所导致的施工特殊性和关键技术。由于施工部分内容繁杂、实践性极强,而课堂的学时又十分有限,因此有必要采用案例教学。本章的思政教学重点在于结合《港珠澳大桥》纪录片,抓住其中具有强烈情感冲击的几个片段,设计若干引导式的话题,包括讨论大桥施工难点、技术创新、对工程师意志品质的要求、对中华白海豚保护举措、大桥劳动者照片中自豪的笑容等,从职业价值认知、劳动光荣、民族自豪感等视角开展“三观”教育。由于课堂时间有限,采用了翻转课堂的教学模式,详见案例展示。

第五章 桥梁抗震

1. 桥梁抗震概述

2. 桥梁抗震设防标准

课程思政内容设计:本章主要讲授桥梁抗震的基本原理,并结合抗震设防标准和设计规范的学习,培养学生自主学习工程标准的能力。本章中思政元素的重点在于结合桥梁震害的讲解,使学生认识到地震灾害给人民生命和财产安全带来的影响,认识到如何在保证生命财产安全和经济性之间做出科学、合理的决策,再一次强化对工程与社会之间关系的认识。

三、课程思政案例展示

（一）案例一展示

1. 案例主题

设计无小事。工程设计要始终秉持“以人为本”的宗旨，避免因小失大、酿成不幸。

2. 结合章节

第一章总论第3节桥梁的规划与设计基本原则。

3. 案例意义

本案例的思政融入点：以大桥伤害致死诉某市市建委案作为教学案例，将事故分析与所学的纵坡设计、工程设计“八字方针”等紧密结合，以案例分析和研讨的方式进行教学，使学生认识到工程要以人为本的深刻内涵，认识到设计无小事，强化职业责任与职业态度；让学生树立生命无价、热爱生命、尊重生命、敬畏生命的价值观；结合学生在学习中经常发生的粗心大意问题，引导学生在上学期间就要注重培养自己认真做事的态度，避免因疏忽大意而养成不良习惯、酿成大祸。

4. 案例教学展示

1）案例描述

第一章第3节桥梁的规划设计由基本原则、平面设计、纵断面设计、横断面设计等四个部分组成。在纵断面设计中，讲解设置纵坡的必要性，以及规范标准规定的纵坡上限要求。虽然从知识学习的角度看并没有什么难度，但是实际上设计过程中经常会遇到各种约束条件彼此牵制的情况，这时如何抓住主要矛盾就是一个难题。为此引入某大桥伤害致死诉某市市建委案作为教学案例。

2007年7月15日，一位老人晨练骑车途经大桥，摔倒后命丧大桥。该桥是一座拱梁组合式桥，由于桥下净空的要求（水上运动需求）和两岸场地限制，使得该桥最终设置了一个比较大的纵坡。事故过程是老人骑自行车行驶至大桥西侧下坡路段尽头处时翻车，头部撞在北侧路缘石上，致当场死亡。导致其翻车的原因是下坡时车速较快，驶过桥北侧的雨水口处时，由于雨水口凹入人行道，车体出现颠簸。致其死亡的直接原因是该处恰好是桥下坡段的端点，按照道路方向需要配合转弯设置了缘石转角，而该转角设计为凸出的直角，老人头部正好撞在该直角处，头骨破碎。

经调查，该桥梁存在设计过错，纵坡度达到5.5%，超过《城市桥梁设计准则CJJ11—93》“机动车与非机动车道混行时不大于2.5%～3%”。而关于雨水口凹入设计、人行道路缘石直角，规范并无严格规定为不允许，但在下坡段这样的设计显然存在极大的安全隐患。这是一个典型的设计不当案例，但比较特殊的是并不是结构安全本身出现了问题，而是适用性方面出现问题且直接致人死亡，可以认为是设计人员缺乏“以人为本”设计理念的结果。

2)教学方法与教学设计

(1)教学方法。

采用案例教学，讲授式、讨论式和启发式教学相结合的方式。

(2)教学设计。

第一步：教师完整地介绍案件的经过。在讲授过程中强调大桥的美观和在当地水上运动发展中发挥的重要作用，也强调老人致死的几个关键点，通过鲜明的对照，使学生体会设计者既重视设计、又不重视设计的矛盾表现，引发学生的关注和疑问。

第二步：让学生结合本节所学的纵坡设计以及本节开头所学的“八字方针”，分析和解释为何要设置这么大的纵坡。一方面，让学生应用所学的知识解释实际问题、巩固知识；另一方面，使学生理解要遵循“八字方针”中的各个方面，有时候是非常困难的，这时究竟把什么放在重要的位置是设计人员必须思考和决策的。

第三步：让学生研讨如何能避免这起事故的发生。其一，任何时候都不能违反规范规定，这是底线；其二，要求设计人员时刻把“以人为本”放在心上。本案中，即使纵坡设计超标，如果雨水口和缘石的设计略有改进，老人可能也不至于死亡。

第四步：结合学生在学习中经常发生的粗心问题，强调土木工程专业的职业责任重大。强调工程设计无小事，不要以为不涉及结构安全的事情就是小事、可以随意设计。通过本案血的教训，引导学生在上学期间就要注重培养自己认真做事的态度，否则，疏忽大意的习惯可能酿成大祸。

5.案例反思

本案例的关键点与本节所学的知识点结合紧密，造成老人死亡的结果由于有多个方面的巧合而具有很强的感染力，“以小见大”，给学生留下深刻的印象。根据课后的了解，学生最大的体会：一是认识到土木工程不是只学会计算就可以了，工程是为人民服务的，离不开对人的思考；二是觉得这个事情太巧合了，但恰恰就是这些巧合让设计的一个拙劣点暴露了出来，因此，任何时候都不能疏忽大意。

(二)案例二展示

1.案例主题

好的结构工程师要关注国情、体恤民情，让技术为人服务、以人为本、不断开拓创新，而不是仅仅拘泥于满足规范设计底线。

2.结合章节

第三章桥梁支座、墩台与基础第2节桥墩和墩台。

3. 案例意义

本案例的思政融入点：本案例结合独柱墩设计，选择两起引发舆论广泛关注的桥梁侧翻事故，通过网络媒体引发的激烈辩论，引导学生结合本课程所学的知识，科学、客观地分析事故原因，通过翻转课堂，在课堂研讨中鼓励学生独立思考、参与辩论，从而深刻领会工程结构设计原则“八字方针”的内涵，强化工程设计“没有最好、只有更好”的认识；认识工程与社会之间的关系，明确工程师和市政设施管理者的责任；明白工程是为社会服务的，强调一个好的结构工程师要关注国情、体恤民情，从如何服务国家经济发展、让人民生活幸福的角度去思考问题，让技术为人服务、以人为本、不断开拓创新。

4. 案例教学展示

1）案例描述

第三章第 2 节桥墩设计的内容中，讲到独柱墩是一种特殊的类型，要慎用。为了解释为什么要慎用，将两起如出一辙的事故引入课堂教学。

2012 年发生了某大桥引桥侧翻事故（4 辆大货车坠落，造成 3 人死亡 5 人受伤）。任课教师将其作为案例，在讲到独柱墩设计时加以引入。2019 年 10 月某地再次发生类似事故，与 2012 年事故如出一辙，有媒体报道，提出“独柱墩遇上百吨王事故频发，别用生命考验道路”的说法，并对两起事故进行了综合分析，引发舆论广泛关注。任课教师利用两起事故开展案例教学。

两起事故的关键点，都是因为采用了独柱墩设计，都是有超载挂车过桥。因此，网上的舆论集中在桥梁是不是“豆腐渣工程”，以及大桥管理部门有没有检查超载、是否罚款后通行这两个问题上。实际上，网络舆论毕竟不是专业的视角。在讲授桥梁工程课程的过程中，要培养学生利用所学知识，从专业的视角分析问题的能力。因此，结合这两起事故的分析，除了强调独柱墩设计的特殊性外，任课教师还通过精心设计课程，使学生能够掌握工程事故分析的基本方法。

2）教学方法与教学设计

（1）教学方法。

采用案例教学，通过翻转课堂设计，集中做好课堂研讨。通过制造矛盾冲突引发辩论。

（2）教学设计。

第一步：翻转课堂第一阶段——布置预习内容。

将两起事故的网络资料发给学生并提供 6 个研讨话题，让学生通过自学，对研讨内容有一个初步的认识。网络资料包括新闻视频、事故现场图片、关键信息和数据等。6 个研讨话题是为什么说独柱墩遇上“百吨王”就容易发生倾覆事故？用你所学的知识进行分析；如何看待民众关于事故的说法？从“八字方针”分析事故桥梁相关技术（设计）的依据；如何进行桥跨结构抗倾覆验算？事故原因综合分析；如何避免类似事故再发生？

第二步：翻转课堂第二阶段——课堂研讨。

首先，回顾已经学过的桥墩、支座、桥跨结构、桥梁汽车荷载、力学分析等方面的知识，带领学生将相关知识综合运用到事故原因分析中，强化对这些知识的理解；其次，组织学生对事故原因进行分析和讨论，考察不同的态度和观点，发表自己的独立见解和不同看法，培养质疑和思辨能力，最终从专业的视角获得高架桥侧翻事故的基本认识，并建立自己在工程和社会综合视角下对这两起事故原因的独立看法；最后，通过总结，帮助学生建立"一看、二想、三建议"的工程事故案例分析方法。

在研讨过程中教师起主导作用，在学生人数较多时，可以采用分组讨论，小组代表分享汇报的模式；当学生人数较少时，可以让每个学生都有充分发言的机会。在课堂结束之前，教师要强调和总结以下两个思政育人的核心教学目标：一是深刻领会工程结构设计原则"八字方针"的内涵，强化工程设计"没有最好、只有更好"的认识。要充分利用技术手段和专业智慧，把"八字方针"的各个方面得以协调落实，努力寻求更优化的方案，甚至是主动改进既有理论和方法的不足，促进技术革新。二是认识工程与社会之间的关系。一个好的结构工程师要关注国情、体恤民情，从如何服务国家经济发展、让人民生活幸福的角度去思考问题，让技术为人服务，要以人为本。

第三步：翻转课堂第三阶段——课后作业。

由于课堂研讨时间有限，研讨过程又多处于辩论的状态，学生思考得还不够深入和全面，因此，要求学生在课后应完成研究报告，结合预习资料和课堂的研讨，总结自己关于两起事故原因的独立见解，形成闭环。

5. 案例反思

本案例教学经过 2020 年春季和 2021 年秋季两次课程的实践，获得了学生的好评。学生认为这两起事故的现场触目惊心。在内容方面，不仅抓住了独柱墩设计这个知识点，而且与社会舆论关注的超载问题紧密结合，既有媒体的态度，也有普通民众的表达，通过专业分析和社会舆论分析的对比和激烈的碰撞，对专业认知和工程事故分析能力的提高特别有帮助；在如何充分利用现代检测技术提高超载的监督方面，学生们表现出了极大的兴趣，通过网络查找，提出了很多措施，认识到社会问题有时候很难一下子解决，但是技术创新往往可以使得问题迎刃而解。

（三）案例三展示

1. 案例主题

排除万难、争取胜利！港珠澳大桥以大国之雄心创造了世界奇迹。

2. 结合章节

第四章桥梁施工。

3. 案例意义

本案例的思政融入点：本案例结合《港珠澳大桥》纪录片，开展以育人（“三观”教育）为主、专业教育（施工技术方面）为辅的“课程思政”教学。围绕课程思政精心设计话题，采用基于 Bb 的线上线下混合式教学，充分发挥 Bb“讨论板”的功能，取得了良好的效果。

4. 案例教学展示

1）案例描述

本课程第四章“桥梁施工”部分仅有 4 学时，教学目标的定位是通过教材和《桥梁工程》MOOC 进行自学，让学生了解桥梁施工的基本概念和基本方法。然而，从土木工程专业育人的视角，即如何成为一个合格乃至优秀的工程师的视角来看，学生仅完成这些基本的知识性的学习是远远不够的。教师特别想向学生传达的信息（认知）是桥梁施工难在哪里？工程师如何面对实际工程中各种各样的困难和挑战？一个工程师应具备怎样的素质？

一个人如何面对困难和挑战？这是属于“三观”范畴的问题。要引导学生建立正确的“三观”，单纯的说教是效率最低的模式，最好的模式则是实践。考虑到课堂教学的局限性，很难做到真实的实践，但是“假设”或“共情”式的实践（让学生假想自己处于某个特定的实践场景下会采取怎样的态度和决策）可以促进他们的类似思考，通过观察案例中模范人物的表现，反思自己的不足，起到见贤思齐的育人效果。

《港珠澳大桥》是一部非常优秀的纪录片。教师在观看过程中被深深震撼和感动，被大桥建设者们排除万难所创造的宏伟工程所惊叹，更为我国走在世界桥梁发展的前列感到骄傲和自豪。该纪录片的内容特别契合本章的教学内容，既有先进施工技术的展示，又有前面所学知识的应用；既有工程师如何带领团队克服困难的介绍，更有惊心动魄的场景和详细的人物心理刻画。因此，决定选择该纪录片作为教学素材，开展一次以育人（“三观”教育）为主、专业教育（施工技术方面）为辅的“课程思政”教学。

2）教学方法与教学设计

（1）教学方法。

采用“问题导向”，围绕课程思政精心设计话题。采用线上线下混合式教学，利用“讨论板”功能做好课前线上预习。通过课堂讨论，让学生充分发表自己的看法。课后允许学生继续补充回复“讨论板”话题。

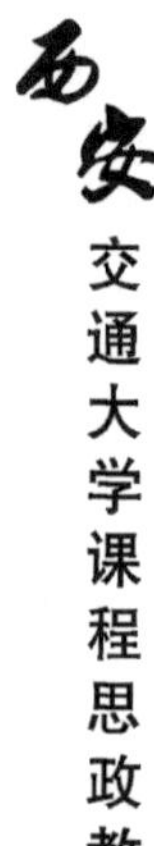

(2)教学设计。

第一步:选择优质的工程案例资源。育人教育,必须要达到情感上的共鸣,才能不浮于形式。因此,作为课程思政的案例资源,“优质”的首要评判标准是自己看到这个资源的时候就被震撼和感动,这种情感越强烈越好;“优质”的第二评判标准是资源本身要能代表社会主义核心价值观,或者不应偏离这个价值观。《港珠澳大桥》纪录片时长1小时10分钟,符合上述要求,是本堂课的主要资源。

第二步:以问题为导向设计若干讨论话题。课程思政效果不好往往是由于教师没有事先设计课堂组织,思政教育目标不清晰、实施路径不明确,常出现的问题是:在课堂上随机地有感而发,往往由于准备不充分导致学生互动不积极,于是草草结束,思政教育没有开展充分;学生能积极参与互动,但是话题发散、东拉西扯,导致冲淡育人“浓度”。

为了避免这些问题,一定要事先做好设计。本案例采取的办法:一是明确目标,即明确这次课教师希望传达给学生怎样的信息和思想、希望学生建立哪些态度和观点;二是针对这些目标,结合案例素材,提出若干个问题,问题的答案紧扣目标,让学生以问答的形式事先进行充分的思考,为在课堂上锁定讨论内容做好准备。

第三步:讨论话题紧扣课程思政教学目标,以“三观”为切入点并兼顾专业知识的学习,提出5个研讨问题。

①纪录片主人公林鸣印象(世界观、人生观)。根据片中对林鸣的下列3次聚焦,谈谈你对他这个人的看法。在E30指挥现场,他表现出了担忧,提到“人算不如天算,人努力、天帮忙”;他在开会时对团队说,E30是最后一个,安装时受到的约束最多,“请大家千万帮我把各方面工作做好,拜托!”;2015年E15第二次安装现场再次由于基槽回淤问题,林鸣宣布回撤船队,说“对手太强大了,面对大海,面对这个大自然,面对多少亿年的这样一个规则的事物,我们这个短暂的时间能认识多少呢?我认为我们能做到这样,已经很不错了。”当时在场的人哭了。你觉得林鸣具有怎样的性格特点和素质?

课程思政元素:对大自然的畏惧感(世界观)。可以帮助人客观冷静地思考,避免鲁莽行事;做人要谦卑(人生观)。工程师遇到困难时要沉稳、要有不骄不躁、不气馁的素质。

②钢箱梁机器人焊接技术(价值观)。“中铁山桥”采用了世界上规模最大、焊接精度最高的钢箱梁自动化生产线来制造港珠澳大桥的主梁。片中提到,汽车制造已经大量使用机器人,而桥梁则是从港珠澳大桥开始的,这是按照本工程要引领技术进步的指导思想实施的。谈谈你对这项技术应用的理解。

课程思政元素:技术先进曾经是D60—2004中桥梁设计基本原则的第一条(复习);在物联网和智能时代,土木工程的技术创新尚有很大的空间(专业认同和创新精神)，这就是传统专业的改造升级(新工科理念)；技术创新的根本是造福人类、民族复兴、集体主义，即让公司/团队有所进步(提升创新的认识、上升到为国家发展贡献力量)。

③中华白海豚保护(世界观)。港珠澳大桥所在的海域是中华白海豚自然保护区，大桥建设指导思想是“大桥通车，白海豚不搬家”，并且提到在人与自然相处中，中国人的哲学是“尊重自然、顺势而为”。谈谈你对这个思想的理解，以及你认为要实现“白海豚不搬家”，工程建设中要考虑哪些方面的问题?

课程思政元素：环报意识。工程师在工程中注意环保，其价值远大于个人生活中的环保；土木工程对环保尤为重要(专业责任)；如何通过数据定量说明，所采取的不同施工措施对白海豚影响的大小(跨界科学问题的价值)。

④红旗渠与郭亮洞(人生观)。片中提到，“中国工程建设史，就是一部攻坚克难，战胜挑战的历史。”并提到了红旗渠、郭亮洞。这些工程你是否亲自去看过？谈谈你对这两个工程的认识。

课程思政元素：勇气+智慧，才有可能“胜天”(勇气要靠自己经常锻炼、智慧要靠扎实的专业能力)。出现了困难怎么办？认定的道路要坚持，要敢于担当(目标坚定，敢担当)；民心就是社会需求，是驱动力，没有民心事情就干不好(为人民服务)。

⑤大桥照片中劳动者的微笑(人生观、价值观)。片中有一个摄影爱好者给大桥建设者拍照，说到他们照片上发自内心的微笑，是源自他们发自内心的自豪感。谈谈你看到这些照片时的感受。

课程思政元素：平凡的人，要做伟大的事，才有很强的自豪感。而伟大的事、必须是民族的事业。伟大的民族和国家、政党，创造了这样一个好时代，可以让很多平凡的人做出伟大的事业(大国雄心、民族复兴)；当你把自己的工作和更多的人，直至和国家、民族联系起来的时候，你就更有了意义感，也就不容易被困难打垮(树立更崇高的理想)。

此外，案例的选择要兼顾思政教育与专业教育。本次课选择的5个话题中，前3个与专业知识结合紧密一些，后2个与专业知识基本没什么关联。此外，教师在进行课程设计时，要注意挖掘和整理案例中的专业知识，通过适当的形式在教学中加以体现。例如本次课话题①讲解了沉管技术，话题②讲解了钢箱梁的焊接技术，话题③让学生思考环保对施工方案的约束，这些都紧扣本章桥梁施工技术。

第四步：以文字形式布置预习任务，在过程考核中加以体现。

为了避免学生把预习题只是看一看、不动脑(甚至有些学生可能完全不看)，到了课堂上没话说或者随意乱说，在线上设置了课前预习任务，并把这部分任务的完成情况计入本章学习过程考核中。文字形式的预习，使学生在组织文字的过程中梳理自己的思想和语言，比简单地看一下、想一下效果好很多。事实证明学生的很多回复都让教师惊喜和感动，甚至对教师自己也是一种教育，说明达到了很好的预习效果。

第五步：课堂互动时以学生自发为主，在必要时加以引导，注意强化思政效果。

课堂互动过程中教师就是主持人，要让学生充分发言，尽可能兼顾到每个人。在冷场时，教师还可以主动讲一讲自己的体会。在讨论时，注意采用"共情"法，启发学生思考。例如讨论"林鸣印象"时，就启发学生说，如果你是林鸣，在E30安装再次失败了的时候，你会是什么表现？从而让学生体会到一个工程师在工程现场可能经常遇到困难和挑战，以及在遇到困难的时候应有的素质。对于学生的发言，如果教师认为没有达到思政教育深度的时候，要适当加以强化。例如谈到"大桥照片中劳动者的微笑"时，学生只想到"劳动光荣"，教师就要强调一个普通人因为做普通的事而感到的自豪和一个普通人参加了一项伟大的工程而感到的自豪是不一样的，从而激发学生的爱国热情。

5.案例反思

利用"讨论板"回复研讨话题的形式，可以让学生做好发言准备，确保课堂互动效果，还可以通过文字的形式把学生的学习效果保存下来，从而为评价课程思政目标的达成度提供很好的依据，可以很好地避免课程思政经常出现的"课堂上谈得热烈、下课后什么都没留下"的遗憾。事实证明，很多在课堂上经常保持沉默的学生，却可以在"讨论板"上发表令教师感动和惊叹的评论。因此，如果课堂时间有限，完全可以采用"讨论板"为主、教师课堂点评代表性发言的模式。

城市规划与风景园林设计理论

张定青[①] 张冬冬[②]

一、课程思政总体建设目标

本课程是人居学院面向研究生开设的一门专业理论课程，40 学时，2 学分，是2020 年西安交大课程思政示范课程。教学目标是建立人居环境科学理论体系框架，掌握城市规划与风景园林学科的基础理论及发展前沿，引导学生对我国城乡规划与风景园林设计领域的现实问题及研究热点进行思考和分析，培养独立分析问题与探索研究的能力。

深入挖掘本课程蕴含的思政教育资源，提炼出“中国人居与中国智慧”“世界人居与国际视野”两条主线，将“中华优秀传统文化传承与发展”“基于中国国情的适宜人居环境建构”“习近平生态文明思想引领城乡建设”及“科学思维方法与价值理念”等思政教育内涵落实到教学内容中，采用课堂教学组织与教学评价环节相结合，融入课堂讲授、问题研讨、汇报交流，以及课后线上平台交流和专题研究报告撰写等环节。激发学生的家国情怀、拓展国际视野、培养科学方法与科研素养，激励学生在当代中国新型城镇化建设与乡村振兴“双轮驱动”背景下，投身于高质量人居环境规划建设，肩负起“美丽中国”建设的使命与担当，在规划设计领域努力探索中国道路、提出中国方案。

二、各个章节课程思政建设目标

第一章 建筑学与城乡规划学科再认识

1. 建筑与建筑学的本源认知

2. 城市与城市规划的再认识

3. 现代科学技术体系与建筑科学

---

① 张定青，人居学院教授，研究方向为城乡人居环境可持续发展与遗产保护，课程负责人，城市规划专题主讲。

② 张冬冬，人居学院副教授，研究方向为风景园林设计历史理论与遗产保护，课程团队成员，风景园林专题主讲。

4. 人居环境概念及科学体系建立

课程思政内容设计：从建筑、城市及建筑学、城市规划的溯源，提出对其本质的认知，揭示二者在人居环境层面内涵的统一；阐释人居环境概念及其科学体系构成，建立人居环境学科体系框架；采用课堂讲解与小组讨论、发言交流相结合的方式，引导学生建立科学思维方法，关注我国当前城市规划与建设面临问题，掌握用人居环境科学理念与方法认识问题、分析问题的能力。

分别从世界人居发展趋势和关注问题、中国传统人居建构经验两个维度，展开对人居环境科学体系提出的背景进行分析，揭示全球化背景下人类居住可持续发展的内涵，以及中国人居环境建设历史中蕴含的优秀传统文化，课堂讲解与课外阅读笔记、思源学习空间交流结合，使学生基于国际视野与中国智慧角度理解人居环境科学理念，启发学生"着眼于全球的思考，立足于地区的行动"，汲取和发扬中华优秀传统文化，探寻中国道路。

第二章 现代城市规划理论与当代发展

1. 现代城市规划重要理论思想与文献

2. 现代城市规划发展整体认知与评析

3. 新城市主义理论与实践

4. 生态城市理论与规划设计方法

课程思政内容设计：阐述产生于西方的现代城市规划理论与思想，中国当代城乡建设与发展，例如田园城市经典理论——西咸新区生态田园新城、成都"公园城市"规划；区域规划理论——中国城市群、都市圈发展；卫星城理论——上海、北京卫星城；《雅典宪章》《马丘比丘宪章》《北京宪章》等，通过案例分析、对比，引导学生认识中国国情和城市发展现实问题，坚定"四个自信"，激发学生投身中国城乡建设，探索中国道路的使命担当。

梳理城市规划思想的历史演进，总结古典时期—工业社会—信息时代城市发展模式的变革，认识城市发展规律，以及城市规划从理想主义、功能主义、人文主义到现实主义的观念演变，使学生掌握理论研究的基本思路和科学方法，建立人文城市、人本城市、人民城市的专业观与价值观。

阐述人居建设中生态理念的产生和发展、生态城市的内涵和特点，以及生态城市规划设计方法，分析国内外不同尺度人居环境生态建设实践案例，讲解十八大以来有关生态文明、可持续发展的相关论述，了解"美丽中国""美丽乡村"的内涵，使学生在可持续国际视野下，深刻认识生态文明理念在新时代中国城乡建设中的引领作用，理解"绿水青山就是金山银山"，在专业领域积极思考和探究绿色发展、高质量发展的中国道路。

第三章 城市设计理论与方法

1. 城市设计发展脉络

2. 城市设计方法概述

课程思政内容设计：阐述城市设计概念的内涵及发展历程，从传统城市设计—现代主义城市设计—绿色城市设计—智慧城市设计，总结城市设计范型的基本理念和历史价值演进，结合当代中国城市设计面临的问题，分析宏观—中观—微观城市设计方法，理论阐述与案例分析相结合，使学生建立城市设计的当代价值体系，掌握不同尺度城市设计操作要素与科学方法。

第四章 中国园林发展史概论

1. 中国园林的起源与文化渊源

2. 汉唐园林

3. 宋明文人园林

4. 明清皇家与私家园林

5. 近现代园林中的传承发展

课程思政内容设计：梳理中国园林发展脉络，分析中国历代园林造园思想与手法，深化中国传统园林文化内涵的认知，思考对当代城市人居环境建设的启示，通过经典案例分析、对比，理解中国园林中的真善美，激发学生对中华传统文化的热爱，培育家国情怀和文化自信，珍视并理解中国传统园林在当代人居环境建设中的深远价值，探讨传统造园思想与技艺在当代“山水宜居”人居环境建设实践中的传承。

第五章 西方园林发展史概论

1. 西方园林的起源与文化渊源

2. 意大利文艺复兴园林

3. 法国古典主义园林

4. 英国自然风景式园林

5. 近代城市公园

课程思政内容设计：梳理西方园林发展脉络，分析西方园林主要流派的造园思想与手法，理解西方园林的历史文化背景，以及中国传统园林对西方近现代园林营造理念与手法的影响，通过经典案例分析、对比，拓展学生对世界园林文化艺术的认知和优秀经验的汲取，同时认识到中国园林对世界园林发展的贡献，从而坚定文化自信。

三、课程思政案例展示

（一）案例一展示

1. 案例主题

《北京宪章》——探索适宜人居环境建构的中国道路。

在中国建筑现代化发展的道路上,时常有"新"与"古""中"与"西"之争。面对开放、多元的建筑市场和令人眼花缭乱的建筑现象,需要引导学生建立正确的专业观。通过对《北京宪章》背景及主旨的讲解,结合新时期中国建筑创作优秀案例分析与课堂讨论,使学生深入理解对西方建筑设计理论的学习必须与本国国情紧密结合,把握时代脉搏,探索中国道路。

2. 结合章节

第二章现代城市规划理论与当代发展第1节现代城市规划重要理论思想与文献。

3. 案例意义

现代城市规划理论源于西方近现代城市发展,改革开放以后中国城市建设是从学习、模仿西方城市建设模式开始的。在中国城市化建设快速发展的道路上,一方面是开放、多元的市场和令人眼花缭乱的建筑现象;另一方面"千城一面""文化失落""特色危机"引人深思。应当如何应对这些变化?如何树立主体价值而不丧失自我?青年学子需要建立正确的专业观。在国际建协第20届大会上,我国通过《北京宪章》发出了中国声音,指出了人居环境建构的发展方向,体现了以吴良镛院士为代表的老一代建筑前辈对于国家建设和学科发展方向的深刻思考,对人居环境中国道路的探索。本案例引导学生认识时代、认识国情,放眼世界而立足脚下,激发学生学好本领投身到中国城乡建设事业中,勇于探索适宜人居环境建构的中国道路、具有提出中国方案的使命担当。

4. 案例教学展示

1)案例描述

改革开放以来的几十年间,中国城市化建设取得重大成果,同时经济大潮、国际建筑文化洪流对本土建筑形成巨大冲击,各种流派思潮涌现,建筑市场令人眼花缭乱,盲目崇拜西方、刻意求新求异、照抄照搬等成为一种普遍现象。中国建筑师如何面对城市的"文化趋同"和"特色危机"?中国建筑应该如何体现人文精神?世纪之交在北京召开的国际建协第20届大会上,以吴良镛院士为代表的建筑前辈通过《北京宪章》对建筑学的未来走向,从多角度做出深入的探索和分析,描绘了走向新世纪目标的行动纲领。

《北京宪章》指出我们面对一个令人瞩目的政治、经济、社会改革的时代,一个技术发展和思想文化活跃的时代,全球化与多元化矛盾的时代,技术进步与自然、文化破坏并存。建筑师与城市工作者要能动地认识时代,从不同的角度思考建筑发展的契机,重新审视自己的价值观和行为方式,以适应时代,并奋力走在时代的前列。"全球化与多元化共生"是《北京宪章》的一个核心命题,指出在全球化进程中学习吸取先进的科学技术,创造全球优秀文化的同时,更要有一种文化自觉的意识、文化自尊的态度、文化自强的精神，对文化多样性进行必要的保护、发掘、提炼、继承和弘扬。建筑师要有更为宽阔的地域视野，发展建筑地域文化，重视历史文脉的继承和发展，坚持对中国历史文化内涵的探索，促进建筑创作的繁荣，而不能流于对建筑表面样式的追求。在环境(包括自然环境与人文环境)、文脉、功能、技术、经济诸因素的综合作用下生成建筑形式，而非刻意去追求建筑的外显式样，这应成为建筑创作所固有的基本姿态。

通过时代背景解析、理论观点阐述和实践案例分析，引导学生正确认识时代、认识国情，树立科学的建筑观、城市发展观，坚定“四个自信”，激发学生在专业领域探索中国道路、构建适宜人居环境的信念。

2)教学方法与教学设计

(1)教学方法。

问题导向、案例分析、课堂讨论。

(2)教学设计。

第一步：提出问题，启发思考。以时代背景为铺垫，总结 20 世纪建筑领域与城市建设取得的巨大发展，同时指出发展与破坏并存的矛盾，未来发展处于十字路口，面临选择。举例说明中国城市建设与建筑领域出现的各种现象，引起学生思考，面对经济大潮和外来文化冲击，中国建筑应呈现一种什么姿态？中国建筑师应有怎样的主体价值观？

第二步：理论分析，价值引导。对《北京宪章》进行重点讲解，阐述以吴良镛院士为代表的老一辈建筑学家，对学科发展方向的深刻思考和对中国道路的探索，突出广义建筑学、构建可持续发展人居环境，全球化与多元化共生、发展建筑地域文化、重视历史文脉的继承和发展等重要思想。启发学生正确认识中国国情和城市发展阶段，引导学生坚定“四个自信”，激发学生学好本领投身中国城乡建设大潮的责任担当。

第三步：案例研讨，方法总结。展示《北京宪章》基本理念与价值观、新时期中国建筑创作优秀案例，例如将城市记忆融入现代街区的“德胜尚城”(设计师为崔愷院士)，将中国传统山水意象融入设计的“中国美院象山校区”(设计师为普利兹克建筑奖得主王澍)，将传统街巷空间意趣与现代时尚商业有机结合的“成都太古里”等。开展课堂讨论，使学生认识到对西方建筑规划理论的学习必须与本国国情紧密结合，针对中国人居环境发展的现实问题寻求专业解答，积极探索中国道路、提出中国方案。

5.案例反思

建筑具有文化艺术属性，同时也与社会经济背景密切相关。丰富多彩的建筑形式背后，蕴含了深层的多元影响因素。建筑设计不只是形式的操作、外表的构型，应当有其内在逻辑和思想内涵。建筑的基本原则是什么？什么是建筑的真善美？中国建筑的发展方向是什么？这些都是建筑专业的学生应当思考的问题。

本案例重点引导学生正确认识我国建筑发展进程中的相关现象、思潮和探索，建立广义建筑学及可持续发展人居环境的专业观，思考如何将世界人居建设先进理念与中华优秀传统文化相结合，探索构建适宜人居环境的中国道路、中国方案？在今后的课程中，可以补充更新中国案例的解读，加强专业理论知识与设计方法的融合。

（二）案例二展示

1. 案例主题

“绿水青山就是金山银山”——习近平生态文明思想引领城乡建设。

在中国城镇化发展的道路上，以牺牲资源和环境为代价的传统发展模式是一种不可持续的发展模式，需要转变价值取向，建立新的发展观。通过对习近平总书记“两山论”背景及内涵的讲解，引导学生明确新时代中国城乡发展理念，树立生态优先的专业观。结合案例分析，使学生进一步思考如何以生态文明建设理念指导城乡建设。

2. 结合章节

第二章现代城市规划理论与当代发展第 4 节生态城市理论与规划设计方法。

3. 案例意义

人居环境建设的历史演进经历了古代的生态直觉、近代的生态失落、现代的生态觉醒，再到当代的生态自觉。走向生态城市是人类宜居环境可持续发展之路。从中国的城乡建设发展实践来看，传统城镇化发展模式以高消耗、高产出为特征，加剧了资源、环境、人口之间的矛盾，以牺牲资源和环境为代价换取经济利益的状况决不能继续。作为中国人居环境建设未来的规划师、设计师，如何理解生态建设的重要意义，如何将生态理念贯彻到专业行动中，是树立正确的专业价值观与方法论的基础性问题。习近平总书记“绿水青山就是金山银山”的理念，以形象的比喻生动诠释了保护与发展的辩证关系，是中国新时代生态文明建设的战略指导。本案例引导学生深入理解人与自然和谐、经济与社会和谐的习近平生态文明思想的科学内涵，明确生态优先的环境价值观是基于人类文明发展历史和中国现实国情的正确价值取向，激发学生掌握生态规划理论与方法，思考人居环境规划建设中如何实践生态文明理念，才能为中国新型城镇化建设作出贡献？

4. 案例教学展示

1）案例描述

“绿水青山就是金山银山”是时任浙江省委书记习近平于 2005 年在浙江湖州安吉考察时提出的科学论断。2006 年，习近平同志提出了绿水青山和金山银山之间关系的三个阶段，这一论述的提出，打破了简单把发展和保护对立起来的思维束缚。2015 年，《关于加快推进生态文明建设的意见》将“绿水青山就是金山银山”写进了中央文件，成为中国生态文明建设的指导思想。2016 年，联合国环境大会(UNEA)发布了《绿水青山就是金山银山：中国生态文明战略与行动》，指出以“绿水青山就是金山银山”为导向的中国生态文明战略为世界可持续发展理念的提升提供了“中国方案”和“中国版本”。

坚持人与自然和谐共生，必须“树立和践行绿水青山就是金山银山的理念”，坚持节约资源和保护环境的基本国策。习近平总书记的“两山”论，充分体现了马克思主义的辩证观点，深刻揭示了发展经济和保护生态之间的辩证关系，成为新时代中国特色社会主义生态文明建设的指导思想和基本方略。

通过梳理相关理论、分析人居实践的案例，使学生认识到城乡人居环境建设是践行习近平生态文明思想、实现绿色发展最直接且影响巨大的领域。规划先行，是让“绿水青山就是金山银山”的战略得以践行，从而激发学生的热情和责任担当，努力学习生态规划理论与方法，在城乡人居环境规划建设中贡献力量。

2)教学方法与教学设计

(1)教学方法。

问题导向、情景教学、案例分析。

(2)教学设计。

第一步：背景铺垫，提出问题。从人居环境发展整体观的视角，讲述从古代的生态直觉、近代的生态失落、现代的生态觉醒，到当代的生态自觉这一历史演变进程。欧美发达国家大多经历了“先污染后治理”的发展道路，给世界带来了严重的环境污染和生态破坏。我国改革开放以来的很长一段时间是以资源消耗、粗放型发展获得了经济高速增长，但也付出了严重污染的代价。中国人口众多、资源相对不足的国情决定了必须改变传统发展模式。作为未来人居环境的规划建设者，在专业实践中处理好环境效益、经济效益、社会效益之间的辩证关系是必须面对的现实挑战。

第二步：情景切入，理念确立。通过新闻图片、媒体报道等引入“绿水青山就是金山银山”这一主题，讲解习近平总书记提出这一科学论断的背景以及对这一思想的进一步阐述。重点理解保护与发展的辩证关系，以及人居环境建设领域的具体体现。“绿水青山”正是城乡人居环境构建的重要组成，“两山论”体现了人与自然和谐、经济与社会和谐的习近平生态文明思想的科学内涵，已经成为新时代我国生态文明建设的纲领，说明人居环境规划设计领域在国家发展建设中的重要地位，也说明在生态文明建设中承担的重要责任。引导学生树立生态优先的专业观，深刻理解规划设计领域落实生态文明思想的重要意义。

第三步：实例分析，方法构建。以浙江乡村建设、特色小镇建设，成都市“生态建设与生态修复”专项规划、创建“公园城市”等规划实践为例，展示在我国城乡规划领域实现“绿水青山”换来“金山银山”的探索和成果。从专业理论与规划方法角度进行总结，使学生建立生态整体规划思想与方法构架，掌握城乡协调、生态格局、城市绿道、生态旅游等专业认知。

5.案例反思

“两山论”作为我国新时代生态文明建设的纲领，由于其形象化的比喻、接地气的语言表达，特别是“绿水青山”本身就是人居环境的构成内容，学生看到自己的专业领域在思想上升到国家层面，易于产生专业共鸣，从而引起求知兴趣。

本案例通过深入浅出的理论分析和实例展示，使学生明确生态优先的环境价值观是基于人类文明发展历史和中国现实国情的正确价值取向，激发学生掌握生态规划理论与方法并将其运用到人居环境规划建设中。在今后的课程中，可以进一步梳理、提炼理论分析与规划实践案例的对应性，加深学生对专业理念与方法关联性的理解。

(二)案例三展示

1.案例主题

中国传统园林对当代“山水宜居”人居环境建设的启示。

中国传统园林蕴含了深厚的中国古代哲学思想和传统文化理念，“天人合一，道法自然”的园林设计思想体现了人与自然和谐的中国智慧，形成了“虽由人作、宛若天开”的造园手法与艺术意趣，也积累了因地制宜、叠山理水、顺应自然、调节环境的技术经验。通过对中国传统园林经典案例规划设计方法的阐述，引导学生学习、借鉴传统经验并将其运用到当代“山水宜居”人居环境规划设计中。

2.结合章节

第四章中国园林发展史概论第4节明清皇家与私家园林。

3.案例意义

明清皇家园林颐和园的前身清漪园，是中国古典园林的杰出代表，对古代北京雨洪规划与宜居环境营造产生过重大影响。从清漪园建造的原初环境溯源、建造过程解析、前后效果对比、园中园案例剖析等方面，阐述清漪园设计建造的工程与艺术价值，分析其对当代风景园林规划设计与建设的启示。本案例使学生认识中国传统园林造园思想与技术方法的科学性、艺术性与实用意义，理解其在当代人居环境建设中的文化传承价值，激发学生对中华优秀传统文化的热爱，积极汲取中国智慧，努力在当代人居环境规划建设中发扬光大。

4.案例教学展示

1)案例描述

颐和园的前身清漪园建园前，存在两大矛盾：其一，北京西北郊上游水源枯竭、对下游供水严重不足，然而位于西北郊的清漪园昆明湖前身西湖却在雨洪季节多有泛滥成灾；其二，清漪园万寿山前身翁山“童童无草木”“荒山多裸岩”，历来不如其西侧的玉泉山景致优美、宜居。乾隆及早期规划设计者充分考察实地，提出了梳理北京西北郊上游诸泉眼水系汇于西湖、开凿翁山前后水域、拓展成昆明湖以作调蓄的思路。进而满足了下游灌溉、城池与漕运的需求，同时加固了东堤，并建造了相关泄水渠道。最终使得万寿山昆明湖水利工程一举多得，并成为一处风景名胜。同时，于万寿山上开凿山岩、叠石筑山、堆积淤泥、广植林木。于是清漪园内遍布名园，成为对后世影响深远的中国园林代表案例——世界文化遗产颐和园。

通过历史故事、历史图纸和现实图景的综合展示与分析，使学生树立历史遗产考证的科学方法，理解其科学价值与艺术价值，激发学生对传统文化的热爱、对文化遗产的珍视，引导学生思考：传统智慧在当代宜居环境规划设计中如何传承与创新？

2)教学方法与教学设计

(1)教学方法。

情景教学、启发式、讨论式。

(2)教学设计。

第一步：情景引入，叙事展开。配合历史图片引入有关清漪园、颐和园的历史故事，引导学生进入历史情景，列举出多幅清漪园建园前的原初环境复原图，让学生寻找其中的不同之处。讲述为何会有不同的复原结果，并用史料和考古发现的材料作为论证依据，指出更为接近历史真相的复原图。由此引导学生思考，如何在前人研究基础之上，以科学、严谨的方法进一步探索园林历史？

第二步：对比分析，启发引导。将清漪园建园前的原初环境复原图，与建园后的总体布局图做对比。让学生观察清漪园建园前后在山水格局上的差异，进而结合史料、图纸与地形模型，带领学生分析这些前后差异产生的原因。讲述清漪园建造过程，启发学生对于该园总体规划、选址布局、内容构成进行思考，引领学生领悟清漪园选址、相地、布局的前因后果与内在逻辑。

第三步：细节深入，讨论总结。在对清漪园总体规划认知的基础上，带领学生认识其中的园中之园。选择具有代表性的万寿山后山清可轩为例，通过描述清可轩的历史诗句、摩崖石刻赏析，以及匾额、楹联等来理解古典园林造园意境，并借助史料研究与复原图纸、模型，引导学生利用专业理论来重新认识清漪园清可轩原貌。组织学生就其造园艺术造诣、综合效益与价值进行课堂讨论，总结该园林的历史价值、规划要点、设计精髓。激发学生努力掌握专业知识、传承传统园林精华、建设宜居环境。

5.案例反思

在讲述园林历史、展示园林图景方面，学生普遍关注度较高；但在讲解较为深层的造园理论方面，由于学生储备的专业知识有限，存在不易理解、注意力不够集中的状况。今后将从学生感兴趣的山水造园的选址、相地，造园前因后果分析等方面，着重讲解其中的道理，并增加图示、板书与其他案例的穿插讲解。由此吸引学生的注意力，进而激发学生的学习兴趣，以及传承中国园林优秀传统的热情。

工程伦理一

苏文斌[①] 周延云[②] 张 政[③] 马富银[④] 薛 瑞[⑤]

一、课程思政总体建设目标

工程伦理课程思政育人目标是价值塑造、知识传授和能力培养的辩证统一。通过典型和热点案例引导，深度挖掘和凸显工程伦理课程中的思政元素，将价值塑造、价值引领寓于知识传授和能力培养之中，激发学生科技报国的国家情怀和使命担当，立志做“西迁精神”的新传人和新时代中国特色社会主义事业的建设者和接班人。

以“政理、学理、事理”的辩证统一观念为前提，在该课程的教学设计中深度挖掘和凸显“思政”元素，依据国家指定教材的“通论”和“分论” 进行教学设计，具体而言：通过事理（案例引导），引出学理，得出政理。一步一步、循序渐进，春风化雨、沁人心脾，让枯燥的专业知识和伦理说教显得有声有色、有血有肉；将“案例引导”的教学设计贯穿于课堂专题式授课、主题式开放讨论、作业论文等各个环节；开展多样化主题（例如以责任伦理、公正伦理、环境伦理、工程师职业伦理为主题）的社会实践活动，从而切实达到育人的实效。

二、各个章节课程思政建设目标

第一章 工程伦理导论

1. 工程伦理教育的意义

2. 工程伦理教育的目标

课程思政内容设计：教师通过怒江水利开发工程引导学生思考如何处理怒江人民经济利益和怒江生态保护之间的矛盾关系？经济发展和环境保护应该如何去

---

① 苏文斌，机械工程学院机器人与智能系统研究所教授、博导。

② 周延云，马克思主义学院国外马克思主义研究所教授。

③ 张政，机械工程学院机器人与智能系统研究所副教授。

④ 马富银，机械工程学院装备智能诊断与控制研究所副教授。

⑤ 薛瑞，航天航空学院副教授。

权衡和取舍？引导学生树立可持续发展的理念。本章思政元素的重点在于工程实践的社会性，即立足于普遍联系的系统观点，以政治认同的大局观为指导，协调各利益相关者群体之间的各种社会关系。

第二章 工程与伦理

1. 工程伦理概述

2. 如何理解工程

3. 如何理解伦理

4. 工程实践中的伦理问题

课程思政内容设计：通过交大西迁工程，讲述西迁故事，引导学生感悟“西迁精神”的精髓，触摸冰冷工程中渗透温暖的家国情怀，做“西迁”传人，做新时代责任担当的工程师。本章思政元素的重点在于让学生了解“西迁精神”的内涵，即胸怀大局、无私奉献、弘扬传统、艰苦创业，教导学生传承西迁精神。

第三章 工程中的风险、安全与责任

1. 工程风险的来源及防范

2. 工程风险的伦理评估

3. 工程风险中的伦理责任

课程思政内容设计：通过某大学实验室爆炸事故案例，引导学生思考工程活动中的风险问题和安全红线所在，并思考防范和化解工程活动重大风险的方法。本章思政元素的重点在于引导学生培养化解风险、责任至上的工程伦理观念，即“以人为本”，体恤弱者，让工程风险可接受；勇于承担职业伦理责任和社会伦理责任；人民的安全、健康和福祉高于一切。

第四章 工程中的价值、利益与公正

1. 工程中的价值、利益与公正的概述

2. 工程的价值及其特点

3. 工程实践中的攸关方与社会成本的承担

4. 公正原则在工程的实现

课程思政内容设计：通过云贵大桥工程，结合剑桥博士所发的震撼长文《为何中国政府肯下血本在西方国家绝不做的“亏本买卖”》，引导学生思考：如何在工程决策中坚持正确的政治方向？本章思政元素的重点在于引导学生思考工程价值的政治性和公正伦理，即工程活动不仅仅是人类改造自然的活动，也具有政治性。一国与他国之间的经济活动背后隐藏着政治问题，在任何时空条件下，国家和人民的利益高于一切。

第五章 工程活动中的环境伦理

1. 环境伦理观念的确立及主要思想

2. 工程师的环境伦理

3. 美好生活对环境伦理的新定位

课程思政内容设计：教师通过秦岭违建别墅事件，引导学生高度重视环境问题，在工程设计和实践中自觉遵循环境伦理。本章思政元素的重点在于统筹推进"五位一体"总体布局的国家发展战略。践行绿水青山就是金山银山，人与自然和谐统一，科技、经济和社会三者之间协调发展。

第六章 工程师的职业伦理

1. 工程伦理问题

2. 工程的职业伦理规范

3. 学术伦理问题

课程思政内容设计：通过郑国渠的建造工程案例引导学生认识工程中的爱国敬业精神，培养学生的诚实守信美德。本章思政元素的重点在于引导学生深刻体会社会主义核心价值观。

第七章 机器智能的伦理问题

1. 人类与 AI 能力对比

2. 机器智能与相关伦理安全问题

课程思政内容设计：教师通过疫情防控、犯罪预测、自动驾驶等事件，引导学生以人文本、以技为用的价值理念，这才是工程活动的终极价值所在。本章思政元素的重点在于引导学生思考人类命运共同体价值观。人工智能与全球一体化背景下，凸显科技工作者的家国情怀、科学精神、使命责任与伦理责任。

第八章 产品设计的工程伦理问题

1. 设计伦理的发展性研究

2. 产品设计工程伦理案例

课程思政内容设计：通过现代建筑设计中融入中国传统文化元素案例，引导学生树立文化自信理念，亦可为 2035 年远景目标提出的需求侧改革融入文化自信的元素。本章思政元素的重点在于增强学生中国特色社会主义的文化自信，在产品设计中融入中国文化元素，弘扬文化自信。

第九章 3D 打印的技术发展与伦理哲学

1. 3D 打印技术介绍

2. 增材制造研发团队案例

3. 技术发展与工程伦理哲学

课程思政内容设计：以研发增材制造技术的卢秉恒院士团队为案例，引导学生体会科技工作者的担当、创新、奉献、团队合作的精神，勇担三个面向的责任，投身新时代中国特色社会主义的国家建设中。本章思政元素的重点在于引导学生体会家国情怀、使命担当及科学家精神，即探索未知、追求真理、勇攀科学高峰的责任感和使命感。

第十章 信息工程领域的工程伦理问题

1. 信息工程领域工程伦理案例

2. 信息工程领域工程伦理思考

课程思政内容设计：通过新冠肺炎疫情防控等案例展示，得出我国政府制度优越性的结论，体现在人民利益（人民的安全、健康及经济利益等）至上。本章思政元素的重点在于引导学生体会中国特色社会主义制度自信。我国新冠肺炎疫情防控的胜利，充分展示了社会主义制度的优越性，以及人民利益至上的马克思主义立场。

第十一章 航天航空领域的工程伦理问题

1. 航天航空工程伦理案例

2. "航天精神"和"两弹一星"精神

课程思政内容设计：通过登月波音公司事故案例和共和国勋章获得者孙家栋案例，引导学生学习航空航天领域的一些作出杰出贡献、隐姓埋名数十年的功勋专家，牢记使命，不畏艰难，利用专业知识服务国家、造福社会的事迹，培养学生的时代使命和历史担当。本章思政元素的重点在于引导学生学习"航天精神"，能吃苦、能战斗、能攻关、能奉献；学习"两弹一星" 精神，热爱祖国、无私奉献，自力更生、艰苦奋斗，大力协同、勇于登攀。

第十二章 课程总结；工程伦理宣誓

1. 工程伦理课程总结

2. 工程伦理宣誓

课程思政内容设计：引入学术道德案例和工程伦理宣誓誓词，提升学生在工程实践活动中的伦理自觉、伦理素养和伦理自律。本章思政元素的重点在于引导学生严守职业道德规范，作一个时代新人。

三、课程思政案例展示

（一）案例一展示

1. 案例主题

人民利益至上的价值观——云贵大桥工程的价值、利益与公正。

2. 结合章节

第四章工程中的价值、利益与公正。

3. 案例意义

工程活动不仅仅是人类改造自然的活动，也具有政治性。一国与他国之间的经济活动背后隐藏着政治问题，在任何时空条件下，国家、人民利益高于一切。

4. 案例教学展示

1) 案例描述

国家为了发展西部偏远地区，为了脱贫攻坚和共同富裕，建设了大型基建设施、道路桥梁工程，例如国家投入巨资建设云贵大桥，使云贵偏远地区交通便利，百姓摆脱贫困，人民受益最大，这些工程中的价值、利益与公正需要我们深入思考。

2) 教学方法与教学设计

(1) 教学方法。

本节内容采用案例教学和启发式教学相结合的方式。

(2) 教学设计。

第一步：案例背景介绍。通过《中国政府在云贵贫困地区架起世界级桥梁——云贵北盘江大桥》视频，介绍中国政府对偏远贫困省份地区在基建桥梁道路、通信网络工程等大型工程方面的投资，引导学生讨论这些投资和发展对偏远贫困省份地区所带来的益处，并从内心深处对中国的发展成就感到骄傲自豪。引导学生思考：中国为何要在偏远贫困省份地区建设大型工程？让学生思考工程活动不仅仅是人类改造自然的活动，也具有政治性，并思考工程中的价值、利益与公正问题。

第二步：立足案例，引出理论。授课教师从两方面展开教学：一方面，结合国家近些年在为民生发展、脱贫攻坚方面所作的巨大贡献，重点结合大型民生发展工程案例，为学生介绍工程中的价值与利益，让学生体会到这些成就的取得离不开中国共产党带领全国人民奔赴幸福生活的决心和意志，明确工程价值的导向性、多元化和综合性。另一方面，基于云贵大桥案例，分析公正问题在工程中的表现，提出实现公正的对策，同时引导学生洞察科技工程这种经济活动背后隐藏的价值导向，及社会政治利益问题，深刻理解在工程决策中务必坚持正确的政治方向。

第三步：教师总结提升。作为新时代中国特色社会主义事业的建设者和接班人，学生要为国家为实现全体人民共同富裕和美好生活价值目标所做出的努力而倍感自豪，我们要理解工程的科学价值、政治价值、社会价值、文化价值，同时，工程还具有基本公平原则、公众参与机制、利益机制。

5. 案例反思

通过课堂播放云贵大桥等国家大型利民工程的视频，强调在中国共产党的领导下，人民生活水平不断提高，贫困偏远地区摆脱贫困。

通过对比中国与发达欧美国家的大型利民工程，我们深刻思考两种不同国家面对工程建设中的价值、利益与公平问题的不同选择，引导学生明晰工程活动的自然性和政治性，并在工程决策中坚持正确的政治价值。

这节课使学生深刻认识到国家在改善人民生活水平方面的决心，也体会到共同富裕是社会主义的根本原则。正如习近平总书记所讲的："我们推动经济社会发展，归根结底是要实现全体人民共同富裕。”

(二)案例二展示

1.案例主题

预知并杜绝风险，安全与责任第一：从“12·26”某大学实验室爆炸事故谈起。

2.结合章节

第三章工程中的风险、安全与责任。

3.案例意义

“创新”是我国重要的发展理念之一。对于工程方面的创新，实验往往是发现问题的第一步。这就涉及了实验室安全问题，无论是一线科研人员，还是高校学生，实验安全都是重中之重。保障了科研人员的安全，创新才能平稳有序地进行。

4.案例教学展示

1)案例描述

2018年12月26日，某大学实验室内，在进行垃圾渗滤液污水处理科研实验时发生爆炸，3名参与实验的研究生不幸遇难。经调查，事故原是学生在使用搅拌机对镁粉和磷酸搅拌、反应过程中，料斗内产生的氢气被搅拌机转轴处金属摩擦、碰撞产生的火花点燃爆炸，继而引发镁粉粉尘云爆炸，而爆炸又引起周边镁粉和其他可燃物燃烧，造成现场3名学生遇难。事故调查组同时认定，某大学有关人员违规开展试验、冒险作业，违规购买、违法储存危险化学品，对实验室和科研项目安全管理不到位。

2)教学方法与教学设计

(1)教学方法。

本节内容采用案例教学、讨论式教学和启发式教学相结合的方式。

(2)教学设计。

第一步：案例+讨论。引导学生思考案例中哪些实验风险可以被提前预知？结合本次事故的实验环境，讨论进行该实验的人员应具备哪些技能，包括理论知识、实验知识以及实验室安全知识？基于本次事故的调查结果，讨论哪些人员应该负主要责任？

第二步：案例分析+启发。授课教师结合自身科学实验的经历，或者在实验室参观交流过程中发现的一些安全隐患及采取的安全措施，对学生进行讲授，并让他们结合自己的科研方向，启发学生思考自己在做实验时可能面对的安全风险及相应的补救措施。

第三步：教师总结提升。很多研究生在毕业之后，都会进入科研一线，教师要结合自己与科研单位的交流经验，向学生讲授国家在科技创新方面对科研人员的重视，以及如何在实验安全方面，保障实验人员的生命安全，使科技创新平稳有序推进。

5.案例反思

近年来，从“天眼”探空到“蛟龙”探海、从页岩气勘探到量子计算机研发、从“天宫”到“祝融号火星车”……中国科技创新取得一批“叫得响、数得着”的成果，这些成果是无数科研人员用汗水和无数次实验换来的。授课教师要引导学生，若想做好新时代社会主义事业的建设者和接班人、若想打破西方一些国家的科技封锁、若想使中华民族“强起来”，那么科技创新是重中之重，而作为未来科研一线的主力，提升自己的能力才是当今的首要任务。

(三)案例三展示

1.案例主题

郑国——严守工程师的伦理规范，修建彪炳千秋的郑国渠。

2.结合章节

第六章工程师的职业伦理。

3.案例意义

郑国渠的建成为战国时期秦国的强盛和统一六国奠定了坚实的经济基础。郑国作为水利专家，尽管以韩国间者身份入秦国，但因郑国作为工程师，严守职业伦理规范，从而感动了秦始皇，并以郑国的姓名命名该重大工程。案例为学生树立了极好的正面工程师形象，值得一生去学习。

4.案例教学展示

1)案例描述

郑国渠位于陕西省咸阳市泾阳县王桥镇西北部，地处关中平原中部，北仲山内泾河流域，距离交大创新港71公里车程。郑国渠始建于公元前246年，是在中国历史进程中有深远影响的灌溉工程，它的建成为战国时期秦国的强盛和统一六国奠定了经济基础。2016年11月8日，郑国渠成功申遗为“世界灌溉工程遗产”。“天下第一渠”的郑国渠将彪炳千秋、永驻史册。

2)教学方法与教学设计

(1)教学方法。

教学课件中，导航地图展示郑国渠与创新港的相对位置，图片展示郑国渠的如今面貌，用电视剧《大秦赋》中郑国渠相关视频片段来展示郑国渠修建的主要过程及郑国作为秦国重大工程的技术负责人，如何以实际行动为重大工程的顺利实施不辞辛劳、抗拒韩王的使命、坚守工程师的职业操守？如何处理多方利益冲突，最终完成了“天下第一渠”的伟大工程？

(2)教学设计。

以“工程师职业伦理做得好能有什么现实益处?”为引导,导入郑国渠案例及相关视频资料,引导学生重点思考郑国是如何化解自己面临的困局、如何顺利完成工程的?

最后,以电视剧《觉醒年代》中青年毛泽东论述职业操守的简短视频结束,启发学生思考自己以后面临工程利益困局时应该采用的立场。

5.案例反思

如果有条件可带领学生亲临郑国渠,将有望为他们树立一个工程师伦理的不朽典范。

(四)案例四展示

1.案例主题

共和国勋章获得者孙家栋——中国航空航天奋斗史的原型。

2.结合章节

第十一章航空航天领域工程伦理问题。

3.案例意义

本案例的课程思政融入点为家国情怀。航空航天领域的工程伦理问题是工程伦理课程的重要问题之一,该领域是国家的战略核心发展领域,其装备是全社会都密切关注的核心重大装备,但凡出现事故,代价极高。从事这个领域的相关工作,不仅需要有极高的技术水平,还需要有强烈的家国情怀,心系国家发展。因此,我们把这部分知识和共和国勋章获得者的相关事迹结合起来进行讲解,可以让学生切身体会新中国建设的伟大历史,树立牢固的家国情怀。

4.案例教学展示

1)案例描述

案例一:伦理问题。2018 年 10 月 29 日,一架载有 189 名乘客和机组人员的印尼狮航波音 737 MAX 客机,在起飞 13 分钟后失联,随后被确认在西爪哇附近海域坠毁,机上人员全部遇难;2019 年 3 月 10 日,埃塞俄比亚航空从亚的斯亚贝巴飞往肯尼亚内罗毕的 ET302 航班失事,航班上搭乘着 149 名乘客和 8 名机组成员无一人生还。

一方面,波音公司需承担首要责任。波音公司为了应对动力需求的迅速增长,737 系列客机不得不在原有老平台上“挖潜”,以安装直径越来越大的发动机并不断上移安装位置。737 MAX 在设计过程中对触发条件、应对措施等考虑得并不十分充分。另一方面,美国联邦航空局(FAA)存在监管失职,需承担主要责任。为了帮助波音公司抢占市场,美国联邦航空局把 737 MAX 飞行控制系统的安全评估任务交给了波音。在此背景下，MCAS 没有经过充分的试验验证，就通过了 FAA 的适航认证，对于狮航、埃航这两起重大空难事故，“放水”的 FAA 与既当运动员又当裁判员的波音都难辞其咎。

显然，在这样的事故过程中，如果每个人都坚定人文观念，有强烈的责任感和家国情怀，这样的事故就能避免，就能维护社会的公平正义。

案例二：孙家栋的家国情怀。航天事业的发展与壮大，是所有航天人共同奋斗的结果。孙家栋是我国著名的航天技术专家，是我国人造卫星技术和深空探测技术的开创者之一。他担任东方红三号通信广播卫星、风云二号气象卫星、中巴资源卫星三个我国第二代应用卫星工程的总设计师，主持解决了一系列重大工程技术问题，工程均取得圆满成功。在那个动乱的年代，在那个百废待兴的新中国刚刚诞生的年代，基础建设、教育资源都极度匮乏，甚至温饱问题都没有解决的情况下，孙家栋心系祖国，一心希望学业有成建设祖国。他不计名利、甘于奉献，舍小家为大家，几十年如一日，为祖国的导弹和航天事业奉献青春才华、聪明才智和心血汗水。“国家需要，我就去做”，面对重重危险困难从不退缩，兢兢业业工作在科研一线。

“年过古稀未伏枥，犹向苍穹寄深情。”孙家栋始终坚持国家利益高于一切。从“东方红一号”到“嫦娥一号”，从“风云气象”到“北斗导航”，背后都有他筹谋、忙碌的身影，他将 60 多年的岁月奉献给了中国的航天事业。如今，为了中华民族的航天梦，他仍在呕心沥血、奋斗不息。孙家栋的家国情怀精神值得我们学习、继承并发扬光大。

2)教学方法与教学设计

(1)教学方法。

本节采用案例教学和分组讨论相结合的教学方法。让学生通过案例树立家国情怀，学习“航天精神”。在案例调查和原因剖析过程中意识到专业技能和职业素养的重要性，坚定社会主义国家人民利益至上的政治立场和价值观。

(2)教学设计。

第一步：安排学生课前准备。调查相关案例事故，梳理案例过程，分析事故中的社会公正问题，考虑事故的处理、预防与调查，研究事故的风险防范问题，感悟航空航天领域的伦理规范问题。

第二步：案例切入，知识传授。在安排学生讨论前，先通过讲述代表性的案例和整个航空航天领域的情况，让学生对相关领域的工程伦理问题有一个全面的认识。

第三步：分组讨论，准备 PPT。给定讨论的要点和框架，组织学生开展分组讨论。由于人们对伦理问题的认识往往取决于个人的价值取向，因此，这样的讨论是非常激烈的，也能达到很好的效果。最终大家一般都能达成一个符合社会正义公正的共识，对学生的思想教育起到重要作用。

第四步：学生陈述，教师点评。各组学生展示 PPT，对各组所选择的案例进行工程伦理分析，也展示出各组的集体价值观。教师结合教学目标，对学生的观点进行补充或纠正，可以起到强化作用。

第五步：教师总结。在分组讨论完成后，教师总结教学目标，重新强化案例对学生树立正确的价值观的作用，加强学生对“航天精神”和家国情怀的切身体会。

5.案例反思

在教学中，通过描述正反两个案例，开展分组讨论式教学，对促进学生的知识掌握和提升思想政治觉悟具有显著的意义。一方面，很多学生步入社会后，会从事相关或相似的重大装备开发工作，可以对潜在可能遇到的伦理问题有一个清晰和全面的认识；另一方面，从血淋淋的事故和惨痛的教训中深刻体会树立坚定的人民至上政治信仰的重要性和必要性，增进家国情怀和社会责任感。对学生而言，在意识到自己的社会责任重大后，学习的动力势必会得到增强，培养效果必然也会得到显著提升。

下　篇

医学类

医学人文与实践

刘　昌[①]　张月浪[②]　李雪兰[③]　陈　策[④]　李　研[⑤]

一、课程思政总体建设目标

医学人文与实践是国家级课程思政示范课程。课程采用线上线下混合式教学设计，以培养有“温度”的医生为目标，以提升医学生临床人文态度、人文思维、人文知识、人文技能为核心，将职业规划融入“爱党、爱国、爱社会主义、爱人民、爱生命、爱健康”之中，充分利用医疗服务救治资源挖掘思政元素，丰富并优化课程思政内容，将陕西红色历史文化、西迁精神、抗战精神、科学及奋斗精神、职业素养、健康中国等元素融入教学内容，把马克思主义立场观点方法的教育与科学精神的培养结合起来，提升学生正确认识问题、分析问题和解决问题的能力，使思政教育与专业课程协同融合，提高医学生在本科阶段的医学人文素养，达到立德树人的目标。

二、各个章节课程思政建设目标

第一章　医学人文精神

1. 总论：医学人文概述（线下）
2. 医生的职业规划与职业素养（线上）
3. 白求恩与白求恩精神（线上）
4. 医学人文精神 1（线下）
5. 如何做一名优秀的医学生（线上）
6. 医学人文精神 2（线下）

课程思政内容设计：本章是医学人文的基础性、核心性章节。通过介绍医学人文概述与医学人文精神的基本内涵，使学生深刻地理解医学人文及医学人文精神，

---

① 刘昌，医学部教授、主任医师，医学人文、医学人文与实践课程负责人。

② 张月浪，医学部主任医师，医学人文课程主讲教师。

③ 李雪兰，医学部主任医师，医学人文课程主讲教师。

④ 陈策，医学部副主任医师，医学人文课程主讲教师。

⑤ 李研，医学部讲师，主要研究领域是医学人文教育。

结合抗疫先进人物及抗疫事迹，激发医学生的家国情怀、大局意识，培养他们具有生命至上、举国同心、舍生忘死、尊重科学、命运与共的伟大"抗疫精神"，通过分组讨论，使学生在理解中掌握重点内容；通过院史馆体验式学习及教师对展馆内展品、照片、实物等讲解，使学生真切地体会职业精神并培育和践行社会主义核心价值观；通过教学陈列室实地体验式学习及教师对手绘解剖图谱、症状图片、自制教学用具等展品的讲解，最大程度激发学生主体意识，并能在具体实践过程中不断自我修正，进而激发学生的积极性和创造性，立志为医学事业贡献毕生精力；通过学习白求恩事迹、殷培璞教授事迹，着力培养学生"珍爱生命、大医精诚"的救死扶伤精神。

第二章 医学人文与传播

1. 医学人文与传播1(线上)

2. 医学人文与传播2(线上)

课程思政内容设计：本章的主要内容是介绍医学人文传播的本质、内容、特点。主要采用线上学习的形式，结合某地产妇跳楼事件、某市医生手术室自拍事件、"不打针爷爷"等实际案例，从日常活动中探寻医学人文传播规律，将人文精神贯穿于传播之中，使学生了解人文是"化成天下"的学问，集中体现为重视人、尊重人、关心人、爱护人；学习医学人文与传播，旨在弘扬并传播高尚医德、精湛医术，在润物细无声中让学生对医学、对医生、对医学人文传播有所了解。

第三章 医学人文与沟通

1. TA 理论(线上)

2. TA 理论如何使用(线上)

3. TA 理论在医患沟通中的应用(线下)

课程思政内容设计：本章的主要内容是人际沟通分析理论、P－A－C 模式及医患沟通技能训练。通过选取"术后胸痛""ICU 门前""特殊情况下的互补沟通"等临床典型案例，引入标准化病人，课前在 SPOC 平台上自学，完成测试及预习作业。线下课程是基于线上学习数据分析，采用"案例导入一讲解和补充知识点一引入标准化病人模拟情境沟通一分组练习一小组互评一手机录制沟通视频发至微信群一雨课堂现场投票一评选最佳沟通能手一分享沟通经验一现场点评 "方式，使线上知识与线下实践密切衔接，打破课堂沉默，实现全员参与，使学生在"做中学"和"悟中学"。让学生体会换位思考，学会尊重患者，训练学生团队合作能力、解决问题能力和多学科思维能力。通过模拟医患沟通训练，主动促使医患沟通向互补沟通转变，提升其人文关怀意识，和谐医患关系，践行社会主义核心价值观；通过沟通训练使学生体会到医患角色互换的共情和同理心，敬佑生命，加深对健康中国的理解，树立当人民的好医生的坚定信念。

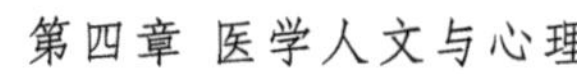

第四章 医学人文与心理

1.病人角色及其转换与适应(线上)

2.病人心理(线上)

3.医生角色与权利义务(线上)

4.心理剧治疗在医学中的实践(线上)

5.医学与心理1(线下)

6.医学与心理2(线下)

课程思政内容设计:本章的主要内容是医患心理特点及理论、戏剧疗法、心理剧疗法。教师通过讲授病人角色适应不良的表现形式及多种教学方法,帮助学生理解心身同治的重要性,使学生能够识别病人角色适应不良的表现并根据病人的心理需要进行人文关怀,使学生认识到一个好医生不仅仅是治疗好患者躯体的病痛,更重要的是对患者的人文关怀及心理状态的恢复与治疗。心理剧治疗是以戏剧的形式,通过当事人具有自发性和创造力的演出,借助与他人互动感应的治疗作用,允许当事人在发生过的、未发生的或不可能发生的场景中,通过扮演新的角色并赋予旧角色以新的生命,从而在舞台上重写自己的人生。在医学专业领域尝试引入心理剧治疗的技术,启发学生,使其深刻认识到患者的心理需要,最大可能地提供人文关怀,强化生命教育,使学生坚定理想信念、培养职业精神及为患者服务意识。

第五章 医学人文与共情

1.临床决策与医患共情1(线上)

2.临床决策与医患共情2(线上)

课程思政内容设计:本章的主要内容是临床决策,共情及医患共情的概念、应用及注意事项。通过线上学习,使学生了解科学的临床决策是在社会一生理一心理的医学模式下,以循证医学思维做指导,并以其证据为主要基础,兼顾并结合经验医学的优势,通过医患共情,增强医患互动,从同一目标的多个方案中选择最优方案的过程;临床决策要求医务人员要有自然科学、社会科学和人文科学的广泛的知识储备。使学生知道临床决策与医患共情是一个实践的过程,是一种能力提升的载体,旨在使学生在临床工作中使用医患共情能力,增强医患互动,使学生能够在临床决策中运用医患共情,可让临床工作充满浓浓的人文味,成为有“温度”的医生。

第六章 医学人文与叙事医学

1.叙事医学1(线上)

2.叙事医学2(线上)

3.叙事医学(线下)

课程思政内容设计:本章的主要内容是叙事医学的特点、平行病例书写方法。

大医精诚，第一是精，因为医道是“至精至微”之事；第二是诚，要有“感同身受的心，大慈恻隐之心”，而平行病历中，医者精湛的医术与兼善天下之心皆可见之。通过对叙事医学及平行病历书写的学习，培养学生共情能力及医者仁心的职业态度，树立正确的“三观”，加深对健康中国的理解，引导学生始终把人民群众生命安全和身体健康放在首位，尊重患者。通过学习叙事医学及平行病历书写技巧，坚定职业信念、强化生命教育、培养职业精神、加强品德修养、增长知识见识、增强应用能力。

第七章 医学人文与技术

1. 医学与美学(线上)

2. 从医学人文角度理解外科皮肤缝合(线下)

3. 医学影像技术与诺贝尔奖(一)(线上)

4. 医学影像技术与诺贝尔奖(二)(线上)

课程思政内容设计：本章的主要内容是医学美学与医学技术的人文性。通过案例和启发式讨论，理解过分追求技术的危害，使学生能够以一种审美的眼光看待世界，能从技术的物质世界中超脱出来，看到一个有温度、温情的世界，世界也会有所不同。提升审美能力，使学生对生活既有敏锐的直观，又有深沉的思考，体验到生活的丰富性和多样性。通过学习本章课程，坚定理想信念、强化生命教育、培养职业精神、加强品德修养、增长美学知识、增强审美能力，提升美学素养。

第八章 医学人文与法学

1. 医师的法律素养1(线上)

2. 医师的法律素养2(线上)

3. 医师的法律素养3(线上)

4. 医学法学概述及案例分析(上)(线上)

5. 医学法学概述及案例分析(中)(线上)

6. 医学法学概述及案例分析(下)(线上)

7. 模拟法庭(线下)

8. 医学热点解析(线下)

课程思政内容设计：本章的主要内容是医师的法律素养、医疗过错构成要件、判定医疗过错的原则和环节。通过线上学习使学生树立法治观念、分辨是非、遵纪守法。线下模拟法庭实践，通过以典型案例的司法鉴定模拟，使学生能够运用相关概念，思考并判断医疗行为的合法性，增强依法行医的意识。使学生能够利用法学知识，对社会不良事件及热点问题进行科学、合理分析与评价，提高学生临床综合素养，使其能严格遵守日常的行为准则、职业规范及职业道德，能树立爱岗敬业的精神并积极践行社会主义核心价值观，用潜移默化的方式将法律知识融入医学学科，从而坚定学生的理想信念。

第九章 医学人文与文学

1.医学与人文(上)(线上)

2.医学与人文(中)(线上)

3.医学与人文(下)(线上)

4.医学与文学的共同研究对象(线上)

5.医学与文学的相通(线上)

6.中国文士的通医传统(线上)

课程思政内容设计:本章的主要内容是医学人文与文学的共同特点及相通相融性。通过大量的古今中外的案例,使学生理解医学与文学是不能背离的,医生和患者的故事应该是人与人之间的故事,不是人与器官的故事。作为医生,眼睛里只有技术是不行的,单纯依赖检验报告学医是危险的。医生要真正关注作为生命个体的患者,一个有思想、有激情、有想象力的医生,在看到人的疾源病理的同时,自然会去洞察人们的灵魂,思索人生的苦难和艰辛,从而实现由医学到文学的切换。“医者仁心”“大爱无疆”,由医而文,正是从肉体的救死扶伤到心灵的关爱和拯救,是一个爱的方式的转换。所以,无论行医还是从文,爱都是医生与作家的共同追求。

三、课程思政案例展示

(一)案例一展示

1.案例主题

疫情大考下的医学人文精神。

2.结合章节

第一章医学人文精神第1节总论医学人文概述。

3.案例意义

本案例的思政融入点:培养学生具有生命至上、举国同心、舍生忘死、尊重科学、命运与共的伟大“抗疫精神”,培养学生换位思考的能力,加深对健康中国的理解。

教师在讲课中,由全国抗击新冠肺炎疫情表彰大会的视频引出疫情大战给我们的启示,通过抗疫先进人物的采访视频及抗疫照片(如钟南山、张定宇等),组织学生讨论,使学生在理解中掌握重点内容,激发学生爱国情怀,使学生具有大局意识,培养其具有生命至上、举国同心、舍生忘死、尊重科学、命运与共的伟大“抗疫精神”。

4.案例教学展示

1)案例描述

以抗疫视频、事迹、方舱医院、疫苗研发过程等为载体,开展小组合作探究式学习，让学生知道抗疫中中国之所以取得了举世瞩目的成绩，源于中国特色社会主义制度，源于“四个自信”，源于我国科学家敢于创新的科研精神。

2)教学方法与教学设计

(1)教学方法。

本节内容采用案例教学、分组讨论式教学和启发式教学相结合的方式。

(2)教学设计。

第一步：案例＋讨论。描述和展示抗疫先进人物的采访视频、抗疫照片，让学生讨论事例中所蕴含的医学人文精神。

第二步：案例分析＋启发。教师讲述身边抗疫真实事迹及陕西省医疗队在抗疫中的贡献，讲述学生身边的老师们在抗疫中的表现，启发学生回想自己在疫情发生时做了哪些事情？引发学生思考为什么全国4.2万最美逆行者，能够做到一方有难，八方支援？讨论作为一名医者，你该怎么做？你的榜样是谁？

第三步：学生再次针对疫情大考下医学人文精神进行讨论，教师总结。人无精神则不立，国无精神则不强。疫情防控中医务工作者所展示出的精神气质是中华民族精神和新时代奋斗精神的缩影，是夺取疫情防控斗争胜利的精神动力，抗击新冠肺炎疫情，是一次危机也是一次大考，是对医学教育的一次大考，更是对医学人文教育的一次大考。疫情大考下医学人文精神主要包括：①爱国奉献精神。奉献小我，至诚报国，把个人梦、家庭梦融入国家梦、民族梦；②科学创新精神。探究真理、勇于进取、忘我献身、不断突破、永不止步；③集体主义精神。一切言论和行动符合人民群众的集体利益，一方有难、八方支援、同舟共济、万众一心；④团队合作精神。大局意识、协同合作、团结一致和服务精神；⑤国际主义精神。对世界各国人民一视同仁，在保持公平、正义的观点下，不存私心地对待本国和他国人民；⑥职业精神。敬佑生命、救死扶伤、甘于奉献、大爱无疆、全心全意为人民服务。

5.案例反思

在抗击新冠肺炎疫情中，医务工作者所展现的崇高精神，经历疫情大考淬炼，弥足珍贵，其深邃的精神内涵不仅要镌刻在战“疫”中，也要体现在日常医疗工作中，更要融入医学教育全过程里。在课堂中学习并讨论这些真实案例是对学生增强“四个意识”、坚定“四个自信”、做到“两个维护”，形成爱国主义价值观教育的生动教材，能够有效激发学生爱党、爱国、爱社会主义的深厚情怀。同时让学生认识到作为一名医者，需要培养自己敬佑生命、救死扶伤、甘于奉献、大爱无疆的精神实质。

(二)案例二展示

1.案例主题

体验式学习——交大一附院院史馆、教学陈列室。

2.结合章节

第一章医学人文精神第4节医学人文精神1(线下)。

3.案例意义

本案例的思政融入点:引导学生树立全心全意为人民服务的信念,弘扬职业道德,尊崇医德修养,不忘初心、牢记使命。

本案例通过体验式学习交大一附院院史馆及教学陈列室,使学生能够准确表述西迁、抗战迁陕及老一辈医务工作者的无私奉献精神与自己作为一名优秀医学生应该具备的责任感和使命感的关系,使学生能够理解大医精诚、大爱无疆、敢于牺牲、甘于奉献的新时代精神的内涵,增强职业荣誉感和价值成就感。

4.案例教学展示

1)案例描述

带领学生到交大一附院院史馆开展体验式学习及老师对展馆内展品、照片、沙盘、视频、实物等详细讲解,使学生真切地体会到培育和践行社会主义核心价值观。通过实地体验式学习教学陈列室及老师对馆内手绘解剖图谱、自制教学用具、手绘临床病人症状图等展品的讲解,最大程度地激发学生主体意识,使学生能够在具体实践过程中不断地自我修正,进而激发学生的积极性、创造性及愿意为医学事业贡献毕生精力的决心。

2)教学方法与教学设计

(1)教学方法。

本节内容采用体验式学习教学法和案例教学法相结合的方式。

(2)教学设计。

第一步:体验式学习+讲解+案例。教师介绍孙思邈的大医精诚,希波克拉底誓言,交大一附院的院训、精神、创新成果、学科建设及人才培养等,重点介绍抗战迁陕经历及交大一附院人在国家危难之际所作的贡献。通过对这些历史的学习,让学生了解抗战迁陕精神精髓(兴医强国、艰苦奋斗、精勤育人、救死扶伤)及“西迁精神”的核心和精髓;通过讲述我院医务工作者在重大公共卫生事件中的表现,让学生体会命运与共及伟大的“抗疫精神”,使其深刻理解“四个自信”“两个维护”和热爱人民的内涵。

第二步:体验式学习+讲解+案例+启发。在医学教育展区,教师详细介绍院校教育、毕业后教育及继续医学教育等内容,使学生了解医院是医学人才培养的重地,医生肩负着医学教育大任。在名师汇聚展区,通过对五位老师(张铝重、王秉正、钱致中、陈向志、杨鼎颐)的重点介绍让学生了解医者仁心、精益求精的精神;在师资队伍的建设展区,主要介绍医院的师资队伍及优秀团队,通过观看教案让学生感受各位老师爱岗敬业的精神;在教学平台展区,重点介绍以前的教学图片及幻灯片，通过观看手绘教学图片和教学幻灯片让学生体会老师们精益求精的探索精神；在教学成果展区，重点介绍柜台中的录像带、20 世纪 70 年代针刺麻醉下心脏直视手术，让学生观看实物展示，医院获奖奖牌、获奖老师证书等，通过实物展示学习老一辈人在艰苦条件下的科学精神、创新精神；在医者楷模展区，通过对四位老师（殷培璞、张同和、孟绍菁、史尔丽）的介绍，让学生感受艰苦奋斗、无私奉献、医者仁心的精神，同时引发学生思考为什么这四位老师能在平凡的岗位中做出不平凡的贡献？

有限的教学陈列室无法详尽记叙每一段光辉岁月，也无法完整展现每一位为医学教育默默奉献的先贤前辈。但是，前辈们的精神会一直激励每一位医学生在医学的道路上不畏艰辛、砥砺前行。

5. 案例反思

本案例充分利用教学资源，结合我院发展历史及医学教学方面取得的成绩，发挥教学载体育德功能，通过体验式实践教学，加深学生对健康中国的理解，强化榜样的力量，使其树立当人民的好医生的坚定信念。

（三）案例三展示

1. 案例主题

叙事医学及平行病历书写。

2. 结合章节

第六章医学人文与叙事医学第 3 节叙事医学（线下）。

3. 案例意义

本案例的思政融入点：培养学生共情能力及医者仁心的职业态度，树立正确的“三观”，加深对健康中国的理解，引导学生始终把人民群众生命安全和身体健康放在首位，尊重患者。

通过临床案例讲述叙事医学的要素及平行病历书写，并分组讨论平行病历的必要性，训练学生书写平行病历的思维方式，使学生掌握书写平行病历的技巧，提高书写平行病历的能力，培养临床思维能力，坚定理想信念、强化生命教育、培养职业精神、加强品德修养、增长知识见识、增强应用能力。

4. 案例教学展示

1）案例描述

在叙事医学概述讲解中，以习近平同志关于人民健康的重要论述以及“健康中国”战略作为思政元素，用唯物辩证法分析人民健康现状与问题的解决、“健康中国”战略顶层设计与重点推进等问题，使学生正确认识医患矛盾，引入学习叙事医学在培养医学生换位思考、医患共情、仁心仁术及构建和谐医患关系中的重要性。

在平行病历(人文病历)讲解中,引入 SP(标准化病人),扮演一位贫困家庭高龄双胎合并前置胎盘的妊高征产妇,通过对该产妇受孕、就医、抢救的"心路历程"分析,阐述撰写人文病历的第一要素是"关注",教育医学生不能只见病不见病人,应关注病人身体、病人故事(社会家庭、心理情感和精神健康等)。以"健康扶贫"为思政元素,坚定"四个自信"和爱党、爱社会主义的信念;结合成功抢救、母子平安,启迪医学生敬佑生命、救死扶伤的责任感和使命感,以及追求精益求精的科学创新精神。

2)教学方法与教学设计

(1)教学方法。

本节内容采用案例教学法、标准化病人引入与角色扮演教学法,以及分组讨论教学法相结合的方式。

(2)教学设计。

第一步:案例+讨论。教师在对临床案例进行描述和展示后,让学生们分组探讨作为医生你会怎样和患者进行沟通?如何给她制定合适的治疗方案?并陈述理由。

第二步:案例分析+标准化病人+角色扮演。教师以真实临床案例为脚本,邀请标准化病人参与,请同学们扮演接诊医生。让学生在角色扮演中思考:①接诊这名患者时,给你的最初感受是什么(年龄、重男轻女、固执)?②她自己得病后的恐惧、痛苦,你是否能够感受到?③医生的同情心在哪里表现?④我们要坚持原则,还是听她的?

第三步:教师总结。如果说每个医生心中都有一座墓碑,可能平行病历就是最好的墓志铭。本次课程通过临床案例,讲述叙事医学的要素及平行病历书写,并分组讨论平行病历书写要点及方式,训练学生书写平行病历的思维方式,提高学生书写平行病历的能力。

5.案例反思

本案例以选取的典型临床叙事医学案例为主线贯穿始终,引入叙事医学的概念、叙事医学的三要素、叙事医学的三个焦点,重点讲授技术病历与平行病历的区别,通过案例分析、小组讨论、角色扮演等教学方法讲解书写平行病历的方法和技巧。塑造医学生能够感同身受地理解、解释、回应患者患病故事及困境的技能,以及对患者的价值观产生共情的能力和自我行为的反思能力,提高医学生对现代医学职业精神以及职业能力要求的适应性,坚定其从事医疗工作的责任意识,使其深刻理解医学是富有人性且充满温情及感情的科学。

临床医学导论

马肖容[①] 王 瑾[②] 巩守平[③] 屈育莉[④] 沈 华[⑤]

一、课程思政总体建设目标

以“立德树人”为根本，对标“实施卓越医生教育培养计划 2.0 意见”，围绕“健康中国 2030”战略实施，遵循临床医学教育规律、思想政治工作规律和卓越医生成长规律，在医学生进入临床学习前期阶段，主要采用思政教育与专业教学协同前行、价值情感与临床责任密切结合、医德素养与知识能力融会贯通等理念，课程重构对标目标、全科医学深入社区、临床实践见习体验、社会服务责任担当；通过课程讲授、小组讨论、临床见习、案例分析、床旁体验、基地实践、志愿者服务等形式多样的教学方法，传承三种精神（西医抗战精神、西迁精神、伟大抗疫精神）、坚守四个信念（职业使命、主动作为、社会担当、无畏奉献）；建立思政教育和专业教学双轨并行的临床导论思政模式和聚焦四度（职业素养、岗位胜任、“三全育人”“五育并举”）的实践教学育人格局，实现医学知识、临床能力、综合素质并重，全员、全过程、全方位齐驱，德智体美劳共举的医学人才培养目标。

二、各个章节课程思政建设目标

第一章 职业素养与医学情怀

课程思政内容设计：深挖临床课程思政元素，设计匹配专业特点的思政教育模型。①显性思政教育：创建系列临床教育在线思政 MOOC、微课，如西迁传承、逆行抗疫、家国情怀、职业奉献、使命担当、医患共情等主题。②隐性思政教育：在专业主干课程中，建设融合课程思政与专业课程的系列主题示范案例，如科技创新、医工结合、人工智能、互联网＋，以及相关哲学、文学、艺术等，拓宽知识、深化融合，

---

① 马肖容，医学部医学博士，主任医师，教授，研究生导师，主讲陕西省一流课程。

② 王瑾，医学部医学博士，主治医师，主要负责多项省校级教改项目。

③ 巩守平，医学部医学博士，主任医师，教授，博士研究生导师。

④ 屈育莉，医学部医学硕士，负责早期接触临床、长学制教学和教学改革研究等管理工作。

⑤ 沈华，医学部主任医师，硕士生导师。

并引领推广，逐步形成系列成果。

第二章 叙事医学与医学人文

课程思政内容设计：聚焦临床岗位胜任能力，创建职业素质鲜明的医学人文模式。①创新应用叙事医学和平行病历教学方法，建立多层次角色互换式教学模式，提高医学生人文关怀、沟通表达、交流技巧的全面素质，有助于减少医患矛盾、规避医疗纠纷，培养有“温度”的人民信赖的临床医生。②通过家庭医生签约服务、公共卫生体系建设、慢病妇儿预防保健等社区临床教学实践情景教学，提高学生崇尚尊重生命、热爱医学、关爱病患、崇尚科学的职业操守。③开设早临床、多临床、反复临床特色讲堂，如医患沟通技巧、应对与适应技能、团队协作、人文教育、医德素养等专题培训，培养医学胜任力完备的卓越医生。

第三章 全科医学与社区实践

课程思政内容设计：重构社区实践课程体系，建设“三全育人”医学思政红色教材。

①建设社区教学专用病房，设立一对一全程全员社区导师制，整合所有基层社区病患资源，以患者为中心，以学生为本，让学生由近及远、由表及里，在扎实的实践锻炼和社会服务全方位上，把家国情怀自然渗入课程方方面面，实现润物无声的效果。②教师也是援鄂抗疫的医生，结合亲身抗击新冠肺炎疫情的真实病例，以典型案例、叙事医学、抗击疫情、驰援武汉为蓝本，以抗疫文集、电子图书、媒介视频为载体，建设思政特色鲜明、传承“西迁精神”的医学思政多媒体立体化教材。

第四章 岗位胜任与临床技能

课程思政内容设计：践行立德树人教育本质，达成“五育”并举、全面发展的育人目标。①补足校内教育中有关公共卫生、全科医学、社会服务、预防保健等弱项内容，培养学生的临床创新意识、科研思维及钻研素质。②探索以社会实践为核心、以社区锻炼为基础的自助式协作共管模式。倡导学生积极参与青年讲堂、科普宣讲、志愿服务等活动，将医学职业情怀、临床技能历练、责任服务担当等育人目标自然融合。③开展丰富多彩的思政教育第二课堂，遴选“课程思政示范岗”、成立“思政教育宣讲团”、开设“道德、人格修养”课程、开展“体育、美学、艺术”通识课程，讲好战“疫”故事、传承“西迁精神”、弘扬爱国主义、深植医学情怀。将学生培养成品德高尚、意志坚定、专业过硬、体魄强健、情感温暖的新时代青年。

三、课程思政案例展示

（一）案例一展示

1. 案例主题

基于思政品德的新时代医学生职业素养的培养。

2. 结合章节

第一章职业素养与医学情怀。

3. 案例意义

将爱国主义、思政教育、医学情怀、实践能力等培养目标融入临床医学专业素质教育各环节中，通过新课程、多形式、全方位、一对一的医德素养及岗位认知、职业奉献、能力技巧等教育，培养关爱患者、敬畏生命、服务健康、无私奉献的医学职业素养。

4. 案例教学展示

1）案例描述

育人为本，德育为先。思政教育帮助医学生树立正确的人生观、价值观、荣辱观，职业素养教育则培养医学生崇高的职业精神和多元化的人文素养，强化学生的道德修养、仁爱精神和职业奉献，对于培养符合时代需求和百姓需要的有“温度”、有能力、尚德尚医的合格医生至关重要。

2）教学方法与教学设计

(1)教学方法。

课堂讲授＋实践演练＋小组讨论。建立职业使命担当、医学人文实践、临床思维培养、医学思政实践、临床课程思政等系列思政方法，开展社区调研、基层诊疗、科普义诊、志愿服务等系列思政实践，将思想品德教育融入职业素养、临床能力中，实现双向贯通。

(2)教学设计。

①以儒家孔子、道家老子及《千金方》《伤寒论》等传统文化和古代医家典范培养学生尊重生命、仁爱恻隐、平等关怀、德高术精的品行。②邀请老一辈医学专家进入本科生讲堂，以亲身事例讲述医者情怀、专业追求、奋斗奉献、服务人民，具有强烈的时代感召力和职业精神。③援鄂抗疫一线医生以驰援武汉、逆行抗疫、人民至上、主动担当、尊重生命、无私奉献、听党指挥、家国情怀的亲身经历和感人事例，讴歌医务工作者传承“西迁精神”、护佑人民健康的高贵品质，分享在新时代医学生如何培养社会责任感和职业使命感。

5. 案例反思

进一步挖掘时代思政元素，辅以贴切恰当的临床例证，增加学生的代入感，提高学以致用的效果。

(二)案例二展示

1. 案例主题

以医患共情与叙事医学为基础，培养学生的医患沟通技巧与临床能力。

2. 结合章节

第二章叙事医学与医学人文。

3. 案例意义

学习先进的叙事医学知识，在教师指导下通过医患共情和沟通理解，尝试书写平行病历，通过书写患者叙说的故事，学会倾听、学会安慰、学会同情、学会关爱、学会在灵魂深处与病人相遇，学会构建和维护医患和谐共同体，也学会树立正确的生命观、大健康观、大医学观。

4. 案例教学展示

1）案例描述

以叙事医学为理论基础，选取典型病例，围绕疾病叙事研究内容，通过医患沟通、医患共情，学习临床知识、沟通技巧、人文关怀、病历书写，提升“叙事、伦理共情、临床诊治、人文传承能力甚至发现研究新视角”的综合能力。养成书写叙事医学平行病历的习惯，有助于培养合格医学生关爱病人的综合素养。

2）教学方法与教学设计

（1）教学方法。

临床见习＋案例分享＋活动体验。以叙事医学为抓手，在学校、医院、社区三层次平台见习典型病患。通过学习书写有代表性的、有“温度”的平行病历，培养医患共情、医患沟通能力。通过师生实践体验、病例分享，提高岗位胜任力认知和医学人文素养培养。

（2）教学设计。

①见习并参与医院门诊、内科病区、外科急诊、手术访视等医疗活动，由教师一对一带教，医学生跟班深入真实医疗环境，感受职业素养、岗位胜任、医患共情、人际沟通、团队协作等，培养以患者为中心的诊治理念、尊重科学的创新意识、重视实践的岗位能力、严谨求实的态度作风。②援鄂抗疫国家医疗队利用驰援武汉医疗队生动丰富的团队精神资源、专业学术资源、临床救治资源、思政教学资源，以精选的疫情救治真实、典型病例为题材制作叙事医学平行病历教程，讲故事、讲共情、讲沟通、讲情怀、讲思政，体现“立德树人讲好抗疫故事、岗位胜任扎根西部建设、学术创新建设一流高校、奉献祖国传承‘西迁精神’”的医学教育特色，也是实践教学课程思政创新特色。③在早期接触临床、临床课程学习、通科实习实践等三个阶段，分别进行不同侧重的平行病历书写培训，按照“细读—关注—共情”三步，充实平行病历教学素材、挖掘平行病历叙事方法、整合平行病历课程资源、加强平行病历系列教学。

5. 案例反思

叙事医学教学对于医患沟通技巧和医学人文教育非常重要，因诸多原因，目前在我国临床医学本科生、研究生课程体系中均尚不完善，是未来推进医学课程思政教育改革中，需要填补的研究领域。

（二）案例三展示

1. 案例主题

早临床早实践早社会，去基层进社区树立大健康观。

2. 结合章节

第三章全科医学与社区实践。

3. 案例意义

让校内的在线教学、混合教学、翻转课堂、创新课堂等新型教学方法走出教室、走进社区，利用现有的国家级百强社区和全国先进社区医生教学资源，优势专业互补，提高管理质量，打造优质大学生社区医疗实践教学基地。树立“大健康、大卫生”理念，把人民健康放在优先发展的地位，全面实施健康中国战略。

4. 案例教学展示

1）案例描述

构建以生命全周期理念、全科医学基础为核心的社区医疗知识体系和实践教学体验模式，将预防、保健、诊断、治疗、康复、健康管理等六方面全周期大健康知识贯穿于课程体系之中，培养医学生了解社区医疗知识、熟悉基层诊疗规范、掌握临床基本技能，理解社会百姓需求的服务意识、医学担当和服务能力。

2）教学方法与教学设计

（1）教学方法。

社区医疗＋熟悉基层保健＋建立全科观念。建设社区教学专用病房、设立一对一全程全员社区导师制，整合基层社区病患资源，以患者为中心，利用社区医疗特点，特别是对疫情防控公共卫生的贡献和作用，让学生由浅入深、由表及里，通过扎实的实践锻炼和全方位基层体验，深刻认识服务人民、守护健康是临床医生的责任和担当。

（2）教学设计。

①通过我校签约的大学生校外实践教育基地、国家级百强社区和国家级规培基地，开展一对一带教跟随医疗实践活动，培养学生“三全两观一模式”，即“生命全周期、健康全过程、服务全方位”“生物—医学—社会观和医学人文观”“全科诊疗思维模式”，做百姓健康的守护人。②将社区医学与思政教育相结合，弘扬“西迁精神”，培养艰苦奋斗精神，到人民群众中去，到祖国最需要的地方去，扎根西部、坚守使命，为服务人民卫生事业奉献医者情怀。做坚定理想、脚踏实地、奋斗拼搏、无私奉献、可信赖、有“温度”的卓越医生。③建立学校—附属医院—全科社区全方位、

多阶段实践平台，实施本科教学“三早”（早临床、早科研、早社会）、“三临床”（早临床、多临床、反复临床）贯通式、递进式临床实践教学新机制，通过社区实践“小切口”、临床能力“微手术”，实现为国育人“大格局”。

5.案例反思

在医学教育本科阶段建立了“大学课堂教学—附院临床实践—社区医疗服务”一体化、三阶段、全方位的教学与育人平台，通过思政教育使学生了解社区医疗需求、服务基层百姓、坚定理想信念，学校与社会形成合力，培养新时代卓越医学人才。在社区师资培养、课程思政体系、实践教学改革等方面研究仍需深入。

局部解剖学

冯改丰① 靳 辉②

一、课程思政总体建设目标

局部解剖学是医学专业基础课程，64 学时，2.5 学分，主要面向临床医学专业本科生开设。

局部解剖学是研究正常人体各区域内结构的位置、毗邻、层次关系及其临床应用的科学，是基础医学与临床医学之间的重要桥梁课程。教学包括理论授课和实验操作两部分。

本课程通过学科发展历程中的关键人物及其事迹，培养学生重视实践，尊重事实的辩证唯物主义世界观；通过遗体捐献相关的事例和活动，培养学生以人为本、无私奉献的大爱精神；在学习不同局部解剖时，通过相关的医学或解剖学的名人轶事，培养学生爱国爱岗、听党号召、敬业奉献的品行；实验课中通过分组合作进行尸体解剖操作，培养学生团结协作的能力，强化集体观念和团队精神；通过学习和观察人体结构的正常与变异，强化尊重事实、重视实践、一切从实际出发、理论联系实际、实事求是的辩证思维；通过学习人体局部与整体的关系，理解个人与集体、个人与国家的关系。

二、各个章节课程思政建设目标

第一章 绪论

1.解剖学发展史——突破、创新

2.局部解剖学学习方法——重视实践(解剖操作)，重视理论与实践的结合

课程思政内容设计：人体解剖学是一个特殊的学科，其解剖、研究的对象为人体，因而学科的发展曾受到宗教、世俗观念的影响和制约。通过讲述人体解剖学的发展史，尤其是被誉为“现代解剖学之父”的维萨里对解剖学的贡献及经历，让学生

① 冯改丰，医学部基础医学院副教授，主要研究领域是高等医学教育、中枢神经系统疾病的发病机制和治疗。

② 靳辉，医学部基础医学院副教授，主要研究领域是高等医学教育、中枢神经系统疾病的发病机制和治疗。

明白解剖学中的每一次重大突破，都是先辈们在实践观察的基础上对传统理论进行的验证和质疑，提出的新见解，即使受到抵制甚至迫害，也坚持真理，不屈服、不放弃。本课程的辩证唯物主义的世界观为重视实践、尊重事实，具体而言就是要让学生重视尸体解剖，善于观察，验证理论知识。

在科学不发达的时代，受宗教、迷信等因素的影响，学习和研究解剖学受到很大的限制，而今天，学生能安静地、无忧无虑地学习解剖学，得益于社会的安定、国家的富强和时代的进步。同时，也应该看到，国际的一些反华势力，通过发达的网络，对国内进行思想意识渗透，学生要保持清醒的头脑，明辨是非，自觉抵制不良思想的干扰，正确理解社会中的一些不足。应该看到祖国的繁荣、社会的安定、科技的巨大进步、人民生活水平的逐年提高，我国在国际社会中的影响日益增大、地位日益提高。旨在培养学生的爱国情怀和民族自豪感。

局部解剖学的实践操作是在理论指导下的人体解剖。用于解剖学实验教学中的人体主要来源于遗体捐献。课程通过对遗体捐献的了解、缅怀纪念活动，领悟和学习遗体捐献者的奉献精神、大爱精神。

第二章 下肢解剖

1. 下肢的境界、分区和主要功能

2. 下肢各局部的层次、重要结构及解剖操作

课程思政内容设计：下肢的主要功能是支持体重、进行稳定而精准的随意运动。完成每一个运动，均需要骨、关节、肌肉、神经、血管等不同结构的有效配合，其中任何一个结构出现问题，都难以完成精确的运动。学习时，体会在一个动作执行过程中，神经传递指令，引起骨骼肌收缩，牵拉骨围绕关节产生运动，同时动脉提供营养和氧气，静脉将血液回流。各个结构形成团队，分工协作，共同完成运动。

下肢解剖是局部解剖学的第一次实验课，在实验课开始前举行迎接“大体老师”仪式，默哀、鞠躬；告诉学生每次解剖操作之前，要对“大体老师”行礼致敬，操作时要尊重“大体老师”，珍惜实验的机会；在课程结束时举行“大体老师”的告别仪式。通过这些仪式，让学生牢记“大体老师”的奉献精神和高尚品格。

解剖操作前要做好分工，通常 4 人一组，一人主刀解剖，其他几个人负责协助暴露解剖区域、阅读解剖指导、查看解剖图谱。下次操作时，组内成员分工轮换，保证每人有操作机会。各人操作区域不同、结构复杂程度和解剖难易程度不等，但应相互理解、精诚团结，共同完成解剖学学习任务。让学生明白，大到一个国家、一个单位，小到一个班级、甚至一个学习小组，工作中需要团队，团队中需要分工协作。目前的大学生，绝大多数为独生子女，从小受父母、祖父母的多重关爱，常常以自我为中心，缺乏团队合作的意识。通过局部解剖学解剖操作，培养协作精神和能力。教师按小组评价解剖操作优劣，激发学生的团队荣誉感。

第三章 上肢解剖

1. 上肢的境界、分区、主要作用

2. 上肢各区域的层次、结构及解剖操作

课程思政内容设计：上肢的主要功能是进行灵活而精准的随意运动，是人类使用工具、进行劳动的主要结构。通过比较上肢与下肢的骨、关节和肌的数量、形态，理解人类的上肢是在长期的进化过程中，由于人类的直立行走演变而来。通过学习，强化学生辩证思维，理解形态与功能的统一，用进化发展的眼光看待问题。

通过上肢的学习和观察，培养学生科学的思维方式：人体每个器官都有其特定的功能，器官的形态结构是功能的物质基础，功能的变化影响器官形态结构的改变，形态结构的变化也将导致功能的改变，这就是形态和功能相互制约的观点。如四足动物的前肢和后肢，功能相似，形态结构也相仿。要用进化发展的观点看待人体的上肢和下肢。在远古时代，随着直立行走，人类的手从支持体重中解放出来，逐渐成为运动灵活的劳动器官，肌肉纤细而数量增多，骨骼和关节变小；而人的下肢在维持直立行走中逐渐发育得比较粗壮。加强锻炼可使肌肉发达，长期卧床可使肌肉萎缩、骨质疏松。

第四章 头部解剖

1. 头部的境界、区分（颅、面）

2. 头部的重要结构：面部层次结构、腮腺、颅顶和颞区层次结构、颅腔、脑

3. 头部的解剖操作

课程思政内容设计：头部是人体重要的结构，包括多个重要器官，如被称为"人体活动司令部"的脑、被称为"心灵窗户"的眼。因此，头部是人们极力保护的部位。在以前，杀头是剥夺个体生命最严厉的方式之一。引导学生思考、讨论：为什么有人能够为了他人，抛头颅洒热血？引导学生做有理想、有抱负之人，要有为了正义、真理而献身的精神。

头部包含的另一个重要部位是面部。面部除了是重要的个体识别部位外，也是人类情绪和情感显示的窗口，还有一个重要的社会效应——脸面（面子）。什么是脸面（面子）？如何看待？引导学生讨论：做有益于国家、社会的事，为人民服务，取得成绩，就是"有脸面"；干违法乱纪、损人利己之事，或做表里不一的"两面派"就是"丢脸"。培养学生正确的人生观和价值观。

第五章 颈部解剖

1. 颈部的境界区分

2. 颈部的重要结构：颈动脉、颈静脉、甲状腺、气管、食管等

3. 颈部的解剖操作

课程思政内容设计：甲状腺是位于颈部的重要内分泌腺体。其位置、形态和毗邻、血供是解剖学和临床手术的重点。但甲状腺的形态常有变异。通过学习甲状腺的形态类型，强化辩证唯物主义世界观——正常与异常。人体解剖学所描述的

器官形态、构造、位置、大小、血液供应、神经配布均指在统计学上为绝大多数人的情况(正常状态)。“正常”与“异常”是相对的。器官的大小、血管神经的粗细等均因人而异,与人的身高体重、体质等多种因素相关;同一人体的左、右侧也存在差别。我们不能要求解剖操作中观察到的结构与教材描述完全一致,就像我们在临床诊治中,不能要求患者按照教科书生病一样。

第六章 胸部解剖

1.胸部的境界与分区、体表标志

2.胸部的重要结构:胸壁的层次结构、胸膜和肺、纵隔

3.胸部结构的解剖操作

课程思政内容设计:胸部是呼吸运动的主要部位,也是呼吸器官——肺和胸膜的所在地。在学习肺和胸膜时,引入呼吸系统重大疫情(2003 年的非典型病原体肺炎、2019 年开始的新冠肺炎)进行课程思政。让学生看到,面对突如其来的重大灾害,广大医务工作者逆行而上,留下最美的背影,疫情得到了快速有效的控制。钟南山等医学工作者为国家、为人民,不计个人安危、奋勇向前的高尚情怀,是学生们学习的榜样。

学习习近平总书记在全国抗击新冠肺炎疫情表彰大会上的讲话:“在这场同严重疫情的殊死较量中,中国人民和中华民族以敢于斗争、敢于胜利的大无畏气概,铸就了生命至上、举国同心、舍生忘死、尊重科学、命运与共的伟大抗疫精神。”

通过我国与西方国家,尤其是美国的防治措施和实施效果的比较,让同学们讨论并体会中华民族的团结一致、万众一心、令行禁止、分工合作的优秀品质。提升学生的民族自豪感和爱国情操。

第七章 腹部解剖

1.腹部的境界与分区、体表标志

2.腹部的重要结构:腹壁的层次、结构,腹膜和腹腔器官

3.腹部结构的解剖操作

课程思政内容设计:在腹部,腹壁层次是学习和操作的重要内容,与临床手术切口选择密切相关,引入医学前辈裘法祖的感人事迹进行思政。裘法祖是中国现代普通外科的主要开拓者,肝胆外科和器官移植外科的主要创始人之一,被誉为“中国外科之父”。裘法祖早年在德国学医,担任外科主任。抗日战争胜利后,裘法祖放弃舒适的生活,带着家人回到了祖国,受聘于同济大学医学院。其手术刀法以精准见长,被医学界称为“裘氏刀法”。他医术精湛,医德高尚,对患者高度负责,从医 60 余年,施行手术无数,未错一刀。就在去世的半个月前,94 岁高龄的裘法祖还在为汶川地震伤员会诊。其高超的医术、严谨的作风、无私奉献的精神,是科技界、医学界的楷模。

在学习肝脏时,引入医学前辈吴孟超的感人事迹进行思政教学。吴孟超院士

是我国肝脏移植的先驱，对肝脏内错综复杂的管道系统了如指掌，吴老医术精湛，淡泊名利，一切为了患者，虽已高龄依然坚持在手术一线，医德医风深受医疗同道和患者的高度赞扬。培养学生爱国、爱岗、重才、重德的品质。

第八章 脊柱区解剖

1. 脊柱区的境界、构造

2. 脊柱区的解剖操作

课程思政内容设计：脊柱既是人体的重要支撑和运动结构，也是人类骨气的象征。引入民族英雄和爱国人士为正义、为国家民族利益“宁折不弯”的感人事迹，培养学生的正义感和世界观；在影视作品、现实生活中常听到的“大丈夫能屈能伸”，该如何理解？引导学生思考：能屈能伸，为谁屈，为谁伸？学习讨论鲁迅的“脊梁”（“横眉冷对千夫指，俯首甘为孺子牛”）；李继硕的“脊梁”（桥梯精神：弯下来是桥，伸直了是梯，帮助他人通行、进步）。

三、课程思政案例展示

（一）案例一展示

1. 案例主题

尊重事实、重视实践，不迷信、不盲从。

2. 结合章节

第一章绪论、第二章下肢解剖、第三章上肢解剖。

3. 案例意义

本案例通过解剖学发展史中的关键人物和事例，强调科学的发展进步是在重视实践、尊重事实的基础上，通过刻苦努力而来，有时甚至需要和世俗力量、宗教迷信做斗争。培养学生重视实践，不迷信、不盲从的辩证唯物思想。

4. 案例教学展示

1）案例描述

解剖学发展史中的关键人物及其影响。

人物 1

王清任（公元 1768—1831），字勋臣，我国清代医学家。在临床实践中，王清任发现“古人脏腑论及所绘之图，立言处处自相矛盾”。感觉到中医解剖学知识不足，认为“治病不明脏腑，何异于盲人夜行”。为了明确人体结构，他不畏世俗的忌讳和偏见，亲自观察尸体 30 多具，于 1830 年著成《医林改错》。该书对经典医书中的多处错误进行了纠正，如人体非三个体腔（三焦），而是由膈膜分为胸、腹两腔；肝不是七叶，而是四叶；胆附于肝右第二叶等。此外，通过实际观察，他精辟地论证了思维产生于脑而不在心："两耳通脑，所听之声归于脑，……两目系如线，长于脑，所见之物归于脑，……鼻通于脑，所闻香臭归于脑……"，这些描述与现代解剖学及生理学观点基本一致，为祖国医学和解剖学作出了卓越贡献。

人物 2

安德烈亚斯·维萨里（Andreas Vesalius，公元 1514—1564 年），医生、解剖学家，近代人体解剖学的创始人。

1533 年，维萨里进入巴黎大学学习医学。在那里，他开始对解剖学产生了浓厚的兴趣，但在宗教盛行的 16 世纪，欧洲许多国家禁止人体解剖。为了研究人体构造，维萨里经常在深夜里从公墓偷回犯人的尸体，进行解剖。

维萨里在解剖人体时发现医学权威盖伦的许多观点是错误的。1543 年，他发表了划时代著作《人体构造》。在这部著作中，维萨里纠正了盖伦关于肝、胆管和子宫等 200 余处解剖结构的错误，较系统地记叙了人体各器官系统的形态和构造。由于对解剖学的巨大贡献，他被誉为现代人体解剖学的奠基人。

在维萨里之前的 1000 多年里，盖伦的《医经》是西方医学的权威巨著。盖伦认为身体是灵魂的工具，这一学说与基督教教义相符，他的权威性因此得到了教会的支持。维萨里用解剖结果证实了《医经》和《圣经》里的一些说法是错误的，虽遭到教会的迫害，但始终坚持正确的观点，至死不渝。

人物 3

威廉·哈维（William Harvey，公元 1578—1657 年），英国医学家，提出了心血管系统是封闭的管道，创建了血流循环学说。哈维发现的血液循环，遭到了教会和保守势力的反对和攻击。但是哈维毫不气馁，通过人体和动物实验，用铁的事实证实血液循环的正确性。

2）教学方法与教学设计

（1）教学方法。

本节内容采用启发式教学、案例学习与讨论的方式。

（2）教学设计。

讲授局部解剖学的概念，比较其与系统解剖学的区别。提出问题：人体的结构是如何被认识的？解剖学中有哪些重要的人物和事迹，我们从中能学到什么？引出解剖学学科的发展史，案例人物简介，分析讨论。

5. 案例反思

人类对于自身结构的认识，经历了漫长而艰难的过程。通过案例可以看到，人体结构的认识或理论的形成，都是经过认真观察、解剖实践而得出的。盖伦受时代、宗教的约束，虽然进行了解剖观察，但直接将动物资料用于人体，出现较多错误。维萨里之所以能够发现和纠正盖伦的错误，主要原因是他通过实际解剖人体并详细观察来描述人体的构造。维萨里通过自己手中的解剖刀，勇敢地实践探索，与权威抗争，让人体解剖学成为一门系统的、基于实际操作的科学。他所开创的不迷信权威、尊重事实、重视实践的研究方法对后来生物学的发展起了巨大的作用。

解剖学是从实践中发展起来的，学习时一定要重视实践，将理论与实践切实结合。正所谓“百闻不如一见”“纸上得来终觉浅，绝知此事要躬行”。

(二)案例二展示

1.案例主题

遗体捐献、大爱无言。

2.结合章节

第一章绪论、第二章下肢解剖、第四章头部解剖。

3.案例意义

通过学习，了解遗体捐献者的事迹，教育学生要珍爱生命，尊重尸体；学习遗体捐献者的大爱和奉献精神。

4.案例教学展示

1)案例描述

案例1　爱的传递：妹妹遗体捐献10年后，姐姐、姐夫进行遗体捐献登记。

2010年，身患癌症的路女士自愿进行遗体捐献，10年后，她的姐姐路英杰、姐夫杨先生二人携手从医院病房来到西安交通大学医学部完成遗体捐献登记。

路英杰说，遗体是医学的“无语良师”。“我以前一直想从医，但很可惜没有成为医生，所以捐献遗体为医学作贡献也算是完成了一个心愿。”

案例2　西安外国语大学法籍专家遗体捐献给中国。

2015年10月14日，西安交通大学医学部校园里，纪念遗体捐赠人士的石碑上，嵌入了一个叫让·德·米里拜尔的外国人头像。

让出生在法国一个名门望族。1976年，让来到西安外国语学院(现西安外国语大学)任教，将其毕生所学奉献给中国，致力于中法文化交流。为表彰让先生为中法交流作出的贡献，1993年，法国政府授予他法国最高等级荣誉勋章——拿破仑勋章。1997年，他成为陕西省第一位获得永久居住权的外籍专家。2014年，他先后被评为“陕西好人”“中国好人”。

这位西安外国语大学终身名誉教授，在西安生活了近40年后，将自己的遗体捐赠给西安交通大学医学部，“希望我的遗体能对中国的医生有一点小帮助”。

案例3　“爱”是为了让患者能“看见”、是为了让后人能“学习”。

邢咏新(1972—2020)，眼科医生，生前任西安市第一医院眼科医院副院长、小儿眼科主任。4岁时，她被查出患有先天免疫系统疾病，病因未知，16岁参加高考，进入西安医科大学(现西安交通大学医学院)学习。

在大学，她的病确诊为过敏性紫癜，一种尚未明确发病原因和机制的罕见疾病。而过敏的源头就是自身红细胞。红细胞一旦离开血管，出血积累到一定程度，就会引发全身过敏反应。这样的情况，在全球也只有几十例。从全球已有的病例来看，没有活过 30 岁的。坚强的她，并没有被疾病击倒，依然努力地学习，保持乐观向上的生活态度。

1993 年大学毕业后，她成为一名小儿眼科医生。由于贡献突出，2008 年第四军医大学唐都医院授予她三等功。2016 年 1 月，她调到西安市第一医院，任小儿眼科主任、眼科医院副院长。邢咏新凭多年付出及超越常人的努力，成为一名蜚声全国的儿童眼科专家，她身负盛名却从没有离开过临床一线。

多年来，疾病始终伴随着她，带病工作对于她是常态。邢咏新热爱自己的工作，一穿上白大褂就精神抖擞。“我从 4 岁开始当病人，当了一辈子。我知道病人的无助，就想做个纯粹的好医生。”

邢医生出诊时，如果来看病的孩子害怕医院，她会脱下白大褂，打开桌边的“大布袋”和“小箱子”，拿出毛绒公仔、手偶和小手灯，忍着腿疼蹲下来，和孩子边玩边做检查。她常对周围的人说：“会哄孩子的医生，才是真正的儿科医生。”“孩子几岁，我就几岁。了解孩子才能更好地跟他们沟通。”为了“哄好”小患者，邢咏新在业余时间里看动画片，去商场买玩具。邢医生觉得，儿童眼科医生要做的，就是把对孩子的“爱”，转变为让孩子们“看见”。

2019 年 3 月，邢咏新被评为西安市最美女性。

2020 年春节前夕，邢医生的病情加重，就在准备住院治疗时，新冠肺炎疫情出现了。为了让尽可能多的孩子在假期中得到治疗，她坚持出诊。由于身体不支，她有时候需要坐在轮椅上，戴着氧气给孩子们检查眼睛。

疫情过后，邢医生终于得以住院治疗，但病情反复。2020 年国庆期间，邢咏新因病情恶化而离开人世，捐献了眼角膜和遗体，将自己的毕生都贡献给了医学事业。

她说：“我的工作是把爱变成看得见，在我离开后，我的角膜可继续帮助他人重见光明；我的遗体用于医学事业研究，可以帮助更多医学生成长。”

案例 4　西安交通大学西迁老教授遗体捐献。

2020 年 2 月 24 日晚，西安交通大学西迁老教授徐文权与世长辞。根据徐老遗愿，遗体捐献给自己奉献了一生的西安交通大学，眼角膜捐献给陕西省红十字会。

“奉献”贯穿了徐文权教授的一生——生时是在实验室和三尺讲台，去世后，奉献于祖国的医学事业。徐老的儿子说：“捐献遗体，继续为医学教育、医学研究事业做出奉献，这样的想法一直存在于父亲心里。”

2)教学方法与教学设计

(1)教学方法。

本节内容采用两种方式:案例介绍、启发和讨论教学相结合的方式(理论);参加遗体捐献仪式、缅怀、宣传的方式(实践)。

(2)教学设计。

①理论课讲述遗体捐献,提出问题:对于遗体捐献,同学们知道多少?知道遗体捐献者生前的故事吗?为什么叫“大体老师”“无语良师”?理解遗体捐献者的良苦用心吗?给出案例简介,组织同学讨论。

②上局部解剖实验课之前,由解剖学教师联系学生会、各大班班长,组织学生在刻有“大爱”及部分遗体捐献者姓名的纪念碑前行礼、宣誓,让同学们知道,在他们学习的背后,是众多人默默地奉献,要珍惜学习的机会,怀感恩之心、立奉献之念。

③组织学生参加遗体捐献、清明感恩、缅怀遗体捐献者及与遗体捐献登记者交流等活动,让学生体会到医学是人学,是充满爱的学科,在以后的学习和工作中要珍爱健康、敬畏生命。鼓励学生参加器官和遗体捐献宣传志愿者团队,以实际行动践行爱的传递。

5.案例反思

邢咏新自身患有严重的过敏性紫癜,需要长期服药才能与疾病斗争。但她为了满足慕名而来的患者的愿望,即使在行动不便时坐着轮椅、身体不支时需要吸氧的情况下,依然以极大的热情和耐心为小患者诊治。这是邢咏新生前对工作的爱,更是对患者的爱。去世后捐献眼角膜和遗体,将自己的毕生都贡献给了医学事业,这是对人类的大爱。通过组织学生学习、座谈,领悟其高尚的人格和职业素养。同时,也让学生明白,遗体捐献,绝非一时冲动,是人性善良的表现、是克己为人的表现、是道德修养的表现、是爱的延续。

遗体捐献,我们能做些什么?

2019年清明节,陕西省红十字遗体捐献中心在西安交通大学医学部遗体捐献纪念园揭牌。纪念园碑石上刻有遗体捐献者的名字和铭文:生如夏花之绚烂,逝若秋叶之静美。人体器官捐献是生命特殊的延续,是一个生命馈赠给另一个生命最宝贵的礼物。人体器官捐献者无私奉献,爱洒人间,特此勒石,永诰英名!

此后,每年清明节,纪念园都会隆重举行遗体和人体器官捐献者缅怀悼念活动。

我们欣喜地看到,近年来,随着社会文明的进步,随着宣传力度的加大,人们对捐献事业有了更多的理解与支持,越来越多的人签署了遗体捐献表,完成捐献的也逐年递增。作为医学生,不仅要学习遗体捐献者的大爱奉献精神,更要参加相关的缅怀、悼念等活动,积极投身到遗体捐献的宣传活动之中。

(三)案例三展示

1. 案例主题

爱国爱岗、才高德馨——中国外科之父裘法祖。

2. 结合章节

第七章腹部解剖。

3. 案例意义

医学为人学,不仅需要精湛的技艺,更需要高尚的医德。

4. 案例教学展示

1)案例描述

裘法祖(1914—2008),著名医学家,生前为华中科技大学同济医学院名誉院长,中国科学院院士。他是我国普通外科学的奠基人和开拓者,器官移植外科创始人,被誉为"中国外科之父",其刀法以精准见长,被医学界称为"裘氏刀法"。他创造的外科手术方式被誉为"裘氏术式"。其严谨的科学作风,无私奉献的精神,是科技界、医学界的楷模。

(1)爱国报国,听党指挥。

1936年,22岁的裘法祖赴德国学医。获得了慕尼黑大学博士学位后,进入都尔市市立医院工作,并担任外科主任。

抗日战争结束后,他毅然舍弃了国外富裕生活,带着德国妻子回到了祖国,全身心投入医学事业。

1951年,裘法祖响应党的号召,以外科医生的身份参加了第一批抗美援朝医疗队。1965年起,他数次参加农村巡回医疗,到麻风病村为麻风病人治病。

他一生悬壶济世,治病救人。就在去世的半个月前,94岁高龄的他还在为汶川地震伤员会诊。

(2)中国外科之父。

裘法祖率先在国内提出把大外科分为普通外科、骨科、胸心外科等,奠定了国内外科专科概念。他主持创建了我国最早的器官移植机构——原同济医科大学器官移植研究所,并组建了中华医学会器官移植分会,为我国器官移植事业的发展作出了杰出贡献。他也是我国晚期血吸虫病外科治疗的开创者。

裘老的手术操作和手术风格,对国内普通外科产生巨大影响,被公认为中国外科界的一把宝刀。他操作稳、准、轻、快、细,在不少疑难复杂及再次手术中独具"绝招"。他被称为外科全才,在腹部外科、神经外科、泌尿外科、骨科等领域均有很深造诣。其手术之精准,被誉为"要划破两张纸,下面的第三张一定完好"。这套"裘氏手术规范"也影响了我国许多外科医生。

(3)“医德风范终身奖”获得者。

“德不近佛者不可以为医,才不近仙者不可以为医。”裘法祖常常告诫学生:医生在技术上有高低之分,但在医德上必须是高尚的。一个好的医生就应该做到急病人之所急,想病人之所想,把病人当作自己的亲人。

“一个病人愿意在全身麻醉的情况下,让医生在他肚子上划一刀,对医生是多大的信任啊。这种以生命相托的信任,理应赢得医生亲人般的赤诚。”这是裘法祖常挂在嘴边的话。

“对待病人就像大人背小孩过河一样,从河的这一岸背到对岸才安全。”本着这种对患者高度负责的精神,从医60余年,裘法祖施行手术无数,未错一刀。

裘法祖院士一生救死扶伤、树人树德、屡获殊荣。在众多的荣誉与光环中,他说他最看重的是国务院颁发的“医德风范终身奖”。因为在他看来,做医生医德最重要。

2)教学方法与教学设计

(1)教学方法。

本节内容采用理论课案例介绍、启发思考,实验课结合操作、分组讨论、提高认识的方式。

(2)教学设计。

理论课讲述腹壁的层次,提出问题:腹部手术的切口部位如何选择?各个部位切口的层次结构是怎样的?如何做到损伤小,术后易于愈合?引出案例,学习思考。在腹部操作实验课上进行分组讨论。

5.案例反思

2008年6月14日,裘法祖逝世。当灵车驶出同济医院大门时,车水马龙的解放大道顿时安静下来,过往车辆自觉地停下来,为这位医生送别、致敬。在湖北,从来没有一个医生的离去,触痛这么多人的心。从来没有一个医生,享受过这么高的礼遇。

为什么裘法祖受到人们如此的尊敬?一方面,医学是治病救人的学科,医生是救死扶伤的人。在与病魔做斗争、和死神抗争的时候,必须有高超的技术和强烈的责任感,生死攸关,容不得半点马虎。从医60余年,裘法祖施行手术无数,未错一刀。同学们应该从基础课开始,认真学好每一门课,做好每一次实验,练好本领。另一方面,同学们要学习裘法祖等医疗前辈高尚的医德和人格。从进入医学课程学习开始,加强自身修养,抵制不良诱惑,坚决批判身为医务人员不讲医德,为了个人利益损害患者利益的思想和行为。

分子生物学(药学)

蒋小英①

一、课程思政总体建设目标

分子生物学(药学)是西安交通大学医学部的专业大类基础课,44 学时,2 学分,主要面向医学部药学、制药、临床药学专业的本科生开设。

任课教师以分子生物学知识在新冠肺炎疫情期间的应用为切入点,结合药学专业学生的职业特点,将爱国主义教育、医德教育、生命教育、伦理教育、人文教育、诚信教育等作为分子生物学课程的思政教育元素,将其有机融入分子生物教学活动当中,培养学生的爱国情怀和责任担当。教师在给学生传授专业知识,培养分子生物学实验技能的同时,潜移默化地对学生进行价值引领,帮助学生树立正确的人生观、价值观。通过讲解分子生物学知识在新冠肺炎疫情中的应用,增强学生的专业认同感,激发学生学习专业知识的热情,为我国培养分子生物学技术过硬的新时代药学人才。教师在分子生物学(药学)教学过程中,旨在建立将价值塑造、知识传授和能力培养三者融为一体的新型教学模式,实现立德树人、教书育人、全方位育人的教学目标。

二、各个章节课程思政建设目标

第一章 绪论、基因与基因组学

1. 绪论

2. 基因

3. 基因组学

课程思政内容设计:这一章主要介绍分子生物学发展史、基因和基因组的概念及结构特征。通过与病毒基因组和细菌基因组的比较,突出人的基因组的结构特点。本章思政元素的引入在于介绍病毒基因组时介绍新冠病毒基因组,在此处引入新冠肺炎疫情介绍,进行爱国主义教育、医德教育和生命教育。新冠肺炎疫情在全世界暴发,与其他国家相比,中国在党中央的正确指挥下,迅速取得了抗"疫"的

---

① 蒋小英,医学部基础医学院副教授,主要研究领域是分子生物学。

阶段性胜利。在全国抗击新冠肺炎疫情表彰大会上，我校附属医院和个别医护人员分别荣获“全国先进基层党组织”“全国抗击新冠肺炎疫情先进集体”“全国抗击新冠肺炎疫情先进个人”“陕西省五一巾帼标兵岗”等荣誉。西安交通大学广大教师科研人员积极投身抗“疫”研究，并取得了一系列成果。榜样的力量是无穷的，学生通过学习自己学校师生在抗击新冠肺炎疫情期间所作的贡献，潜移默化地接受了思想政治教育，升华了自己的道德情操。帮助学生更好地领会“生命至上、举国同心、舍生忘死、尊重科学、命运与共”的伟大抗疫精神。

第二章 基因表达调控

1. 基因表达

2. 原核基因表达调控

3. 真核基因表达调控

课程思政内容设计：这一章主要介绍基因表达的特点、原核基因表达调控的方式（重点介绍乳糖操纵子和色氨酸操纵子的调控机制）、真核细胞基因表达调控的特点（重点介绍染色质水平的调控和 miRNA、siRNA、lncRNA 等非编码 RNA 对基因表达的调控机理）。本章思政元素的引入点有两处：一是在介绍基因表达调控特点即基因表达时空特异性时引入古诗词（“春蚕忽忽都成茧”“暖日青虫化蝶飞”），将专业知识介绍与中国古诗词美学相结合，增强文化自信，强化文化认同，进行人文教育；二是在介绍 RNA 干涉的发现故事及最终获得诺贝尔奖的背景时，告诉学生如何面对不理想的实验结果。作为新时代的制药人，进行药物开发实验时，面对与预期不一致的实验结果时，不要轻易放弃，要广开思路、深入探索、勇攀高峰，才可以像 RNA 干涉的发现者一样“山重水复疑无路，柳暗花明又一村”。

第三章 常用分子生物学技术的原理及其应用

1. 分子杂交和印迹技术

2. PCR 技术的原理与应用

3. DNA 测序技术

4. 生物芯片技术

5. 蛋白质的分离、纯化与结构分析

6. 生物大分子相互作用研究技术

课程思政内容设计：这一章主要介绍分子杂交技术的原理、类别及用途；PCR 技术的工作原理、反应步骤和用途；基因文库的概念、种类及用途；生物芯片技术的基本原理及用途；研究生物大分子相互作用的技术。本章思政元素的引入点有三处：一是让学生根据 PCR 的基本原理进行诗歌创作，以课后作业的形式提交，既帮助学生深入理解该技术的基本原理，又提升了学生的文学素养，对学生进行了文化熏陶；二是在介绍 Real-Time PCR 时，引入该技术在新冠病毒检测中的应用，通过学生自己的切身体会，让学生充分意识到分子生物学技术的应用价值，增强专业认同感，激发学生学习分子生物学技术的热情；三是在介绍 DNA 测序技术时，给学生介绍 Fred Sanger 是唯一一位两次诺贝尔化学奖的得主（1958 年和 1980 年）。告诉学生 Fred Sanger 两次获得诺贝尔奖均与测序有关，一是蛋白测序（测定了人胰岛素序列），二是核酸测序（双脱氧法核酸测序）。借用新冠病毒的测序，教师在给学生传授专业知识的同时，潜移默化地实现了价值引领，帮助药学专业学生以前辈科学家为榜样，树立正确的人生观、价值观。

第四章 DNA 重组及重组 DNA 技术

1. 自然界的 DNA 重组及基因转移

2. 重组 DNA 技术

3. 重组 DNA 技术在医学中的应用

课程思政内容设计：这一章主要介绍自然界中 DNA 重组现象、重组 DNA 技术（重点介绍 DNA 重组技术所需的酶类、常用的载体）及重组 DNA 技术在医药学领域的应用。利用 DNA 重组技术生产有应用价值的药物是当代医药行业的重要领域，目前已有上百种基因工程药物上市（如重组胰岛素），产生了巨大的社会效应和经济价值。DNA 重组技术是新时代药学专业学生必须掌握的技术。本章思政元素的建设目标在于通过询问学生对新冠疫苗种类的了解，让学生切身体会到 DNA 重组技术在生物制药领域中的支柱价值，激发学生学习和掌握 DNA 重组技术的热情。在我国新冠疫苗广泛接种这一背景下，给学生讲解新冠病毒的灭活疫苗、腺病毒载体疫苗、重组蛋白疫苗、mRNA 疫苗、减毒流感病毒载体疫苗等专业知识。让学生深刻体会到 DNA 重组技术对新时代制药人的重要性，强化学生对分子生物学学科的专业认同和价值认同，增强学生的学习兴趣，强化学生的专业自豪感，将知识传授、能力培养和价值塑造相结合。

第五章 基因结构与功能分析技术

1. 基因结构分析

2. 基因功能分析

课程思政内容设计：这一章主要介绍基因结构分析技术（重点介绍转录起始点分析技术和启动子分析技术），基因表达产物的分析技术，基因功能分析技术（重点介绍基因功能获得和基因功能缺失的策略、转基因技术、转基因动物的概念和实验基本流程）。本章思政建设的目标在于介绍转基因动物时引入生命教育和人文教育。转基因动物为研究人类疾病和开发新型药物作出了巨大的贡献。作为新时代的制药人，必然会做大量的动物实验，学生应培养关爱实验动物，尊重动物生命的理念。结合每年 4 月 24 日的世界实验动物日，及我校医学部的“动物慰灵碑”，引导学生参加我校医学部每年举办的实验动物祭活动，献花、敬礼以致敬为人类健康做出牺牲的实验动物。药学制药专业学生更应加强人文素质教育，彰显尊重生命的理念，将专业知识讲授与人文教育相结合。

第六章 癌基因和抑癌基因

1. 癌基因

2. 抑癌基因

课程思政内容设计：这一章主要介绍癌基因（细胞癌基因、原癌基因、病毒癌基因）的概念及原癌基因活化的机理，抑癌基因（肿瘤抑制基因）的概念及功能、常见的抑癌基因作用机制。本章思政要点在于介绍癌基因和抑癌基因时必然提及癌症患者。目前世界各国肿瘤的发病率显著增加，给国家和个人带来了巨大的经济负担。减轻肿瘤患者痛苦，关爱生命，尊重患者，利用分子生物学技术开发各种新型抗肿瘤药物的疗法是新时代制药人独特的关爱角度，如 cart 疗法、自杀基因疗法。针对不同肿瘤类型，不断开发新型基因治疗药物具有广阔的临床应用前景。在对肿瘤患者人文关怀的基础上，让学生充分认识到掌握分子生物学技术，可以给广大的肿瘤患者带来福音，从而增强学习专业知识的主动性。本章节在给学生讲授专业知识的同时加强人文教育。

第七章 疾病相关基因的鉴定克隆

1. 疾病相关基因鉴定和克隆的原则

2. 疾病相关基因鉴定克隆的策略和方法

课程思政内容设计：这一章主要介绍鉴定疾病相关基因的克隆原则和方法（功能克隆、表型克隆、定位克隆）。本章的思政教育重点是分子生物学技术的重要性。只有揭示特定疾病的相关基因，才可以有针对性地开发相应的药物。分子生物学技术通过识别疾病相关基因，揭示特定疾病的发病机理，划时代地改变了特定疾病的治疗预后方案，极大地改善患者的健康及生活水平。如急性早幼粒细胞白血病（APL），由于早期出血风险大、病死率高，该病曾被认为是最为凶险的白血病之一。分子生物学的基础研究成果揭示出，95%的 APL 患者有 15 号染色体前髓细胞性白血病基因（PML）与 17 号染色体视黄酸受体（RARα）基因的融合异位表达。维甲酸（ATRA）单药治疗能使 APL 患者达到 90%的缓解率，化疗药物与 ATRA 的联合应用更能降低患者复发率，改善生存；三氧化二砷（ATO）能使复发患者缓解率达到 90%。作为新时代的药学人才，只有掌握好分子生物学知识与技能，才能更好地克隆疾病相关基因，开发针对病因的药物，造福患者。借此例培养学生对分子生物学知识与技能的认可，激发学生认真掌握专业知识的热情。

然而克隆疾病相关基因不是一个轻而易举的事情，需要大量的实验结果来揭示，学生要正确对待不理想的实验数据，不能急于求成。本章思政教育还在于告诫药学专业学生，寻找疾病基因时大量的实验必然会经常遇到实验数据不理想的状况，此时要坚守学术诚信原则，切勿造假篡改实验数据，违背科研诚信。要做一个有良知的制药人，恪守底线，不能违背职业道德。目前全世界针对学术造假都是零容忍，如日本的小保方晴子事件。中共中央办公厅、国务院办公厅印发了《关于进一步加强科研诚信建设的若干意见》，强调科研诚信是科技创新的基石，科研工作者必须坚守底线，对严重违背科研诚信要求的行为依法依规终身追责。本章在传授专业知识的同时对学生进行诚信教育，引导学生做一个诚实守信、品德高尚的人。

第八章 基因诊断和基因治疗

1. 基因诊断

2. 基因治疗

课程思政内容设计：这一章主要介绍基因诊断的概念、技术和医学应用，基因治疗的概念、策略、基本程序和应用现状。分子生物学技术在临床上的应用就是基因诊断和基因治疗。新时代的药学人才就是要针对不同疾病的基因异常开发新的基因诊断方法和构建新的基因治疗药物。本章的思政教育：一是分子生物学技术的重要性，让学生意识到对于单基因遗传病只有基因治疗才是对症治疗，学好分子生物学技术才能造福病人，强化专业价值，增强学生学习专业课的热情；二是介绍基因治疗时引入伦理教育，给学生强调分子生物学技术是一把“双刃剑”，合理使用，才不会危及人类。基因治疗的原则仅限于患者个体，国际上严格限制用人的生殖细胞进行基因治疗。而个别人为追逐名利、违背科学精神和伦理道德，如贺建奎基因编辑婴儿事件。本章节的思政建设目标就是要强化药学专业学生的专业价值感和伦理教育。

三、课程思政案例展示

(一)案例一展示

1. 案例主题

新冠病毒的核酸检测。

2. 结合章节

第三章常用分子生物学技术的原理及其应用第 2 节 PCR 技术的原理与应用、第八章基因诊断和基因治疗第 1 节基因诊断。

3. 案例意义

新冠肺炎疫情在全球暴发以来，与其他国家相比，我国在党中央的正确指挥下，很快控制住了疫情。这很大程度上得益于新冠病毒的核酸检测技术，精准及时地发现了新冠病毒感染者，从而实现精准防控，阻止了疫情的扩散。而新冠病毒的核酸检测技术就是分子生物学课程里重点要求学生掌握的 Real-Time PCR 技术。

教师在讲解 Real-Time PCR 技术时引入新冠病毒的核酸检测应用，让学生意识到与其他国家的新冠肺炎疫情现状相比，我国人民已恢复了正常生活，基于此可以对学生进行爱国主义教育，让学生意识到社会主义制度的优越性，增强民族自豪感，激发学生的爱国情怀。同时让学生充分意识到分子生物学技术的应用价值，增强学生的专业价值感，激发学生学习分子生物学技术的热情。鼓励学生作为新时代的药学人才，只有学好分子生物学技术，才能为我国自主研发各种核酸检测试剂盒和研发核酸疫苗作出药学人应有的贡献。

4. 案例教学展示

1）案例描述

教师给学生讲解新冠病毒感染人体后，会在人体的鼻腔、咽部、下呼吸道等处“定居”并进行繁殖。感染者可能出现的症状有发热、咳嗽，甚至出现胸闷、乏力。疫情暴发早期，核酸检测技术尚未问世，感染者主要靠临床表现和影像学资料进行诊断。当时核酸检测技术的缺乏导致很多轻症和无症状感染者没有被及时发现进行隔离治疗，从而造成了早期疫情的扩散。

在获得新冠病毒序列 72 小时后，我国多家公司陆续研发了新冠病毒核酸检测试剂盒，新冠病毒核酸检测试剂盒上市，全国掀开了新冠病毒的核酸检测，这成为检测新冠病毒感染的直接证据。在密切接触者等人群中进行核酸检测，有助于及早发现感染者，特别是及早发现那些已经感染了病毒但尚未出现症状的人，从而及早采取隔离和治疗措施，既可以避免传染他人，又可以减少自身发展成重症的风险。根据要求科学合理开展核酸检测，既有利于精准防控，维护群众健康，又有利于保障人员合理流动，对复工复产具有重要意义，对推动社会经济和生产生活秩序的全面恢复具有重要价值。

2）教学方法与教学设计

(1)教学方法。

本节内容采用案例式教学、讨论式教学和启发式教学相结合的方式。

(2)教学设计。

第一步：问题导入＋讨论。首先询问学生在疫情暴发时，如果病人发热咳嗽，医生最早通过什么来诊断区分是新冠病毒感染还是其他呼吸道疾病，进而隔离病人的？引导学生进行讨论，单纯的临床症状和后期总结的肺部 CT 影像学表现是否可以绝对排除新冠病毒感染？

第二步：案例分析＋讨论＋启发。新冠病毒无症状感染者具有一定的传播风险，如果自由活动就会造成极大传播风险。有效识别无症状感染者对于控制疫情传播是非常重要的。

第三步：总结。教师和学生一起总结，无症状新冠病毒感染者具有传染力，而核酸检测是识别发现新冠病毒感染者的有力工具，是有效抑制传播链，进行科学隔离防疫的必备手段。让学生意识到掌握核酸检测技术的重要性，增强学生的专业认同感，激发学生学习分子生物学的热情，帮助学生树立科技报国的信念。同时也让学生意识到我国社会主义制度的优越性，举国上下一心抗“疫”，国家免费救治、免费检测、免费接种核酸疫苗，百姓积极配合居家隔离、及时做核酸检测和疫苗接种、随时佩戴口罩。举国同心取得了我国抗"疫"的伟大胜利，激发学生的爱国爱党情怀。

5. 案例反思

分子生物学技术 Real-Time PCR 在抗击新冠肺炎疫情期间发挥了巨大的作用，学生应充分意识到学好分子生物学技术的重要性。药学专业的学生应反思在接受大学教育后应如何回馈社会和祖国，如何体现自己的专业价值。学生应珍惜在校时光，树立远大理想，培养社会责任感，学好分子生物学技术，立足本专业力争为国效力。

（二）案例二展示

1. 案例主题

Sanger 核酸测序法与诺贝尔奖。

2. 结合章节

第三章常用分子生物学技术的原理及其应用第 3 节 DNA 测序技术。

3. 案例意义

双脱氧 DNA 测序法是 1977 年由英国 Fred Sanger 创建的，又称为 Sanger 法。Fred Sanger 一生获得了两次诺贝尔奖，是 20 世纪世界最伟大的科学家之一，被誉为基因学之父。在介绍核酸测序双脱氧测序法时，给学生介绍 Fred Sanger 的生平事迹，帮助学生以老一辈科学家为榜样，树立正确的人生观、价值观，潜移默化地在给学生传授专业知识的同时，实现了价值引领。

4. 案例教学展示

1）案例描述

在讲解双脱氧核酸测序技术时，引出该方法创建者 Fred Sanger 的生平故事。1977 年英国 Fred Sanger 创建了双脱氧 DNA 测序法。在此给学生介绍 Fred Sanger 是唯一一位两次获得诺贝尔化学奖的得主。Fred Sanger 两次获得诺贝尔奖均与测序有关，第一次是在 1958 年因确定胰岛素结构获得诺贝尔化学奖，建立了蛋白质测序方法。Fred Sanger 测定胰岛素的实验一做就是 10 年。测序蛋白质后，又经过近 20 年隐修般的工作，Fred Sanger 终于开发出了一套 DNA 测序方法，名为"双脱氧链终止法"。1980 年 Fred Sanger 第二次获得了诺贝尔化学奖。Fred Sanger 发明的两项技术打开了分子生物学研究领域的大门，给人类作出了巨大的贡献。在新冠肺炎疫情背景下，借用新冠病毒的测序，引出核酸测序的方法，进而讲解 Fred Sanger 的学术成就，在讲解专业知识同时潜移默化地实现了价值引领，帮助学生树立正确的人生观、价值观。

2)教学方法与教学设计

(1)教学方法。

本节内容采用案例式教学、讨论式教学和启发式教学相结合的方式。

(2)教学设计。

第一步:问题导入+讨论。首先询问学生是否知道历史长河中有哪些科学家两次获得诺贝尔奖?先让学生讨论,再告诉学生截至 2020 年,共有 4 位科学家两次获得诺贝尔奖,按时间先后顺序分别是居里夫人(Marie Curie)、莱纳斯·卡尔·鲍林(Linus Pauling)、约翰·巴丁(John Bardeen)、弗雷德里克·桑格(Fred Sanger)。Fred Sanger 就是核酸测序法中双脱氧法的创建者。再问学生 Fred Sanger 一生两次获得诺贝尔奖均与测序有关,另外一次获得诺贝尔奖是创建了什么测序法?启发学生回答另一次测序是蛋白质测序。

第二步:问题导入+PBL 教学。询问学生不同 DNA 分子,或不同蛋白质分子间的本质区别是什么?引导学生答出最本质的差异就是 DNA 序列的差异,或蛋白质序列的差异。从而强调 DNA 测序和蛋白质测序的重大意义。Fred Sanger 一人就解决了核酸测序和蛋白质测序两个重大问题,开创了分子生物学领域,为人类作出了不可磨灭的贡献。让学生分组讲解、讨论 Sanger 核酸测序法的原理。让学生在学习 Sanger 核酸测序法专业知识的同时,感受到杰出科学家的伟大,进行价值引领,摒弃享乐思想,帮助学生建立正确的人生追求目标。

第三步:教师总结。告诫学生作为新时代的药学人才,分子生物学是必备手段,是必须掌握的技术。告诉学生科学的发展,人类社会的进步就是要靠通过学生以后不懈努力才能实现。学生应从大学期间就树立远大的职业目标,以目标为引领刻苦钻研专业知识,为科学的发展增砖添瓦,同时实现自己的人生价值。

5. 案例反思

从 Sanger 两次获得诺贝尔奖的经历引导学生做科研要坐得冷板凳,要坚持不懈。桑格测定胰岛素的实验一做就是 10 年。又经过近 20 年默默勤勉的实验,才建立了双脱氧链 DNA 测序法。科学进步不是一蹴而就的。引导学生做科研不仅要有远大理想,还要埋头苦干,持之以恒。教师在讲授专业核酸测序知识的同时实现立德树人的目标。

(三)案例三展示

1. 案例主题

坚守科研诚信是新时代制药人才的必备素质。

2. 结合章节

第七章疾病相关基因的鉴定克隆第 1 节疾病相关基因鉴定和克隆的原则、第 2 节疾病相关基因鉴定克隆的策略和方法。

3.案例意义

鉴定疾病相关基因是进一步开发特定疾病针对性药物的基础。而疾病相关基因的鉴定克隆是一个艰巨的工程，需要由大量的实验结果来揭示。研究者在长期枯燥的实验操作中，经常会面对实验数据不理想的状况，如何对待与预期不符的实验数据是每一个科研工作者要面对的问题。通过实例告诫学生在做药物开发过程中，不能违背科研诚信，不能弄虚造假、篡改实验数据，要坚守科研底线，恪守职业道德，做一个有良知的制药人。违背科研诚信的后果一定是身败名裂，教育学生从大学时代起就要树立科研诚信的理念，终生坚守。

4.案例教学展示

1)案例描述

2014年科学界最大丑闻——小保方晴子事件。

2014年1月29日，日本理化学研究所(RIKEN)发育生物学实验室的小保方晴子(Obokata Haruko)在《自然》杂志上发表了两篇研究论文，其称成功培育出了能分化为多种细胞的新型“万能细胞”——STAP细胞(stimulus-triggered acquisition of pluripotency，刺激触发采集多功能)，可以形成身体中超过200个细胞类型，关键是此类细胞非常容易被制得，只需要简单的酸和挤压方法。论文一发表就引起了全球学术界的巨大震动，许多顶尖研究者表示他们无法重复出小保方的实验结果。

2014年2月中旬，小保方晴子干细胞“突破性研究”被日本理化学研究所RIKEN和《自然》杂志分别展开了针对学术不端的调查活动。2014年3月11日小保方晴子《自然》论文被呼吁撤回。与此同时，小保方晴子的博士学位论文也爆出涉嫌抄袭。2014年4月1日，RIKEN宣布小保方晴子在研究中存在捏造、篡改等学术不端行为。共同作者虽无学术不端行为，但由于未能发挥把关作用也“责任重大”。2014年6月13日，小保方晴子所在单位RIKEN发育生物学中心被关闭。2014年7月2日，《自然》杂志将两篇STAP论文撤稿。2014年8月5日，小保方晴子的导师，被认为有望获得诺贝尔奖的干细胞界顶尖专家笹井芳树(52岁)，在位于神户市的研究中心办公室引咎自杀谢罪。2014年10月小保方晴子的博士学位亦被日本早稻田大学取消。

2)教学方法与教学设计

(1)教学方法。

本节内容采用案例式教学、讨论式教学和启发式教学相结合的方式。

(2)教学设计。

第一步：问题导入+讨论。询问学生小保方晴子事件中，当事人小保方晴子造假的动机是什么？小保方晴子的导师为何自杀？引发学生讨论。

第二步：案例分析＋讨论＋启发。以小保方晴子为例，引发学生讨论她为什么会出现学术不端行为？让学生充分讨论学术造假的原因有哪些？目前如何才可以有效遏制学术造假？

第三步：总结。教师和学生一起总结，让学生意识到科研造假的后果一定是身败名裂。为了追逐名利，急于求成，弄虚造假反而葬送了职业生涯，让自己名誉扫地。

5. 案例反思

药学专业学生以后从事的科研实验与药物开发息息相关，科研实验数据的结果会用于药物研发，其实验数据的真实性与广大患者的健康紧密相连，容不得半点弄虚作假，学生要从大学起就培养坚守科研诚信的原则。以具体案例告诫学生科研造假的严重后果，不要存有侥幸心理。目前全世界针对学术造假都是零容忍。以史为鉴，强调科研造假就是自毁前程，一定会身败名裂。

让学生通过具体的事例了解国际社会对学术造假的态度。我们国家同样对科研造假零容忍。中共中央办公厅、国务院办公厅印发了《关于进一步加强科研诚信建设的若干意见》，强调科研诚信是科技创新的基石，科研工作者必须坚守底线，对严重违背科研诚信要求的行为依法依规终身追责。本章在传授专业知识的同时对学生进行诚信教育，引导学生做一个诚实守信、品德高尚的人，实现价值引领，培养学生职业道德。作为新时代的制药人，必须严守科研诚信的原则。

(四)案例四展示

1. 案例主题

基因编辑婴儿事件——医学伦理教育。

2. 结合章节

第八章基因诊断和基因治疗第 2 节基因治疗。

3. 案例意义

借助基因编辑婴儿事件给学生强调基因治疗中的伦理教育和人文教育。基因治疗务必遵守医学伦理的原则。基因治疗原则应仅限于患者个体，严格限制用于人的生殖细胞进行基因治疗操作。个别人为了追逐名利，违背科学精神和伦理道德，比如贺建奎基因编辑婴儿事件，受到了国际社会的一致谴责和我国的刑法制裁。他的行为构成非法行医罪，依法被追究了刑事责任。本章节通过反面事例，在进行专业知识传授的同时强化药学专业学生的伦理教育。

4. 案例教学展示

1)案例描述

2018 年 11 月 26 日，贺建奎宣布基因编辑婴儿露露和娜娜于 11 月健康诞生。

双胞胎的一个基因 CCR5 经过了修改，她们在出生后能天然抵抗艾滋病病毒。这一消息震惊了全世界，迅速引起了轩然大波，受到国际社会的一致谴责。

2018 年 11 月 26 日，百余名科学家联合发声，坚决反对、谴责人体胚胎基因编辑。

2018 年 11 月 26 日晚，中国和世界多个国家的科学家陆续发声谴责贺建奎基因编辑婴儿事件。

2018 年 11 月 26 日，国家卫健委回应“基因编辑婴儿”事件，依法依规处理。

2018 年 11 月 27 日，中国科协生命科学学会联合体发表声明，坚决反对有违科学精神和伦理道德的所谓科学研究与生物技术应用。

2018 年 11 月 28 日，国家卫生健康委员会、科学技术部发布了关于“免疫艾滋病基因编辑婴儿”有关信息的回应，对违法违规行为坚决予以查处。

2018 年 11 月 29 日，国家卫生健康委员会、科学技术部、中国科学技术协会等三部门负责人接受新华社记者采访时表示：此次事件性质极其恶劣，已要求有关单位暂停相关人员的科研活动，对违法违规行为坚决予以查处。

2018 年 11 月 29 日报道，中国科协取消贺建奎第十五届“中国青年科技奖”参评资格。

2019 年 1 月 21 日，从“基因编辑婴儿事件”调查组获悉，现已初步查明，该事件系贺建奎为追逐个人名利，自筹资金，蓄意逃避监管，私自组织有关人员，实施国家明令禁止的以生殖为目的的人类胚胎基因编辑活动。

2019 年 12 月 30 日，“基因编辑婴儿”案一审公开宣判。贺建奎等 3 名被告人因共同非法实施以生殖为目的的人类胚胎基因编辑和生殖医疗活动，构成非法行医罪，分别被依法追究刑事责任。依法判处被告人贺建奎有期徒刑三年，并处罚人民币 300 万元。

2)教学方法与教学设计

(1)教学方法。

本节内容采用案例式教学、讨论式教学和启发式教学相结合的方式。

(2)教学设计。

第一步：问题导入＋讨论。询问学生是否听说贺建奎基因编辑婴儿事件？引导学生讨论什么是基因编辑技术？在患者体细胞和生殖细胞进行基因编辑操作的后果有什么不同？询问学生贺建奎基因编辑婴儿的动机是什么？

第二步：PBL 教学＋启发教学。通过贺建奎基因编辑婴儿事件，让学生讨论人体有哪些细胞可以作为基因治疗的靶细胞。让学生意识到科研伦理的重要性，底线坚决不可以触碰。告诫学生沽名钓誉，违背职业底线不是一个科研工作者应有的行为，应做一个有良知有职业操守的制药人。

第三步：总结。教师和学生一起总结，通过贺建奎基因编辑婴儿事件，在讲解基因治疗的过程中，加强人文教育和伦理教育。贸然使用尚不完全成熟的基因编辑技术来改造人类胚胎，并且直接产生出鲜活的生命，是极端不审慎、不道德的行为。科学在服务社会的同时，也要受到社会的控制。

5.案例反思

结合贺建奎基因编辑婴儿事件，给学生强调分子生物学技术是一把“双刃剑”，合理使用，才不会危及人类自身。基因治疗的原则应仅限于患者个体。作为新时代的制药人，在以后开发基因治疗药物时，务必遵守职业道德，坚守医学伦理原则。切勿沽名钓誉，以致臭名昭著。同时在科技管理层面，我们也应该加强管理，不能放任自流。

药事管理学

方　宇[①]　杨世民[②]　冯变玲[③]　杨才君[④]　常　捷[⑤]　姜明欢[⑥]

一、课程思政总体建设目标

药事管理学是药学类专业课程，48 学时，3 学分，主要面向药学、临床药学等本科生开设。

按照西安交通大学“品行养成、知识传授、能力培养、思维创新”四位一体的创新人才培养理念，在教学中以培养创新型与应用型人才并重为目标，培养学生应用理论分析、解决问题的意识，提高学生的药事管理综合能力。

为此，本课程将社会主义核心价值观有机融入授课内容中，紧密围绕“强化药品安全监管、提升全民用药安全水平”这一重大民生和社会问题，教育和引导学生树立远大理想，学习和践行社会主义核心价值观，为建设世界制药强国而奋勇前进，为服务健康中国建设、保障人民用药安全而不懈努力！具体而言，就是以《药品管理法》为核心，紧扣我国药品监督管理理论与实践，围绕药品全生命周期管理，对该学科内涵、药事组织、药学技术人员管理、药品监管法律法规，以及药品研制、生产、经营、使用等活动和过程的科学监管进行系统介绍。将社会主义核心价值观“富强、民主、文明、和谐”“自由、平等、公正、法治”“爱国、敬业、诚信、友善”的相关元素，自然贯穿到上述内容中，通过案例教学、启发式教学、浸入式课堂等教学方法的综合运用，使学生在扎实掌握专业知识的同时，提升知法、守法、用法的能力，培养学生自觉学习和践行社会主义核心价值观的良好品行与自觉习惯。

二、各个章节课程思政建设目标

第一章　绪论

---

① 方宇，医学部药学院药事管理与临床药学系，教授，从事药事管理学教学。
② 杨世民，医学部药学院药事管理与临床药学系，教授，从事药事管理学教学。
③ 冯变玲，医学部药学院药事管理与临床药学系，教授，从事药事管理学教学。
④ 杨才君，医学部药学院药事管理与临床药学系，副教授，从事药事管理学教学。
⑤ 常捷，医学部药学院药事管理与临床药学系，副教授，从事药事管理学教学。
⑥ 姜明欢，医学部药学院药事管理与临床药学系，副教授，从事药事管理学教学。

1. 药事管理的含义及其重要性

2. 药事管理学科的定义、性质

3. 药事的含义

4. 药事管理研究特征与方法类型

课程思政内容设计：在介绍药事管理学课程的含义、性质与特点时，突出强调这门课旨在提升药学生的法治意识，提高学生自觉学习和运用药事管理法律法规、基本原理和方法来解决药学事业实际问题的能力。学习药学其他专业知识与技能就如学习驾驶技术，而药事管理学的学习则是教会学生自觉遵守交通法规，培养具有牢固法治意识，既具有药学专长，同时又能知法、守法、用法的高层次药学专门人才。

第二章 药品及药品管理制度

1. 药品的定义；药品的质量特性；药品监督管理的含义

2. 药品质量监督检验的概念、性质及分类

3. 基本药物生产、经营、使用的监督管理；药品分类管理的主要内容

4. 药品管理的分类；药品标准和国家药品标准

5. 国家基本药物制度的概念及目录遴选原则

6. 药品的商品特征

7.《中国药典》的主要内容

8. 药品分类管理的意义和作用

课程思政内容设计：此处紧扣药品的定义、质量特性，以及我国基本药物制度的目标，将“人人平等发展”的理念灌输在课堂讲授中。平等指的是公民在法律面前一律平等，其价值取向是不断实现实质平等。它要求尊重和保障人权，人人依法享有平等参与、平等发展的权利。药品作为一种公共产品，政府部门承担着保障药品供应、维护人民用药合法权益的神圣职责。我国药事管理和药物政策的出发点与落脚点，就是要确保人人能够获得药品、拥有基本的健康权，即人人享有基本医疗服务（药品），全民健康的路上一个都不能少。

第三章 药事组织

1. 我国药品监督管理组织体系

2. 国家药品监督管理局的职责

3. 国家药品监督管理局直属技术机构的职责

4. 省级药品监督管理局的相关职责

5. 国家药品监督管理局药品注册司、安全监管司的主要职责

6. 美国食品药品监督管理局的职责、药品监督管理相关部门的职责

7. 药事组织的含义、类型及中国药学会的宗旨及其业务范围

8. 药学教育、科研机构的概况及药品生产经营组织、行业管理组织概况

课程思政内容设计：民主是人类社会的美好诉求，我们追求的民主是人民民主，其实质和核心是人民当家作主，就是要充分反映人民的意志、回应人民的关切、破解人民的难题。我国药品监督管理机构几经改革、不断完善，其基本思路正是一切以人民为中心，充分体现人民当家作主，构建更加科学的药品监管体制和机构，推动"放管服"三项工作，简政放权、加强管理、做好服务，充分反映老百姓对于强化药品监管、建设民主法治政府的迫切愿望。通过该章的学习，使学生们深刻理解我国药品监管机构的责任与担当意识，进一步激发学生为建设富强民主文明和谐美丽的社会主义现代化强国的决心与信心。

第四章 药学技术人员管理

1. 执业药师的定义及执业药师考试、注册、继续教育管理规定

2. 执业药师的职责；药师职业道德原则

3. 药师的功能；药品生产企业、经营企业、医疗机构药学道德要求；医疗机构药学技术人员行为规范

4. 药师的含义和发展；药师法规的主要内容；药学技术人员的概念及配备依据

课程思政内容设计：诚信即诚实守信，是人类社会千百年传承下来的道德传统，也是社会主义道德建设的重点内容，它强调诚实劳动、信守承诺、诚恳待人。执业药师担负着保障和促进公众用药安全有效的重要职责，是广大人民群众安全、合理用药的守护者。我国已经建立了执业药师个人诚信记录制度，对其执业活动实行信用管理。因此，诚实守信也是执业药师职业道德的核心内容与要求。本章将以此为切入点，联系当前部分执业药师在药店"挂证"的现象，对学生开展诚信教育，为这些未来的药师诚信职业打牢思想根基。

第五章 药品管理立法

1.《药品管理法》的立法宗旨

2. 药品研制和注册

3. 药品上市许可持有人

4. 药品生产、经营和医疗机构药事管理

5. 药品上市后管理

6. 药品价格和广告

7. 药品储备和供应

8. 药品监督管理和法律责任

9.《药品管理法》及其实施条例应承担的法律责任

课程思政内容设计：在介绍药品管理立法时，突出强调这门课旨在提升药学生的法治意识，提高学生自觉学习和运用药事管理法律法规、基本原理和方法来解决药学事业实际问题的能力。在当前国家大力推进依法治国，建设法治国家、法治政府、法治社会的大背景下，学习药品管理立法这一内容正当其时，可以初步构建药

学生在医药行业各领域工作的法治思维。

第六章 药品注册管理

1.药品注册申请的类型;药品注册管理机构

2.新药、仿制药、药品再注册、药品技术转让的申报与审批程序和要求;新药特殊审批的范围和程序

3.新药特殊审批的范围和程序

4.药品注册的概念;药品注册检验、药品注册标准的概念和要求

5.药物临床研究的分期和要求;GLP、GCP的适用范围

6.药品批准文号的格式;违反药品注册管理规定应承担的法律责任

课程思政内容设计:富强即国富民强,是社会主义现代化国家经济建设的应然状态,是中华民族梦寐以求的美好夙愿,也是国家繁荣昌盛、人民幸福安康的物质基础。当前,我国着力完善药品注册管理,大力推进药品审评审批制度改革,不断推动我国从制药大国向制药强国迈进。在本章的学习中,以诺贝尔奖获得者、著名药学家屠呦呦矢志不渝开发青蒿素为例,在重点讲授药品注册管理的各项要求的同时,将我国建设制药强国的理念与实践贯穿其中,激发学生投身我国新药开发事业的热情,从而为我国医药事业培养具备扎实的药学专业知识与技能,同时又饱含家国情怀的高层次药学专门人才。

第七章 药品上市后再评价与监测管理

1.药品上市后再评价、药物警戒的相关基本概念;药品召回的界定、分级和程序

2.药品不良反应的相关基本概念;我国药品不良反应的报告范围、程序、处置、评价和控制的内容

3.药品上市后再评价的内容及我国药品上市后再评价制度

4.药品上市后再评价意义与药品不良反应监测管理的发展历程

课程思政内容设计:近年来,药品安全问题是全社会关注的焦点,进一步加强用药安全,科学指导广大人民群众合理用药迫在眉睫。然而,“是药三分毒”,部分群众和新闻媒体对于药害事件和药品不良反应往往缺乏了解、混为一谈,一旦某个药品出现不良反应,即理解为药品安全事故,加之媒体的推波助澜,很大程度上影响了社会和谐与稳定。因此,作为药学生必须准确理解和掌握药品上市后再评价与监测管理的内容,尤其是对于药品不良反应要有精准的掌握,这对于构建和谐社会意义重大。对于药品不良反应,既不能视为“洪水猛兽”一棒子打死,也不能视而不见任其发展,而应秉持客观、公正、科学的态度,正确引导大众与媒体,从而为我国医药行业的良性发展营造和谐的社会环境。

第八章 特殊管理药品的管理

1.麻醉药品的概念及其生产、经营、使用的管理要点

2.精神药品的概念及其生产、经营、使用的管理要点

3.医疗用毒性药品的概念及其生产、经营、使用的管理要点

4.我国生产及使用的麻醉药品、精神药品的品种

5.麻醉药品、精神药品的实验研究、储存、运输管理规定

6.药品类易制毒化学品、兴奋剂、疫苗等的管理规定

课程思政内容设计:文明是社会进步的重要标志,也是社会主义现代化国家的重要特征。在建设社会主义物质文明的同时,更应该关注精神文明建设,而当代大学生是精神文明建设的生力军。本章所述的麻醉药品和精神药品是典型的特殊管理药品,既要做到管得严,同时还需要保证用得上,在确保医疗、教学和科研正常使用的同时,必须严防流失甚至滥用为毒品。在本章讲授中,将利用《焦点访谈》栏目有关某大学生走私毒品犯罪被判极刑的案例,教育学生珍爱生命、远离毒品,适时对药学专业学生进行精神文明教育。本专业培养的新一代药师,在未来的工作岗位中就会切实接触到这些特殊管理的药品,必须时刻保持头脑清醒,真正让这些药品发挥治病救人的功效,而不是成为害人的毒品。在建设社会主义精神文明的进程中,药学生责无旁贷。

第九章 中药管理

1.《药品管理法》及其实施条例对中药材、中药饮片、中成药的管理规定

2.中药品种保护的措施

3.野生药材资源保护管理的具体办法

4.中药材 GAP 的主要内容;毒性中药饮片管理的规定

5.中药的概念;中药品种保护的目的和意义;申请中药保护品种的程序

课程思政内容设计:文明是社会主义现代化国家文化建设的应有状态,是对面向现代化、面向世界、面向未来的,民族的、科学的、大众的社会主义文化的概括,是实现中华民族伟大复兴的重要支撑。我国中药文明源远流长,加强中药的科学管理,能够促进中药文化的传承与发展,加快中药现代化的步伐,使之在当代得到发扬光大,更好地造福广大人民群众健康福祉。

第十章 药品知识产权保护

1.药品专利的类型及授予条件;专利的取得与保护

2.药品商标的注册申请、商标权的内容;药品商标权的保护

3.药品知识产权的特征;医药商业秘密及保护;医药未披露数据保护

4.药品知识产权、药品专利、商标的概念;药品知识产权种类及商标特征

课程思政内容设计:当前,美国发起贸易战,在高新技术领域打压中国发展。生物医药产业是我国大力发展的战略新兴产业,同样有很多"卡脖子"的地方。当代药学生肩负这一振兴中国药业、实现我们从制药大国向制药强国转变的历史重任,这一转变的关键就在于我们要掌握新药开发的核心技术和"卡脖子"的关键路

线与方法，就是要以专利为先、品牌立身，就是要支持一批民族药企掌握核心技术，做大做强产品与服务，实现创新驱动发展，在医药知识产权领域拥有话语权，广泛拓展国际市场，使中国制造的药品真正走向全世界。通过本章的教学，能够激发学生的爱国热情，鼓舞青年学子们投身制药强国建设。

第十一章 药品信息管理

1. 药品说明书的内容要求和格式

2. 药品标签的内容与书写印制要求

3. 广告审查发布标准

4. 药品信息的收集渠道；互联网药品信息服务的管理规定

5. 药品广告批准文号的格式以及注销、作废的情形；对虚假违法药品广告的处理与处罚

6. 药品说明书、标签、药品广告的概念；互联网药品信息服务的定义；互联网药品信息服务资格申报审批的程序

课程思政内容设计：社会公平和正义，是以人的解放、人的自由平等权利的获得为前提，是国家、社会应然的根本价值理念。药品信息管理就是要确保药品生产与经营者能够提供科学、规范、公正的信息，确保人民群众用药安全、有效、经济及合理，为实现社会的公平与正义服务。

第十二章 药品生产监督管理

1. 药品生产及药品生产管理的特点；开办药品生产企业的审批规定及药品生产许可证管理

2. GMP 的主要内容及特点；GMP 认证管理

3. 药品委托生产的管理

4. 国内外药品生产管理的概况；质量管理的概念、原则

课程思政内容设计：敬业是对公民职业行为准则的价值评价，要求公民忠于职守、克己奉公、服务人民、服务社会，充分体现了社会主义职业精神。药品生产企业是药品质量的第一责任人，药品安全是天大的事情，药品质量高低事关群众身体健康和生命安全，容不得丝毫马虎。药学生将来毕业后可能在药品生产企业的关键岗位工作，可能与药品质量的形成发生密切联系，在本章内容的讲授中，将“敬业”贯穿其中，有利于培养药学生爱岗敬业的良好品行，培育药学生对药品质量高度负责的强烈责任心与使命感，这种职业精神正是新时代药学生所应具备的宝贵品质。

第十三章：药品经营监督管理

1.《药品经营质量管理规范》(GSP) 的主要内容；药品流通监督管理的主要规定

2. GSP 认证管理的规定；药品经营企业的经营方式和经营范围

3. 药品零售药房的类型；互联网药品交易服务企业应具备的条件和应遵守的

行为规范

4. 申领《药品经营许可证》的程序;药品批发零售企业的含义;电子商务的含义及交易模式

课程思政内容设计:自由是指人的意志自由、存在和发展的自由,是人类社会的美好向往,也是马克思主义追求的社会价值目标。在市场经济条件下,市场要素自由流动,市场主体自主经营,药品经营企业也要按照市场经济规律科学经营,同时还需要兼顾广大人民群众对于高质量产品和高性价比服务的迫切需求,努力做到以社会效益为先,始终以人民健康为中心。

第十四章 医疗机构药事管理

1. 医疗机构药事管理组织的职责

2. 医疗机构药剂科的任务;药剂科的组织结构

3. 调剂业务和处方管理规定;药物临床应用管理

4. 静脉药物调配业务;医疗机构制剂管理

5. 医疗机构药事和药事管理的概念;药剂科的人员编制及要求;药品分级管理制度

课程思政内容设计:友善强调的是公民之间应互相尊重、互相关心、互相帮助、和睦友好,努力形成社会主义的新型人际关系。随着健康中国建设的深入推进,我国医疗机构药事管理深刻转型,从以药品为中心的供应保障型向以患者为中心的药学服务型转变,医院药学在提供高质量药品的同时,更加强调提供高质量的临床药学与药学服务,就是要给予病患以全方位的关心与服务。在此进程中,医院药师与患者之间的人际关系也发生着翻天覆地的变化,药师提供的药学服务是带有温度、充满温情的,是对病患个体的全方位关注,是一种彼此尊重、体贴入微的亲人般的关怀,旨在改善药物治疗、最终提高患者的满意度,全方位改善患者的生活质量。

三、课程思政案例展示

(一)案例一展示

1. 案例主题

重典治乱、猛药去疴:某医药公司问题疫苗案。

2. 结合章节

第五章药品管理立法。

3. 案例意义

某医药公司问题疫苗案是一起生产者逐利枉法、违反国家药品标准和药品生产质量管理规范、编造虚假生产检验记录、地方政府和监管部门失职失察、个别工作人员渎职的严重违规违法生产疫苗的重大案件。案件查处过程中,党中央、国务院高度重视，本着为人民群众健康负责和重典治乱、猛药去疴、依法管药的原则，对涉事企业及其负责人进行了最严厉的处罚，对相关责任人进行了最严肃的问责，充分体现了新时代药品监管的法治思维，对于教育和引导学生树立牢固的药品管理法治意识具有极为重要的教育作用和典型的现实意义。

4.案例描述

2018年，国家药品监督管理局的一纸通告，揭开了某医药公司疫苗造假内幕。通告显示，该公司在冻干人用狂犬病疫苗生产过程中存在记录造假等严重违反《药品生产质量管理规范》行为。根据检查结果，国家药监局责成某食品药品监督管理局收回该公司相关《药品GMP证书》。此次疫苗事件突破人的道德底线，必须给全国人民一个明明白白的交代，要求严肃查处、严肃问责。国家药监局和某食药监局对该公司做出多项顶格行政处罚决定。对涉案的多名直接负责的主管人员和其他直接责任人员，做出依法不得从事药品生产经营活动的行政处罚。涉嫌犯罪的，由司法机关依法追究刑事责任。

5.案例反思

在党中央坚强领导下，案件情况得以基本查清，相关企业及其负责人得到惩处，多名领导干部受到严肃处理，彰显了重典治乱、去疴除弊的坚定决心和鲜明态度，充分体现了全面从严治党、依法管药的决心。

疫苗作为高风险的药品，关系人民群众健康、关系千家万户幸福、关系公共卫生安全和国家安全，容不得丝毫马虎。学生要本着对人民切身利益高度负责的态度，深刻认识药品安全的敏感性和重要性，坚持依法管药、标本兼治、惩防并举，坚决守住疫苗质量安全底线。

（二）案例二展示

1.案例主题

严打执业药师"挂证"行为、严守药学人员诚信执业底线。

2.结合章节

第四章药学技术人员管理。

3.案例意义

一直以来，执业药师都被看作是合理用药领域的专家。作为一名医药行业的从业者，通过执业药师资格考试意味着多了一块"敲门砖"，可以在药品零售企业从事质量管理和用药咨询服务等工作，做合理用药的"守门人"。然而，部分通过资格考试的药学人员，并没有在零售药店注册执业，而是通过"挂证"取得额外的收入，从而出现了执业药师在药店"空挂""人岗分离"的现象。尽管早在2000年国家药监局就制定了《执业药师注册管理暂行办法》，规定取得执业药师资格者，从业实施注册制度，并且只能有一个执业地点，但因为一些药店需要“挂证”，只有执业药师证在药店注册，执业药师本人并不需要到药店工作，也能获得不菲的收入。这使得很多单位，尤其是医疗机构的执业药师“挂证”现象严重。“挂证”现象的出现与蔓延，严重损害了药学技术人员的诚信，也增加了广大人民群众购药、用药的安全风险，到了非整治不可的时候了。

4. 案例描述

2016 年 12 月 23 日，国务院印发《国务院办公厅关于加强个人诚信体系建设的指导意见》，要求加强个人诚信体系建设，褒扬诚信，惩戒失信，提高全社会信用水平。其中，重点提到了执业药师的诚信问题。执业药师诚信与否，与兼职挂靠、“挂证”现象关系密切。国务院发文要加强执业药师的诚信体系建设，旨在继续加大力度，严厉打击执业药师“挂证”的现象。

5. 案例反思

药店是百姓获取健康服务的重要场所，药店中具备药物知识及药事服务能力的执业药师，可谓“把守”百姓用药安全关的“大将”。尽管国家对执业药师在岗履职有明确规定，但“挂证”现象仍时有发生。为强化药品经营企业监督管理，规范药品经营企业配备使用执业药师的行为，国务院印发了《国务院办公厅关于加强个人诚信体系建设的指导意见》，就是向执业药师“挂证”行为说“不”，在行业内倡导诚信经营、诚实守信的良好氛围，引导取得执业药师资格证书的药学技术人员成为一名真正为老百姓健康保驾护航的执业药师，为全民健康贡献应有的智慧和力量。

（三）案例三展示

1. 案例主题

“被毒害的青春”带给我们的反思：坚守底线、文明守法。

2. 结合章节

第八章特殊管理药品的管理。

3. 案例意义

利用《焦点访谈》栏目有关某大学生走私毒品犯罪被判极刑的案例，教育学生珍爱生命、远离毒品，适时对学生进行精神文明教育。本专业培养的新一代药师，在未来的工作岗位中就会切实接触到这些特殊管理的药品，必须时刻保持清醒头脑，真正让这些药品发挥治病救人的功效，而不是成为害人的毒品。在建设社会主义精神文明和法治社会的进程中，药学生责无旁贷。通过倡导社会主义核心价值观，教育学生一定要明辨是非，要坚守法治思维、底线思维，倡导文明、健康生活，珍爱生命、远离毒品。

4. 案例描述

《焦点访谈》栏目的一期节目《被毒害的青春》报道，一名从某大学毕业的高才生，步入社会后因贩毒被判死刑。该学生从小聪慧可爱，学习优秀，十五岁就考入某大学，成绩优异，英语八级，毕业后直接进入一家进出口贸易公司，公司领导非常赏识其能力，予以重用。然而，在工作过程中因交友不慎、放松警惕，帮他人从国外往国内捎毒品，最终锒铛入狱，2011 年被判处死刑，剥夺政治权利终身，一生的幸福就此葬送，教训惨痛。

5. 案例反思

鲁迅先生说，悲剧就是把人生当中有价值的东西毁灭了给别人看。该案例主人公短暂的人生就是一场彻头彻尾的悲剧，这场悲剧再次给我们敲响了警钟，只要跟毒品沾上了关系，结果已经注定，极有可能是一条不归路。

通过该案例的引入与学习，使学生们深刻理解毒品的实质就是特殊管理的麻醉药品和精神药品，加强特殊药品管理责无旁贷！新时代的药学生，应争当文明使者、争做文明表率，既要做一名知法守法的好公民，同时还要承担起安全用药、护佑健康的安全卫士和合理用药的宣传员角色，向全社会倡导健康、文明、守法的生活方式，为建设和谐、美丽的健康社区和文明社会贡献自己的力量。

The humanistic implication of human genome project

Lu Shemin and Zhu Wenhua

1. **Course and chapters**

Course title: Human molecular genetics

Content: Chapter 2 of The architecture and workings of the human genome

Students: international graduated students

Language: English

2. **Expectations**

In addition to understanding the scientific significance of HGP, students are encouraged to further think about its humanistic significance, and the importance of cooperation in research.

Let the students understand the importance of international cooperation.

Let the students value collaboration in their future research work.

3. **Course design**

(1) Briefly Introducing the historical events of the human genome project

The Human Genome Project (HGP) was an international scientific research project with the goals of determining the base pairs that make up human DNA, and of identifying, mapping and sequencing all of the genes of the human genome from both a physical and a functional standpoint. The main goals of the project was first articulated in 1998 by a special committee of the U. S. National Academy of Sciences. The project formally launched in 1990, and was declared complete on April 14, 2003. Level complete genome was achieved in May 2021.

Funding came from the American government through the National Institutes of Health (NIH) as well as numerous other groups from around the world. A parallel project was conducted outside the government by the Cetera Corporation, which was formally launched in 1998. Most of the government-sponsored sequencing was performed in twenty universities and research centres in the United States, the United Kingdom, Japan, France, Germany, India, and China.

Results of the project include complete nucleonic acid sequence of a reference person covering 99.99% genome, and gene information and function. This is the first time for humans to understand the genetic background of ourselves in detail. The project achieved great progress in the knowledge and technology and new discipline called genomics which was established based on the findings of the project. They have impacts on biomedical science and other fields. The completion of the project did not only provide rich and precious knowledge, but also offer an example to do big research of international cooperation.

(2) Highlighting the contribution of China in HGP

BGI Group, formerly known as the Beijing Genomics Institute, is a Chinese genome sequencing company, headquartered in Shenzhen, Guangdong, China. It was established in 1999 as an independent research institute to participate in the Human Genome Project as China's representative. They joined the project in 1999 and provided 1% of the workload. This is the first time for Chinese scientists to contribute to the great nature science.

(3) Discussing the humanistic significance of HGP with students

Human beings are a big family. Human beings have only one common genome, so we need to protect it together, and its "intellectual property" is also owned by all mankind. All discoveries of HGP are shared, and the gene sequence cannot be patented.

The differences between human individuals are very small, which is necessary for human survival. However, genes are equal to the whole human race. There is no distinction between normal genome and abnormal genome or disease genome, between healthy genes and disease genes, and between good genes and bad genes. So far, most of the known genes, as long as not all of them are related to the existence mode of a gene related to disease — alleles, are meaningful to human survival, especially the genes related to autosomal recessive diseases. Those genetic patients have borne unavoidable pain for mankindand should deserve our respect and care. Any view of "superior prenatal" and "inferior prenatal" has no scientific basis and is not in line with human nature, so we should be kind to others。

All members are genetically equal, and human genes are the common wealth and heritage of mankind. The occurrence of most diseases is caused by the disharmony between genomic differences and the environment regulating genes. Genes acts as a reference book for our daily life. So we should establish a harmonious relationship with our genes and be kind to ourselves.

The genome information of a person is related to one's dignity, and should be valued and respected by the society.

(4) Discussing the importance of research international collaboration with students

More than 2,000 scientists from 6 countries participated in the project. Each country provided financial support and all the scientists worked together with the same goal that was tointerprete our genome. The cooperation obtained great achievement . For example the project trained many scientists who have become the pillars of biomedical science. The friendship among these countries has been nurtured as well.

药理学

史小莲[①]　曹永孝[②]　陈莉娜[③]

一、课程思政总体建设目标

药理学是西安交通大学专业大类基础课，64 学时，4 学分，面向临床医学、基础医学、药学、临床药学、口腔、法医、预防、护理、制药等专业本科生开设，是课程思政示范课程之一。

在药理学专业知识传授和技能培养中，学生掌握药物作用机制、临床应用和不良反应的同时，以案例穿插、互动讨论、画龙点睛等方式融入爱国主义教育、医德教育、科学精神、团队合作精神等思政元素，引导学生树立安全用药、合理用药、科学用药的理念和能力，培养医学生以人为本的医学理念，达到崇尚仁爱、仁心、仁术，精医、卓越，尊重生命、护佑生命的目标；提升医学生运用医学综合知识、接轨国际医学前沿、自主学习知识的能力素养；提高学生的科学素养，培养学生的科学精神，激发学生的爱国情怀和创新创业激情，引领学生树立远大理想，为我国原研药研发贡献智慧与力量；培养学生克服困难、坚持不懈的奋斗精神，激发学生的家国情怀和使命担当；增强学生的法律意识和社会责任感，提高学生对职业道德的认识，培养良好的医德医风及职业道德；培养医学生成为具有家国情怀、崇高医德、专业精湛的可信赖的卓越医学人才。

二、各个章节课程思政建设目标

第一章　药理学总论

绪论

1. 药效动力学

2. 药物代谢动力学

---

① 史小莲，医学部基础医学院药理学系副教授，主要从事药理学、机能实验学和 PBL 教学及心脑血管疾病基础研究。

② 曹永孝，医学部基础医学院药理学系教授，主要研究领域为心血管药理学。

③ 陈莉娜，医学部基础医学院药理学系教授，主要研究领域为心血管药理学。

3. 影响药物效应的因素

课程思政内容设计:这一章主要介绍药理学研究的内容、药理学发展史、地位和研究方法;药物对机体的作用、效应及其机制和规律;药物在体内的变化规律;影响药物效应的因素。本章中思政元素的重点在于:①药物发展史上重大进展事件和人物。药理学的发展史中,有许多非常著名的人物,为药理学的发展作出了巨大的贡献,引导学生要以他们为榜样,对待事业精益求精、一丝不苟,争取为医学事业的发展作出自己的贡献。②李时珍的《本草纲目》。其对药物学的发展作出了杰出贡献,有助于提升学生民族自豪感和文化自信。③药物作用的双重性。药物作用的双重性体现在药物既有治疗作用,也有不良反应,二者具有矛盾性,既对立又统一,不良反应的存在是由于人类科技水平发展受限带来的客观存在,应该用一分为二的哲学观念正确对待,提醒学生提高对药物不良反应的重视程度,做到安全用药,提前告知,以缓和医患关系,提高依从性。④药物不良反应与药品不良事件的区别。通过某疫苗事件对两者进行区分,增强学生的法治观念、职业道德素养,帮助学生形成良好的社会责任意识和药品质量安全意识。⑤药物的致畸作用。引入20世纪发生的严重的药害事件,造成数万名“海豹”婴儿的诞生,引导学生关注药物不良反应,安全用药。

第二章 传出神经系统药理

1. 传出神经系统药理概论

2. 拟胆碱药

3. 胆碱受体阻断药

4. 肾上腺素受体激动药

5. 肾上腺素受体阻断药

课程思政内容设计:这一章主要介绍作用于传出神经系统的药物,包括拟胆碱药、胆碱受体阻断药、肾上腺素受体激动药和肾上腺素受体阻断药;药物的分类;各类药物的作用机制、药理作用、临床应用和不良反应。本章中思政元素的重点在于:①拟胆碱药。介绍烟碱的药理作用,复习机能实验学,让学生深刻体会吸烟有害健康,进行禁烟宣传和教育。②胆碱受体阻断药。讲解案例“瘦脸针”,即肉毒杆菌毒素,注射后因为影响运动神经末梢释放乙酰胆碱,阻断神经肌肉接头处兴奋传递,使肌肉不收缩,达到除皱的目的。但同时因为肌肉瘫痪不能收缩,常导致面部表情减少,出现面部表情呆板、“面具脸”“僵尸脸”等整形副作用,严重危害身体健康,提醒学生树立正确的审美观,爱护身体,珍惜健康,崇尚自然美。③有机磷酸酯类药物中毒及抢救。案例在介绍有机磷农药中毒的症状、机制、抢救措施和药物的同时,引导学生爱护生命。④肾上腺素受体激动剂。将“瘦肉精”引入课堂,介绍“瘦肉精”药物名称、药物作用、不良反应,培养学生诚信守法的意识。

第三章 中枢神经系统药理

1. 镇静催眠抗焦虑药

2. 抗癫痫和抗惊厥药

3. 抗中枢退行性病变药

4. 抗精神失常药

5. 镇痛药

6. 解热镇痛抗炎药

课程思政内容设计:这一章主要介绍镇静催眠抗焦虑药、抗癫痫和抗惊厥药、抗中枢退行性病变药、抗精神失常药、镇痛药和解热镇痛抗炎药;药物分类;各类代表性药物的作用机制、药理作用、临床应用和不良反应。本章中思政元素的重点在于:①苯二氮卓类催眠药物。氟硝西泮俗称“蓝精灵”,因起效快、引起短暂性记忆缺失,被不法分子用作迷奸类药物,通过案例学习引导学生学习药物作用利弊两重性,坚决抵制非法使用管制类药品。②抗精神分裂症药。电影《美丽心灵》(Beautiful Mind)讲述科学家、精神病人纳什的传奇人生,提示开展“医学—心理—社会”治疗模式,引导学生不要歧视病人,早发现、早治疗、科学用药,促使精神病人回归社会。③抗抑郁药物。讲述抑郁症的流行病学、抗抑郁药物的治疗现状,引导学生关注心理健康、热爱生活,同时做好抑郁症的科普宣传,为身边人提供专业、科学、积极地指导建议。④抗亨廷顿舞蹈症药物。亨廷顿舞蹈症发病率低,属于罕见疾病,目前没有药物治疗。此部分内容讲解案例引入“孤儿药(orphan drug)”的概念。制药企业和研发人员,应摆脱“利益至上”的观点束缚,关注社会效益,在政府的激励下开展孤儿药研发,最终会实现社会效益和经济效益双丰收。此处引入思政点旨在建立一种高尚的人生观,倡导生命至上,切勿一味追求经济利益;⑤抗肌萎缩侧索硬化症药。用图片讲述“人民英雄”张定宇的故事,张定宇身患“渐冻人症”,却在新冠肺炎疫情期间冲在第一线,激发学生爱国主义精神,无私奉献精神,忠诚党和人民,恪守职业道德;⑥镇痛药。讲述吗啡的依赖性,海洛因的发现,讲解《长大成人》,引导学生远离毒品,珍爱生命,同时做好科普宣传,以身作则,警醒身边人。

第四章 心血管系统药理

1. 离子通道药

2. 抗心律失常药

3. 抗心力衰竭药

4. 抗心绞痛药

5. 抗高血压药

6. 抗动脉粥样硬化药

课程思政内容设计:这一章主要介绍离子通道药、抗心律失常药、抗心力衰竭药、抗心绞痛药、抗高血压药和抗动脉粥样硬化药的分类;代表药物的作用机制、药理作用、临床应用和不良反应。本章中思政元素的重点在于:①抗心律失常药。预激综合征使心房部分启动由正常传导系统以外的旁道下传,根治预激综合征就要用射频消融打断旁路。这就跟人生一样,要坚持正确的道路,相当于心脏的正常传导系统,不能走歪门邪道或者是犯罪道路(旁道),否则就会受到道德谴责或法律制裁(射频消融打断旁道)。②抗心力衰竭药。《健康中国"2030"规划纲要》中塑造人们自主自律的健康行为(如控烟限酒、减盐均衡膳食、运动与健康等),提倡健康生活,并做好公益宣传科普工作。③抗高血压药。抗高血压药物的常规使用是晨起用药,然而近年来的研究表明,睡前用药更有利于降低夜间血压,有益于预防心血管并发症的发生和危害,同时不增加不良反应,引导学生关注科研最前线,掌握最新进展,提高自身医疗素养。④抗动脉粥样硬化药。以"辛伐他汀与伊曲酮康唑合用导致横纹肌溶解致人死亡"的案例,让医学生懂得作为医生必须要"钻研医术,精益求精",只有不断学习相关领域研究进展和学科前沿,努力提高知识和技术水平,才能在临床实践中帮助患者解除疾病带来的痛苦,也只有这样才能让自己避免医疗事故、医疗纠纷,尽可能地减少对患者的伤害。

第五章 内脏和血液系统药理

1.利尿药与脱水药

2.呼吸系统药

3.消化系统药

4.作用于子宫药

5.血液系统药

课程思政内容设计:这一章主要介绍利尿药与脱水药、呼吸系统药;消化系统药;作用于子宫药、血液系统药;药物分类;代表药物的作用机制、药理作用、临床应用和不良反应。本章中思政元素的重点在于:①利尿药。讲述水通道蛋白的发现,溶血实验及实验设计三大原则,以此提升学生科研素养。②利尿药。速呋塞米片的不良反应——耳毒性,从千手观音图片讲起,讲述药物的耳毒性及药源性听力障碍,让学生汇总导致听力障碍的药物,并提出预防建议,关注药物不良反应,关注临床合理用药。③幽门螺旋杆菌的发现与诺贝尔生理医学奖。讲述诺贝尔奖得主、幽门螺杆菌发现者马歇尔教授"以身试菌"的故事,以此鼓励学生为医学发展而甘于无私奉献、勇于追求、自我牺牲,鼓励学生继承科学家的优秀品质,珍惜时光,奋发向上。④增加无偿献血内容,引导医学生号召更多健康适龄群众参加无偿献血,营造良好的无偿献血的社会氛围,培养医学生的社会责任意识。

第六章 内分泌系统和代谢药理

1.肾上腺皮质类药

2.甲状腺激素及抗甲状腺药

3.降血糖药

4. 性激素类药及避孕药

5. 抗骨质疏松药及抗痛风药

课程思政内容设计：这一章主要介绍肾上腺皮质类药、甲状腺激素及抗甲状腺药和降血糖药；药物分类；代表药物的作用机制、药理作用、临床应用和不良反应。本章中思政元素的重点在于：①糖皮质激素。糖皮质激素是治疗“非典”的“救命天使”，同时也是导致严重后遗症的“魔鬼”，任何事物都具有正反两面性，培养学生的辩证思维，让学生了解糖皮质激素滥用问题对患者的危害，引导学生重视药理理念，严格按照适应证使用药物，能够坚守自我，不忘初心，真正做到一丝不苟地维护和坚守自己的专业尊严。此外，让医学生了解医术精湛的重要性，鼓励让其不断突破自己的局限，提升自己的专业技术水平。②结晶牛胰岛素的诞生。我国科学家研发结晶牛胰岛素的过程，提升了民族自信。③胰岛素长效制剂的出现。糖尿病是危害广大人民群众生命健康的慢性病，需要长期用药、反复用药，用药者依从性差会影响药物疗效，长效制剂的出现极大地方便了糖尿病患者临床用药，比如艾塞那肽 PLGA 微球制剂，每月给药一次即可。该案例促使医药公司研发其他慢性病药物的长效制剂，为医药研发带来突破性进展。

第七章 化学治疗药物药理

1. 化学治疗药物概论

2. 抑制细胞壁合成的药物

3. 损伤细胞膜的药物

4. 抑制蛋白质合成的药物

5. 影响核酸合成的药物

6. 抗分枝杆菌药

7. 抗真菌及抗病毒药

8. 抗菌药物的合理使用

9. 抗寄生虫药

10. 抗恶性肿瘤药

课程思政内容设计：这一章主要介绍化学治疗药物概论、抑制细胞壁合成的药物、损伤细胞膜的药物、抑制蛋白质合成的药物、影响核酸合成的药物、抗分枝杆菌药、抗真菌及抗病毒药、抗菌药物的合理使用、抗寄生虫药和抗恶性肿瘤药；代表药物的作用机制、药理作用、临床应用和不良反应。本章中思政元素的重点在于：①人类免疫缺陷病毒 HIV。引入 1999 年桂希恩教授揭示的艾滋病在中国一个重要的传播途径——血液传播，以及艾滋病教育预防等方面的卓越成就，激励学生学习桂希恩教授为学、为人、为事、为医，求真、求实、求新、求善的品质。②诺贝尔奖获得者屠呦呦教授发现青蒿素的事例，使学生感受“国家需要什么，我就干什么”的奉献精神，展示我国新一代科技工作者甘于奉献、团结协作、锐意进取、争创一流的精神面貌，激发学生热爱祖国、热爱科学、投身科学的热情。③免疫治疗。恶性肿瘤是严重危害广大人民群众生命健康的慢性病，长期以来采用手术治疗、化学治疗、放射治疗三种联合治疗的方式，对某些肿瘤有一定治疗作用，对大部分恶性肿瘤作用不好。多个抗体类药物、分子疫苗类药物、细胞因子类药物、干细胞移植、免疫调节剂等的出现，激活人体免疫系统，依靠自身免疫机能杀灭癌细胞和肿瘤组织，疗效好且副作用小。免疫治疗成为恶性肿瘤的第四种治疗方案，是癌症治疗的第三次革命。学生要关注肿瘤前沿用药，致力于提升人类整体健康水平。④2018年5月1日起，进口抗癌药实施零关税，切实减轻了癌症患者的经济负担，也减轻了人民对“癌”及“因癌返贫”的后顾之忧，这一政策体现了社会主义制度的优越性。

三、课程思政案例展示

（一）案例一展示

1. 案例主题

沙利度胺（thalidomide，反应停）的前世今生。

2. 结合章节

第一章总论第1节药物效应动力学。

3. 案例意义

本案例讲述沙利度胺不同时期的临床应用，五六十年代用于治疗孕妇早期妊娠呕吐，俗称反应停，会引起胎儿畸形变，现已停用；近年来用于麻风病、骨髓移植的辅助治疗，用于控制瘤型麻风反应症。案例的思政点体现在：①培养职业素养。引导临床医学生树立学好药物不良反应相关知识、保障安全用药的责任感，引导药学和制药专业学生理解药物研发过程中安全性评价工作的重要性、科学性。②哲学意义。激发学生要树立严谨的科学态度，从辩证唯物主义角度对待和分析问题，用一分为二的观点对待事情。

4. 案例教学展示

1）案例描述

反应停是1953年由西德一家制药公司合成，1956年进入临床并在市场试销。20世纪50至60年代，在全世界广泛用于治疗早孕期间的孕吐反应，有很好的止吐作用，对孕妇无明显毒副作用。从1956年到1962年，全世界30多个国家和地区共报告了1万余例异常胎儿，这些胎儿没有手臂和腿，手直接连在躯干上，形似海豹，被称为“海豹肢”“海豹畸形婴儿”，病死率高达50%。反应停所造成的胎儿畸形，可能与药物妨碍了孕妇对胎儿的血液供应有关，成为20世纪最大的药物导致先天畸形的灾难性事件，至今仍有法律纠纷。

沙利度胺引起“海豹肢”“海豹畸形婴儿”是由于其可选择性地作用于胚胎，引起畸形，而且其致畸作用仅限于其组分中两种互为对映体的手性分子中的一种，另一种分子是安全的。

目前，沙利度胺对于各型麻风反应如发热、结节红斑、神经痛、关节痛、淋巴结肿大等，有一定疗效，用于控制瘤型麻风反应症。近年发现本品有免疫抑制作用，可用于骨髓移植，可尝试用于肺癌的治疗。

2）教学方法与教学设计

（1）教学方法。

本节内容采用案例式教学、讨论式教学和启发式教学相结合的方式。

（2）教学设计。

第一步：案例导入。先让学生看图片认识一下海豹，从南极到北极看它们的足迹。再展示“海豹样婴儿”图片，当学生看到这些儿童上肢长得像海豹的短小躯体的时候，有没有感到很震惊，很心痛？其中的一位受害者托马斯，是国际音乐界公认的杰出舞蹈艺术作曲家，出生时一只手上有七根手指，而且异常短小，身高不足1.5米，由于其母亲怀孕期间服用了抗妊娠反应的药物沙利度胺。20世纪50至60年代，在全世界广泛用于治疗早孕期间的孕吐反应，可能妨碍了孕妇对胎儿的血液供应，造成胎儿畸形。

第二步：案例讲解与讨论。与学生展开讨论：①沙利度胺为什么会造成胎儿畸形？②如何发现和预防药物的致畸作用？③为充分发挥沙利度胺的抗癌和治疗免疫疾病，而又避免发生“海豹肢”“海豹畸形婴儿”，学生有什么好的建议与处理方法？④该案例对药物研发有何经验教训？⑤该案例对你有什么启示？通过学生课堂简短讨论评价，引导学生在掌握专业理论知识的基础上，延伸学习的广度和深度。

第三步：教师总结。通过案例讨论和学习，教师总结如下：①亡羊补牢，为时不晚。反应停是第一个被确定为人类致畸的药物，此后全世界进行了大规模的药物致畸的研究，结果发现了不少药物有不同程度的致畸作用，促成了世界药品史上最著名、最重要的法案《科夫沃-哈里斯修正案》，要求药物上市前必须进行规范的药品试验研究，在实验过程中遵守严格的科学原则。②安全是第一位。临床医学生要树立学好药物不良反应相关知识、保障安全用药的责任感，药学和制药专业学生理解药物研发过程中安全性评价工作的重要性、科学性。③药物作用的二重性。用一分为二的观点全面认识事物，在不带来危害的前提下充分利用沙利度胺的有效性。

5.案例反思

这个案例是药物治疗史上不良反应的一个典型事例，其危害是巨大的，由此带来的教训是深刻的，而医药学家们也从中吸取了足够的经验，比如药物研发过程中必须严格、科学地进行安全性评价，药物上市后必须进行上市后药物检测，以充分保障用药安全。

(二)案例二展示

1. 案例主题

孤儿药研发,不只关乎钱。

2. 结合章节

第三章中枢神经系统药理第 3 节抗中枢退行性病变药。

3. 案例意义

通过亨廷顿舞蹈症,引入罕见病的概念,引入孤儿药的定义与研发现状,提示制药企业和研发人员,应摆脱“利益至上”的观点束缚,关注社会效益,在政府的激励下开展孤儿药研发,最终会实现社会效益和经济效益双丰收。

4. 案例教学展示

1)案例描述

亨廷顿舞蹈症发病率低,属于罕见疾病,目前没有药物治疗。孤儿药(orphan drug)是指用于预防、治疗、诊断罕见疾病的药物。由于罕见病患病人群少、研发成本高、市场需求少、经济效益低、回报率低,很少有制药企业关注其治疗药物的研发,因此这些药被形象地称为“孤儿药”。然而,不能因为经济效益低就忽略孤儿药的研发。

2)教学方法与教学设计

(1)教学方法。

本节采取案例式教学、互动讨论式教学。

(2)教学设计。

第一步:案例引入。亨廷顿舞蹈症发病率低,属于罕见疾病,目前没有药物治疗。全世界已确认的罕见病有 6930 多种,中国已确认的罕见病有 5781 种,总人数约为 1700 万人,我国孤儿药占药品市场的比例不到 2%。

第二步:提出问题。与学生讨论学习:①什么是罕见病?②什么是孤儿药?③孤儿药研发现状?④如何促进孤儿药研发?一边提问一边讲述,一步步给出答案。

第三步:教师总结。此处引入思政点,旨在建立高尚的人生观,倡导生命至上,切勿一味追求经济利益。

5. 案例反思

目前我国孤儿药的研发仍处于一片空白,长期依赖进口,然而国内进口药物审批流程复杂,使得诸多孤儿药无法及时进入中国,结果造成很多罕见病患者只能选择昂贵的进口药或者无药可用。国家先后从立法层面对孤儿药的研发和生产方面提供了保障和支持，然而任重道远。需要全社会对罕见病患者给予关注，这是一种社会正能量的体现，也是社会价值的最高体现。

（三）案例三展示

1. 案例主题

一株济世草，一颗报国心。

2. 结合章节

第七章化学治疗药物药理第9节抗寄生虫药。

3. 案例意义

我国科学家屠呦呦因发现抗疟疾药物青蒿素，于2015年10月获得诺贝尔生理学或医学奖，成为首次获得科学类诺贝尔奖的中国本土科学家。以发现青蒿素的过程，引入老一辈科学家在当时条件很艰苦的情况下开展科研工作的事迹，使学生树立为祖国的科研工作不怕吃苦、艰苦奋斗的奉献精神；启发、引导学生树立自主研究的科学精神，不畏困难的工作作风；让学生明白只要立足当代中国实际，汲取中华文化精髓，瞄准世界科技前沿，着力提升科研原创能力，就能在科技创新上不断取得突破，以此提升学生的自信心。

4. 案例教学展示

1）案例描述

本土科学家屠呦呦教授从青年时期就坚定共产主义信仰，勇于实践、敢于担当，1969年她临危受命，加入国家抗疟药物的研发团队，汇集了2000多种药方，编写了以640种药物为主的抗疟单验方集，历经380多次失败。她还以身试药，在证明了药物的安全性之后，才应用到临床治疗。她一生坚守科研一线，不慕名利，成功用乙醚提取出了新型抗疟药青蒿素。青蒿素高效、速效、低毒的优点，让非洲地区约2.4亿人受益，为世界医学作出了重要贡献。“中国仙草”展示了我国中医药的独特魅力，屠呦呦也获得2015年诺贝尔生理学或医学奖，这是我国中医学界迄今为止获得的最高奖项。

2）教学方法与教学设计

（1）教学方法。

本节内容采用案例式教学和启发式教学相结合的方式。

（2）教学设计。

第一步：案例导入。讲述抗疟疾药青蒿素时，引入屠呦呦发现青蒿素的故事。青蒿素是从青蒿中提取的一个有效成分，对抗疟原虫具有高效、速效、低毒的优点，尤其是对耐药疟原虫依然有效。

第二步：教师总结。通过了解青蒿素的发现过程，让学生了解中国传统文化、建立中华民族的文化自信，培养学生的爱国情怀；增强学生对于中医药事业的热爱，立志传承和发扬传统中医药学；守初心、担使命、建自信，让学生在学习医学知识的同时，领会追求真理、救死扶伤的仁者初心，领会艰苦奋斗无私奉献的时代担当，领会传承精华、守正创新的历史使命；明大德、守医德、求创新，让学生牢固树立医者仁心的人文情怀，努力做到知行合一，教育引导学生时刻践行社会主义核心价值观，增强大医精诚的职业荣誉和使命感，培养科技创新精神。

5. 案例反思

青蒿素为人类健康作出了突出贡献。让学生明白只要立足当代中国实际，汲取中华文化精髓，瞄准世界科技前沿，着力提升科研原创能力，就能在科技创新上不断取得突破，走在世界前列。以此激发广大学生的自信心。从屠呦呦的事迹中，让学生感知精神，感悟榜样的力量，激励他们进一步增强民族自豪感，树立为医学事业奋斗终身的远大目标，为建设健康中国、增强文化自信、传播科学精神贡献力量。

医学细胞生物学

雷　莉[①]

一、课程思政总体建设目标

医学细胞生物学是医学类专业基础课程，共40学时，2学分，主要面向临床医学、基础医学、预防医学、法医学、药学、护理学等专业本科生开设。

医学细胞生物学作为医学专业学生的必修基础课，是医学生进入大学校门后的第一门医学专业基础课。寓思政教育于细胞生物学知识传授和实践能力培养过程中，帮助学生塑造正确的世界观、人生观和价值观是医学细胞生物学课程教师重要的责任。深入挖掘医学细胞生物学知识体系中所蕴含的思想价值和思政内涵，并将其融入医学细胞生物学各个教学环节，引导学生从细胞水平、亚细胞水平以及细胞的生命活动规律认识生命本质。例如在讲授干细胞章节时，提出“器官再生”这个重要的热点问题。然而，目前干细胞技术还很不成熟，距离定向培养出完整器官还有很长的路要走，需要科研工作者们不畏艰难、不断探索和不懈努力，从而使学生明白，作为医学生，要努力夯实专业知识，为人类健康作出自己应有的贡献；又例如，讲到细胞衰老和死亡章节时，通过提出“长生不老”能否变为现实而引发学生讨论，使学生明白自然规律是万物生存的法则，人类应该尊重自然，珍惜有限的生命，活出应有的价值。总之，通过医学细胞生物学专业知识的传授与价值引领和能力培养相结合，培养学生“敬佑生命、救死扶伤、甘于奉献、大爱无疆”的医者精神，引导学生始终把人民群众生命安全和身体健康放在首位，做人民信赖的好医生。

二、各个章节课程思政建设目标

第一章　绪论

1. 细胞生物学概述

2. 细胞生物学的形成与发展趋势

3. 细胞生物学与医学

课程思政内容设计：通过介绍细胞生物学的发展历史，引入细胞的发现、第一

① 雷莉，医学部讲师，主要研究方向是医学细胞生物学与医学遗传学。

台显微镜的发明以及显微镜的发展历史之间的关系，引导学生理解科学的发展并不是孤立前行的，科学和技术的发展往往需要相互依赖相辅相成，同时引导学生逐渐适应大学学习模式，即伴随科学研究不断深入以及科学技术不断提高，对于一个细胞的结构、功能或生命活动规律的认识将会越来越全面、越来越客观。实际上，科学探索的过程就是一个不断的否定之否定的过程。

第二章 细胞的概念与分子基础

1. 细胞的基本概念

2. 细胞的分子基础

3. 细胞的起源与进化

课程思政内容设计：在讲蛋白质的结构和功能时，引入1965年我国科学家在经济条件极端困难的情况下，通过艰苦努力和团结合作，成功合成了世界上第一个具有完整生物活性的蛋白质——牛胰岛素。培养学生艰苦奋斗的精神，激发学生科学探索的热情和自主学习的兴趣，增强学生的民族自信心和民族自豪感。

第三章 细胞生物学的研究方法

1. 显微镜技术

2. 细胞的分离和培养

课程思政内容设计：在讲到“细胞生物学实验技术——动物细胞的培养”一节时，通过动物细胞的原代培养在学习基本细胞培养原理的基础上，培养学生细胞培养无菌操作的无菌意识，做过实验的垃圾不能随意丢弃的责任意识、环境保护意识和良好卫生习惯等。通过引入外科手术的无菌操作使学生明白无菌观念在医学学习中的重要性，为将来的临床实践打下坚实的基础，激发学生学习基础课程的兴趣和热情。

第四章 细胞膜的结构与功能

1. 细胞膜的化学组成与生物学特性

2. 小分子物质和离子的穿膜运输

3. 大分子物质和颗粒物质的穿膜运输

4. 细胞膜异常与疾病

课程思政内容设计：在讲到细胞膜的结构和功能时，强调细胞膜的屏障隔离功能与保证细胞内外物质运输、信息交流及能量转换功能是高度统一的。类比细胞膜如同国家边防，作为安全屏障保证国家利益不受侵犯，同时也是与他国经济、文化、宗教、军事、科技等交流的重要通道，引出“一带一路”思政内涵。我们国家要进一步扩大对外开放，积极向国外引进先进技术，同时鼓励好的文化、企业和科技走出国门。增强学生的国防意识和爱国主义教育，培养当代大学生对国家安全的使命感与责任心，既要继承和发扬中华民族的优秀成果，也要学习世界各国所创造的文明成果。使学生坚定理想信念，勇于承担国家和民族赋予青年的历史使命，帮助学生树立正确的人生观、价值观和世界观。

第五章 细胞的内膜系统与囊泡转运

1. 内质网

2. 高尔基复合体

3. 溶酶体

4. 过氧化物酶体

5. 囊泡与囊泡转运

6. 细胞内膜系统与医学的关系

课程思政内容设计：在讲到内质网的结构和功能时，强调粗面内质网（RER）和滑面内质网（SER）的有些功能是单独行使的，有些则是二者共同行使的。帮助学生正确理解一项工作的完成，需要依靠团队协作的力量，单打独斗是完成不了的。引导学生逐渐学会建立团队意识，理解团队合作的重要性。

第六章 线粒体与细胞的能量转换

1. 线粒体的基本特征

2. 细胞呼吸与能量转换

3. 线粒体与疾病

课程思政内容设计：线粒体是细胞中制造能量的结构，虽然体积较小，但是大量的线粒体却成为细胞直接能量来源的提供者。引入新时代的“雷锋精神”，学习雷锋精神，就要把崇高的理想信念和道德品质追求融入日常的工作生活中，在自己的岗位上做一颗永不生锈的“螺丝钉”，每个人的力量虽然小，但是大量个体的积累，就能为社会提供源源不断的正能量。

第七章 细胞骨架与细胞的运动

1. 微管

2. 微丝

3. 中间纤维

4. 细胞的运动

5. 细胞骨架与疾病

课程思政内容设计：在讲到细胞骨架是真核细胞内的蛋白质纤维网架体系，参与了细胞的诸多功能，如细胞形状的维持、细胞的运动、细胞内物质的运输、肌肉收缩、细胞分裂等时，通过联系肌萎缩型侧索硬化症（渐冻症），引入被授予“人民英雄”国家荣誉称号的武汉金银潭医院院长张定宇，他身患渐冻症，却克服种种困难，为患者、为社会燃起希望之光。引导学生明白，作为未来的“白衣天使”，应受到这种无私奉献、舍生忘死的精神的激励，始终牢记“医者担当”。

第八章 细胞核

1. 核膜

2. 染色质与染色体

3. 核仁

4. 核基质

5. 细胞核的功能

6. 细胞核与疾病

课程思政内容设计：在讲到人类染色体时，引入人类染色体数目确定的曲折过程。华裔科学家蒋有兴发现人类染色体是46条，推翻了长达32年之久的“48条”的错误结论，开创了人类细胞遗传学的历史。增强学生的民族自信心和自豪感，培养学生敢于质疑科学权威的意识和拥有科学怀疑的精神。

第九章 细胞连接与细胞黏附

1. 细胞连接

2. 细胞黏附

课程思政内容设计：在讲到细胞连接时，讲述人体组织器官为了确保内环境稳定，细胞之间有紧密连接；为了保证彼此信息互通，细胞之间建立了通信连接；为了能够更好地抵抗机械张力，细胞之间形成了锚定连接。引入新冠肺炎疫情防控期间，各行各业的人，如“白衣天使”、建筑工人、快递小哥等，彼此携手，共度抗“疫”难关，保证人民生命健康和国家稳定。培养学生的团队合作意识，增强学生的民族自豪感和民族自信心。

第十章 细胞微环境及其与细胞的相互作用

1. 细胞微环境的组成

2. 细胞外基质的主要组成成分

3. 细胞微环境与细胞间的相互作用

4. 细胞微环境异常与疾病

课程思政内容设计：在讲到细胞微环境与细胞间的相互作用时，讲述在人体组织中，任何一个细胞都不是孤立存在的，细胞与细胞微环境相互作用并发挥功能。引入每个人之于社会等于身体的细胞之于细胞微环境，每个人的生存都离不开社会，在疫情防控期间，全国人民团结一心，为抗击新冠肺炎疫情贡献出自己的一份力量。因此，如此严重的疫情才会在短时间内得到遏制，确保了国家的安全和人民的健康，也为世界作出了应有的贡献。引导学生唯有积极主动地融入社会，才能适应社会，才能发挥自己的智慧和力量，在奉献于社会的过程中，实现自己的人生价值。

第十一章 细胞间信息传递

1. 细胞间信息传递的方式和途径

2. 细胞的信号转导及其关键分子

3. 细胞的主要信号转导通路

4. 细胞信号转导通路的整合与调控

5. 细胞间信息传递障碍与疾病

课程思政内容设计：细胞信号转导主要是细胞通过细胞表面受体感受胞外信号分子、并将胞外信号转导入胞内，从而实现对代谢生理反应和基因表达的调控。引入1998年获诺贝尔生理学或医学奖的三位药理学家关于一氧化氮(NO)能充当信号分子的发现过程，使学生理解任何的科学进步都是需要经过不断推测和反复验证的，要尊重实验结果，保持活跃与竞争的学术思想。

第十二章 细胞分裂与细胞周期

1. 准备分裂

2. 细胞周期及其调控

3. 细胞周期与医学的关系

课程思政内容设计：在细胞分裂过程中最显著的特点是遗传物质经复制倍增后，被平均分配到子细胞中。这如同中华民族五千余年的文化历史传承，是一代代中华儿女用实践贯彻中华民族的精神理念，将其延续到今天。引导学生通过细胞增殖的学习，延伸到中华民族的薪火相传，培养其作为中华儿女的自豪感，同时将这种自豪感转化成建设祖国、献身医学的动力。

第十三章 细胞分化

1. 细胞分化的基本概念

2. 细胞分化的分子基础

3. 细胞分化的影响因素

4. 细胞分化与医学

课程思政内容设计：细胞分化是生物界普遍存在的生命现象，是生物个体发育的基础。经过细胞分化，多细胞生物可以形成不同的细胞和组织。引导学生学会制订合理的人生目标，科学地进行人生规划，增强学生的社会责任感，激发学生为报效祖国而奋发学习的情怀。

第十四章 细胞衰老与细胞死亡

1. 细胞衰老

2. 细胞死亡

3. 细胞自噬

课程思政内容设计：细胞衰老和细胞死亡是一种不可抗拒的生理现象。通过对细胞衰老的学习，教师可以帮助学生准确认识到衰老是一种自然规律，应正确看待衰老现象，珍惜有限的生命，保持乐观年轻的心态，珍惜当下的宝贵时光。引导学生在今后的生活中关心老年人的健康，继承尊重老年人的传统美德。

第十五章 干细胞与组织的维持和再生

1. 干细胞概述

2. 胚胎干细胞

3. 组织干细胞

4. 干细胞与医学

课程思政内容设计：目前干细胞研究在全球都是热点，科学家们致力于将干细胞定向诱导分化，从而为再生医学提供丰富的研究材料。干细胞可以用于多种疾病的治疗，如缺血引起的心肌坏死、帕金森综合征、1 型糖尿病等。干细胞治疗科学研究在我国受到国家和地方陆续颁布的多项利好政策的支持，干细胞临床与应用是未来中国立于世界民族之林的不二之选，从而在学生心中播种一颗“爱科学、学科学、用科学”的火种，激发学生从事科学研究的兴趣。

三、课程思政案例展示

(一)案例一展示

1. 案例主题

蛋白质分子组成和结构与世界首个人工合成蛋白质——牛胰岛素。

2. 结合章节

第二章细胞的概念与分子基础第 2 节细胞的分子基础。

3. 案例意义

在国家经济极其困难的时期，我国科研工作者取长补短，充分发挥团队精神，积极贡献每个人的聪明才智，完成了首个具有完整生物活性的蛋白质，是当年接近获得诺贝尔奖的重大成就，并于 1982 年荣获国家自然科学奖一等奖。通过这一案例教育学生学习和弘扬我国科学家开拓进取、百折不挠的献身精神，激发学生的民族自豪感、文化自信和爱国奉献精神，培养学生的科学精神和严谨的科学态度。

4. 案例教学展示

1)案例描述

1889 年，德国人敏柯斯基首次发现胰脏和糖尿病之间有关联。直到 1955 年，英国化学家弗雷德里克·桑格小组测定了牛胰岛素的全部氨基酸序列。然而当时的国际权威学术刊物《自然》发表评论文章断言：“人工合成胰岛素还有待于遥远的将来。”

1958 年 12 月，我国将人工合成胰岛素项目列入 1959 年国家科研计划，并获得国家机密研究计划，代号“601”。在党中央、国务院的大力支持下，由中科院上海有机化学研究所和北京大学化学系负责合成 A 链，由中科院上海生物化学研究所负责合成 B 链，并负责把 A 链和 B 链正确组合起来。经历了多次重复实验，其中

A 链 21 肽合成过 30 批，半合成进行了 60 次，人工全合成 A 链和 B 链共重复了 27 次，分 16 批进行，其中两批进行了结晶，近 200 步反应(任何一步的产物不纯，都会影响以后的合成)。1965 年 9 月 17 日，终于在世界上首次用人工方法合成了结晶牛胰岛素，经过检测，它的结构、生物活性、物理化学性质、结晶形状都和天然的牛胰岛素完全一样。

2)教学方法与教学设计

(1)教学方法。

本节内容采用案例教学、讨论式教学和启发式教学相结合的方式。

(2)教学设计。

第一步：案例＋讨论。老师通过介绍牛胰岛素的发现以及我国科研工作者完成了世界上第一个用化学方法人工合成的蛋白质，让学生展开讨论，并分享讨论的结果。

第二步：案例分析＋启发。牛胰岛素合成需要近 200 步反应，包括每一步产物的高纯度，保证了科学研究的可重复性；牛胰岛素的合成经过多次重复实验，确保了科学研究的可靠性；特别是当时中国正处于经济困难时期，由三个单位联合组成的研究小组，在前人对胰岛素结构研究的基础上，完成了世界上第一个具有生物活性的人工合成牛胰岛素。引导学生正确理解科学研究的严谨态度和团结协作精神的重要性，激发学生的民族自豪感。

5.案例反思

本案例教学介绍了人工牛胰岛素合成的整个完成过程。国际顶尖杂志《自然》曾发表一篇文章断言“人工合成胰岛素还有待于遥远的将来。”主流科学家和学术界也一致认为牛胰岛素人工合成绝非易事。当时我国的生命科学才开始发展，我国科研工作者克服种种困难，敢啃硬骨头、敢于攻坚克难、善于协同创新，完成了世界上首个具有生物活性的人工合成牛胰岛素。该案例的引入使学生以前辈们为榜样，以“胰岛素精神”激励自己，学习前辈们对待科学的严谨态度和科学精神，以及团队合作精神，为实现中国科技强国之梦而努力奋斗。增强学生的民族自信心和民族自豪感，激发学生的爱国热情和科技强国的信心。

(二)案例二展示

1.案例主题

细胞骨架与渐冻症。

2.结合章节

第七章细胞骨架与细胞的运动第 5 节细胞骨架与疾病。

3.案例意义

本案例以渐冻症(肌萎缩性侧索硬化症)与细胞骨架异常为例，引出武汉金银潭医院院长——抗击新冠肺炎疫情的“人民英雄”张定宇，他身患渐冻症，却始终坚守在抗击新冠肺炎疫情的第一线，冲锋在前、救死扶伤，危急时刻不忘初心，以及勇担使命的责任担当。激励学生，作为在校医学生、作为新冠肺炎疫情防控的亲历者、作为未来的医务工作者、应该以张定宇院长生命至上、救死扶伤的无私奉献精神为榜样，在学校学习期间不仅要努力夯实医学专业知识，还要掌握精湛的医疗技术。同时还要培养生命至上、救死扶伤的医者仁心，勇于担当、恪尽职守的责任担当以及舍身忘我、无私无畏的爱民情怀。

4.案例描述

1)案例描述

渐冻症，即肌萎缩侧索硬化症(amyotrophic lateral sclerosis, ALS)，也叫运动神经元病，是世界五大绝症之一。早期病理特征表现为神经原纤维在运动神经元胞体和轴突近端异常堆积引起神经元退化，随后运动神经元丧失，导致骨骼肌失去神经支配而萎缩，进而造成瘫痪和吞咽困难，最后产生呼吸衰竭。

当不明原因肺炎患者转入武汉市金银潭医院时，武汉金银潭医院院长张定宇面对人类未知病毒，他当机立断组建隔离病区，完成清洁消毒，采集病人支气管肺泡灌洗液送检，为实验室确认赢得了时间。他与病毒较量的同时，还要与自己身体的病痛斗争，因为早在2018年他已经被确诊为“渐冻症”。尽管这样，他依然踩着高低不平的脚步，在医院来回穿梭，坚守在抗“疫”一线。

2)教学方法与教学设计

(1)教学方法。

本节内容采用案例教学、讨论式教学和启发式教学相结合的方式。

(2)教学设计。

第一步：案例+讨论。在讲授细胞骨架与疾病的关系时，引入肌萎缩性侧索硬化症(渐冻症)及武汉金银潭医院院长张定宇身患渐冻症，坚守在抗“疫”一线的先进事迹，让学生们讨论。

第二步：案例分析+启发。教师通过引入武汉金银潭医院院长张定宇身患渐冻症，却始终坚守在抗“疫”一线的先进事迹，激励学生，在校学习期间不仅要努力夯实医学专业知识，还要掌握精湛的医疗技术。同时还要培养勇于担当、恪尽职守的责任担当。

5.案例反思

本案例通过对细胞骨架异常与疾病的关系的解释，以渐冻症为例，从而引入武汉金银潭医院院长张定宇。他虽身患渐冻症，却始终奋战在抗“疫”前线的英雄事迹。他用走路一瘸一拐但异常坚定的脚步践行了生命至上、救死扶伤的使命担当。他是当之无愧的中国脊梁，更是我们学习的榜样，照亮我们前行的道路。

(三)案例三展示

1. 案例主题

人类染色体数目的确定:从“偶然发现”到“孤独挑战”。

2. 结合章节

第八章细胞核第 2 节染色质与染色体。

3. 案例意义

众所周知,染色体是遗传基因的载体,而染色体数目是 46 条的确定过程却十分曲折。从 1923 年美国遗传学权威、得克萨斯大学校长佩因特提出的人类体细胞染色体数目为 48 条的结论,直到 1952 年美籍华人徐道觉博士意外发现人的染色体数目为 46 条的事实(但由于种种原因并未发布),最终于 1956 年华裔学者蒋有兴通过实验观察得出人类染色体数目是 46 条的正确结论,结束了在整个细胞遗传学界长达 32 年之久却无人质疑的佩因特的错误结论。通过这两个案例教导学生,在科学探索过程中,坚持真理,不惧科学权威,要保持对科学的怀疑精神和严谨的科学态度,坚持真实观察到的客观数据,对所观察到的实验数据要认真仔细分析,不放弃任何的可能性,有可能在某种“偶然错误”的实验过程中得到意外收获。

4. 案例描述

1)案例描述

众所周知,染色体是遗传基因的载体,而确定人类染色体的数目却经历了一个十分曲折的过程。

案例 1　1923 年美国遗传学权威、得克萨斯大学校长佩因特采用贝林发明的“压片法”,在发表的论文中提出人类染色体的数目是 48 条。随后,48 这个数字在细胞遗传学界的统治地位长达 32 年,无人质疑。1952 年的一天晚上,在美国得克萨斯大学工作的美籍华人徐道觉博士,对几个来自人工流产的胎儿组织的培养物固定后在显微镜下观察时,清楚地看到了分散均匀良好的染色体。后来多次重复实验都没有得到“奇迹”。当他把蒸馏水和平衡盐溶液相混合以降低渗透压时,“奇迹”再一次出现了。此时,他可以肯定 3 个多月之前出现的“奇迹”,一定是实验室中的某一位技术员在配制平衡盐溶液时读错刻度,“错误”配制成低渗溶液的缘故。由此,徐道觉确认人类染色体数目是 46 条,而非 48 条,但由于种种原因(慑于众多权威或认为条件未成熟等)最终没有发布。但是,徐道觉首创的因一次“错误”造成的低渗溶液预处理技术却促成了人类细胞遗传学的大发展。

案例 2　1955 圣诞假期,华裔学者蒋有兴与以往一样来到莱文的实验室,通过这种低渗溶液预处理方法处理人类胚胎细胞染色体,并于当年 12 月 22 日凌晨,在显微镜下清晰地观察到人类胚胎细胞的染色体,数出了他自己都难以置信的数字

"46"。随后,他和莱文一共观察了来自4个不同人类胚胎组织的细胞,得到了261个细胞的染色体数据,清楚地表明:人类胚胎细胞染色体为46条。1956年4月,蒋有兴和莱文以朴实无华的论文题目"人类染色体数"在《遗传》杂志发表,震惊了整个细胞遗传学界,结束了在细胞遗传学界统治长达32年的"人类染色体数为48条"的这个错误认知。旧的错误结论被推翻,新的科学认识被建立,人类细胞遗传学终于翻开了新的一页!

2)教学方法与教学设计

(1)教学方法。

本节内容采用案例教学、讨论式教学和启发式教学相结合的方式。

(2)教学设计。

第一步:案例+讨论。通过引入两位华裔科学家徐道觉和蒋有兴关于人类染色体的研究历程以及染色体数目的最终确定,让学生进行讨论。

第二步:案例分析+启发。通过这两个案例引导学生,在科学探索过程中,坚持真理,不惧科学权威,要保持对科学的怀疑精神,坚持真实观察到的客观数据,不放弃任何的可能性,有可能在某种"偶然错误"的实验过程中得到意外收获。

5.案例反思

本案例介绍了人类染色体数目确定的曲折经过,人类染色体数目从48条到46条的事实经历了32年之久的漫长而曲折的过程才得以确定。今天的我们应该深思:为什么30多年间从未有人对"48"这个数字提出过质疑,以至于当时教科书里的人类染色体图片显示的是46条染色体,图片说明却是"48条"?为什么当时人们接受佩因特得出的"人类染色体数为48条"的结论那么草率,不顾其缺乏足够的科学证据支持的事实?在这三十几年里,随着染色体制备实验技术的改进,很多人已经不止一次观察到与佩因特结论不一致的染色体数,为什么没有人能将观察到的结果公开发表?

科学研究是一个不断探索的过程,出现错误难以避免,有可能小错误产生意外收获,也有可能小错误导致严重后果。但是,质疑错误的科学精神是每一位科研工作者必须具备的素质,我们要尊重科学,但不惧科学权威。

机能实验学

胡　浩[①]　朱延河[②]　孙　强[③]　王　涛[④]　李　帆[⑤]

一、课程思政总体建设目标

机能实验学课程主要探讨动物或人体的机能活动规律，及其在病理状态或药物干预下的变化，80 学时，2.5 学分。作为基础医学阶段最具特色的独立实践课程，教学中注重在知识传播中强调价值引领、人文情怀、社会责任感。结合实验教学特点和课程教学内容，坚持“立德树人”，充分挖掘爱国主义教育、医德教育、生命教育、集体主义教育、法制教育、创新精神教育等方面思政教育点，衔接社会主义核心价值观，以点点滴滴、润物无声的方式感染和引导学生。在培养学生的动手操作能力、知识综合能力、创新思维能力的同时，塑造学生的高尚道德情操及正确的世界观、人生观、价值观，培养全面发展的可信赖的卓越医学人才。

二、各个章节课程思政建设目标

第一章 生物信号采集基本知识和蛙坐骨神经——腓肠肌标本制备

1. “机能实验学”的基本内容和要求
2. 生物信号采集与处理系统的操作
3. 蛙坐骨神经——腓肠肌标本制备方法

课程思政内容设计：实验动物是医学实验的主要对象，通过对实验动物的观察和分析，研究探讨医学和生命科学中的各种问题，研发解除疾病的各种新药和新方法。机能实验学课程主要以实验动物为对象开展教学，学生每节课都会接触实验动物，通过课堂讲授实验动物伦理和福利及实验动物使用“3R”原则，学生签署实验动物使用“承诺书”，课堂外延伸的“世界实验动物日”活动等，使学生更加尊重实

---

① 胡浩，医学部教授，主要研究领域为基础医学实验教学管理和心血管药理学。

② 朱延河，医学部讲师，主要研究领域为克山病防治。

③ 孙强，医学部副教授，主要研究领域为心血管药理学。

④ 王涛，医学部副教授，主要研究领域为神经生理学。

⑤ 李帆，医学部实验师，主要研究领域为基础医学实验学教学管理。

验动物，敬畏生命。

第二章 刺激强度和刺激频率与骨骼肌收缩反应的关系

1. 最适刺激的概念和寻找方法

2. 刺激强度与肌肉收缩反应的关系

3. 刺激频率与肌肉收缩形式之间的关系

课程思政内容设计：肌肉收缩是肌肉对刺激所产生的收缩反应现象，是生命的基本特征。身体姿势的维持、空间的移动、复杂的动作以及呼吸运动等，都是通过肌肉收缩活动来实现的。我国著名神经生理学家冯德培先生，是中国生理学、神经生物学的主要推动者之一。他的一生曲折坎坷，但始终坚持科学研究，勇于开拓，是国际公认的神经-肌肉接头研究领域先驱者之一。通过介绍冯德培先生的故事，激发学生民族自豪感、民族自信，培养学生科研创新精神。

第三章 神经干动作电位的引导、神经兴奋传导速度及不应期的测定

1. 蟾蜍坐骨神经动作电位的引导和基本波形

2. 神经干动作电位传导速度测定的原理和方法

3. 蛙坐骨神经——腓神经标本制备方法

课程思政内容设计：动作电位是指可兴奋细胞受到刺激时在静息电位的基础上产生的可扩布的电位变化过程，是兴奋传导的基础。动作电位的产生机制颇为复杂，经过了几代科学家的不懈努力。艾伦·霍奇金和安德鲁·赫胥黎两位科学家共同合作，各展所长，阐明了这一生物电现象之谜，为理解生物电现象和治疗相关疾病奠定了坚实基础。通过讲授两位科学家的故事，培养学生的团队协作精神和为科学奉献的精神。

第四章 烟碱对传出神经系统的作用

1. 香烟烟雾滤液和微粒水溶液对小鼠的急性毒性

2. 烟碱的生物效应机制

3. 吸烟对机体的危害

课程思政内容设计：烟草严重危害人类健康，中国作为全球较大的烟草消费国和相关疾病发病率较高的国家，戒烟、控烟已经刻不容缓。如何让新一代的青年学生在目前的“烟草消费大环境”中认识到吸烟的危害，构建起美好健康的生活方式，树立正确的人生观、价值观，值得关注。一方面，教师从科普角度摆事实、列举数据，使学生认识吸烟的危害；另一方面，在课堂实践教学中，让学生亲自制备烟碱溶液，通过动物实验切身感受烟碱的危害，以加强并引导学生远离烟草，珍爱生命。

第五章 心肌生理特性观察及其影响因素

1. 期前收缩与代偿间歇，蛙心正常和异位起搏点的自律性

2. 离子浓度变化及药物对心肌生理特性的影响

3. 离体蛙心灌流实验方法

课程思政内容设计:心肌细胞的生理特性包括兴奋性、自律性、传导性和收缩性。心脏就是通过心肌细胞的这几个生理特性来完成心脏的正常收缩、舒张功能,从而完成心脏的正常生理功能。吴英恺院士是我国著名医学家,中国胸心外科的开创者之一,对我国心血管病防治作出了卓越的贡献。吴院士的一生是为中国的医疗卫生事业、为人民的健康做出不懈努力的一生。通过介绍吴英恺院士的故事,激发学生努力学习、爱岗敬业、甘于奉献的精神。

第六章 心律失常动物模型制备及抗心律失常药物的作用

1. 常见心律失常动物模型的制备方法

2. 利多卡因对氯化钡诱发心律失常的对抗作用

3. 大鼠舌下静脉给药方法

课程思政内容设计:心律失常是心肌的电生理活动异常,导致心脏冲动的节律、频率、起源部位、传导速度或激动次序的异常,可突然发作而致猝死。通过介绍自动体外除颤器(AED)的作用和基本操作,倡导学生在危急时刻挺身而出,用掌握的急救知识救助患者,体现医者仁心。

第七章 红细胞渗透脆性、药物溶血反应及 ABO 血型测定

1. 红细胞的渗透脆性

2. 药物溶血实验方法,药物注射剂的安全性评价方法

3. ABO 血型鉴定方法

课程思政内容设计:输血是治疗各种急慢性失血、某些血液系统疾病的重要手段。输血时必须鉴定血型,保证供血者与受血者的 ABO 血型相合,必要时还须使 Rh 血型相合。本章内容以病案来呈现,虽然供血者与受血者的 ABO 血型相同,如果在交叉配血的主侧,即受血者血清与供血者的红细胞之间发生了凝集反应,则不可输血。通过案例引导学生在今后临床工作中,必须时刻保持审慎细心,规范输血管理,正确把握输血治疗原则,养成严谨细致、生命至上的做事态度。

第八章 尿液生成的影响因素及药物的作用

1. 家兔膀胱插管技术

2. 各种因素对尿液生成的影响

3. 药物对尿液生成的影响

课程思政内容设计:尿液生成是机体的基本功能之一,肾小球的滤过、肾小管和集合管的重吸收、分泌三个过程发生变化均可引起尿液的量和质发生变化,从而影响机体功能。吴阶平院士是我国著名的医学科学家、泌尿外科专家、新中国泌尿外科奠基人。他是爱国知识分子的杰出代表,把自己的命运与国家的发展和科学的进步紧密相连,在自己的领域作出了卓越的贡献。结合我校一附院肾移植科"肾脏移植关键技术创新及临床应用"项目获国家科技进步二等奖,激发学生奋发图强、爱国奉献的使命感和责任感。

第九章 药物剂量和效应关系的测定

1. 两栖类动物离体器官实验的条件和方法

2. 受体激动剂亲和指数和内在活性的测定和计算方法

3. 药物量效曲线的意义

课程思政内容设计：量效关系是指在一定的范围内，药物产生的效应与药物剂量或浓度成比例关系。定量地分析与阐明两者间的变化规律有助于了解药物作用的性质，也可为临床用药提供参考资料。质量互变规律是唯物辩证法的基本规律，量变和质变是密切联系的。量变是质变的前提和必要准备，质变是量变的必然结果。引导学生正确把握量变引起质变的道理，“不积跬步，无以至千里”。医学是一门长过程教育，只有通过不断学习，达到量的积累，才能做到在行医过程中游刃有余，更好地为患者服务。

第十章 缺氧动物模型制备及耐缺氧实验

1. 复制各种缺氧的动物模型方法

2. 缺氧时机体循环系统和呼吸系统的变化

3. 中枢神经系统机能状态和外界温度对缺氧耐受性的影响

课程思政内容设计：缺氧是指因组织的氧气供应不足或用氧障碍，而导致组织的代谢、功能和形态结构发生异常变化的病理过程。乏氧性缺氧最常见的情况为海拔升高造成的缺氧，特点为动脉血氧分压的降低。通过引入我国 2021 年“七一勋章”获得者、被称为“险峰上的生命守望者”、低氧生理和高原医学专家吴天一院士的感人故事，以及他在慢性高山病防治中取得的举世瞩目成就，激发学生的爱国主义精神，树立民族自信心和自豪感。

第十一章 家兔颈部手术操作及压力信号采集

1. 家兔颈部手术操作方法

2. 生物信号采集与处理系统操作方法

3. 动静脉插管技术及压力信号采集和测定

课程思政内容设计：本实验主要学习家兔的颈部手术操作和压力信号的采集。要求学生要像临床手术一样做到三个完美：手术过程的完美、手术结果的完美以及团队合作的完美。培养学生精益求精、严谨认真和团队合作精神。在动物血压监测过程中，让学生了解压力信号采集系统的发展历程以及科学技术发展对医学仪器的促进作用，引导学生思考科学技术发展背后的突破创新与工匠精神。进而以我国肝胆外科之父吴孟超院士为例，指出医学领域的“优秀工匠”应当具备精益求精的严谨精神、开拓进取的创新精神、知行合一的实践精神和爱岗敬业的奉献精神。

第十二章 血压虚拟实验和运动对人体血压的影响

1. 机体血压影响因素及抗高血压药物作用虚拟仿真实验

2. VR 操作兔血压调节流程

3. 不同体位变化及运动对人体血压、心率的影响

课程思政内容设计:在虚拟实验环节,要求学生进行虚拟实验操作,教师借助虚拟软件的研发与重要意义,讲述目前国家推动“新医科”建设的意义。在这个信息化时代,学生不仅要扎实掌握专业知识,还要涉猎新领域,勤于思考,敢于探索,向新时代国家需要的复合型人才靠拢。在人体功能实验中,学生在完成运动对人体血压影响的实验后,需要对高血压疾病以及抗高血压药物深入了解。中国是全世界高血压患者较多的国家,高血压给社会、家庭以及个人都带来了沉重的负担。通过引入中国本土企业研发抗高血压药物的案例来启发学生,要有社会责任感,要有勇于探索、求知进取的勇气,要树立为国家和人民服务的理想信念。

第十三章 窒息所致动物呼吸衰竭及抢救

1. 夹闭气管观察窒息所致的动物呼吸、循环衰竭

2. 呼吸、循环衰竭抢救的基本原则

3. 心肺复苏操作方法

课程思政内容设计:窒息是指人体的呼吸过程由于某种原因受阻或异常,所产生的全身各器官组织缺氧、二氧化碳潴留而引起的组织细胞代谢障碍、功能紊乱和形态结构损伤的病理状态。通过观察窒息所引起的急性呼吸功能不全及其对机体伤害和早期抢救的重要性,结合海姆立克急救法、心肺复苏(CPR)急救科普知识微视频,向学生宣讲我校第一、第二附属医院医生及我校 2018 级本科生等多起在国内外街头、地铁紧急救治事例,使学生进一步认识到医务人员的神圣职责,用行动诠释“医者仁心”,弘扬医德医风。

第十四章 神经体液因素及药物对家兔动脉血压的影响

1. 家兔动脉血压的直接测量方法

2. 通过动脉血压的变化观察心血管活动的神经体液调节

3. 药物对动脉血压的影响

课程思政内容设计:神经体液因素及药物对动脉血压的调节较复杂,因而本实验操作环节多,难度大,学生在实验过程中容易出现意外事件,失败时有发生。而机能实验以小组为单位,实验具体实施步骤需要小组各成员合理分工、互相协作、密切配合,只有这样才能高质量、高成功率完成实验,并有效地规避操作混乱、繁杂无序的现象。在教学过程中,从实验开始之初就强调合理分工、团结协作,使学生深刻体会集体主义精神。

第十五章 药物对维拉帕米致急性心衰家兔左心室功能的影响

1. 维拉帕米致家兔急性心衰模型的复制方法

2. 左室功能测定方法,左室功能测定的指标和意义

3. 药物对左室功能的影响

课程思政内容设计：心力衰竭是指在各种致病因素作用下，心脏的收缩和(或)舒张功能发生障碍，使心排出量下降(绝对或相对)，以致不能满足机体代谢需要的病理生理过程。心衰的治疗包括药物治疗、外科手术治疗和器械治疗。通过介绍中国第三代“全磁悬浮人工心脏”，亦称“中国心”，拥有自主知识产权，被誉为“世界上最先进的人工心脏”，激发学生的时代使命感，家国情怀，同时增强具有多学科交叉的创新思维。

第十六章 急性家兔右心衰模型制备及血流动力学变化

1. 家兔急性右心功能衰竭模型的复制方法

2. 急性右心衰时血流动力学的变化

3. 动物血压和中心静脉压的测定及动物尸检的一般观察方法

课程思政内容设计：本实验内容和临床接近，即包括右心衰模型的制备，又包括药物治疗和疗效观察，在现代医学心脏病研究治疗领域，我国原创性贡献较少，结合实验内容引入我国克山病著名专家，同时也是我校著名教授——王世臣研究首创的大剂量维生素 C，抢救急性克山病急性心源性休克而挽救大量患者生命，被誉为“克山病治疗史上划时代的里程碑”的感人事迹，激发学生学习科学家的艰苦奋斗及爱国精神。

第十七章 动物失血性休克模型制备及抗休克治疗

1. 动物失血性休克模型的复制方法

2. 失血性休克发生各期的血流动力学变化

3. 休克治疗的基本原则及相关药物

课程思政内容设计：失血性休克主要见于大血管破裂、腹部损伤引起的肝脾破裂、消化性溃疡、异位妊娠、肿瘤自发破裂等原因引起的大出血。及时输血是抢救失血性休克的关键，血液的来源至关重要。无偿献血是人间传递真情的“红色纽带”，更是中华民族团结互助传统美德的具体体现，是救死扶伤、利国利民的社会公益事业，通过向学生介绍无偿献血的相关知识，以及感动中国 2010 年度人物郭明义，倡导学生用实际行动诠释对生命的关爱、对社会的责任，传递社会正能量。

第十八章 科研选题与实验设计

1. 科研选题一般过程与方法

2. 实验设计基本原则和方法

3. 实验设计方案的撰写

课程思政内容设计：科研选题的正确与否决定了所做的工作是否具有科学价值和应用价值，以及所做的工作最终是否会产生科研成果。良好的实验设计不仅是实验步骤的依据，也是科研获得预期结果的一个重要保证。创新是科研工作的灵魂。通过介绍诺贝尔奖的由来，以及我国首位诺贝尔生理学或医学奖得主屠呦呦先生的故事，激发学生在科研的道路上勇于探索、不断创新。

三、课程思政案例展示

(一)案例一展示

1. 案例主题

坚定信仰,矢志不渝,做高原生命的保护神。

2. 结合章节

第十章缺氧动物模型制备及耐缺氧实验。

3. 案例意义

本案例通过讲述吴天一院士的事迹,尤其是他对高原医学研究的执着和坚守,毕生致力于科学研究、矢志不渝追求真理的探索精神,使学生认识到他们在伟大的时代、伟大的国度,拥有伟大的使命和许多建功立业的机会,更应该珍惜这些机会,投身于未来的医学事业中。通过吴天一爱国敬业的感人事迹激励鞭策学生,充分理解并践行“心中有信仰、脚下有力量”的真正含义,为国家医学事业的发展贡献自己的力量。

4. 案例教学展示

1)案例描述

吴天一院士是新中国第一代少数民族大学生,20 世纪 50 年代末,吴天一响应党的号召来到高原建设青海。高原医学研究与一般的医学研究不同,它的实验室不仅仅在室内,更在风云多变、险象环生的万仞高山之中。吴天一一面克服头痛、胸闷、失眠等自身的高原反应,一面频繁出入高寒地带,住帐篷、吃冰馍、吞雪水,他和战友们每次闯入“生命禁区”都成了“钻死神空子”的人。数次历险,数次转危为安,吴天一的研究数据越积越多,不同海拔、不同民族、不同职业的数据都在几十万份。

20 世纪 90 年代,吴天一设计的大型高低压综合氧舱建成,但人体实验有风险,第一次由谁进舱?“我设计的,肯定我进。”吴天一毫不含糊。进入舱内,压力逐步攀升,吴天一感受着每一阶段的身体反应,鼓膜也被击穿了!即使如此,长好了,再实验,又被击穿了,又长好了,前后四次,致使他的听力受损严重,但他摸清了舱体运转的安全系数。氧舱实验结果在青藏铁路建设中派上大用场。吴天一提议在青藏铁路沿线建供氧站、高压氧舱,创造了 14 万筑路大军无一例因高原病致死的奇迹,被称为“生命的保护神”。年过八旬的吴天一仍带着心脏起搏器在海拔 4500 米以上的高原开展科研工作。2021 年 6 月 29 日,吴天一获得“七一勋章”。

2)教学方法与教学设计

(1)教学方法。

采用案例引导和智能机器人“仙医小胖”辅助讲授相结合的教学方式。

(2)教学设计。

第一步:讲授缺氧动物模型制备及耐缺氧实验原理。在讲授缺氧分类中的乏氧性缺氧动物模型制备中,介绍乏氧对机体的损伤,引出我国对高原缺氧的原创性医学研究。

第二步:智能机器人"仙医小胖"辅助教学。通过"仙医小胖"讲述吴天一院士的感人事迹,让学生了解吴天一院士对高原医学研究的执着和坚守,毕生致力于科学研究、矢志不渝追求真理的探索精神。然后通过讨论,让学生感受吴天一院士的奉献精神。

第三步:案例总结。正是有了吴天一院士这样一代又一代科学家的执着及甘于奉献精神,为我国高原缺氧地区群众安心工作和边防战士保卫国家安全提供了强有力的后勤保障。

5.案例反思

科学研究离不开执着的精神,执着精神来自坚定的信仰,坚定的信仰来自强烈的爱国精神。通过近年新冠肺炎疫情对世界经济的影响及我国高原医学对部队提供的后勤医疗保障,学生们明白了医学不仅仅是对人民健康的担当,同时也是国家发展和安全的守护神。尽管我国原创性医学研究贡献和发达国家相比较少,但是只要"心中有信仰、脚下有力量",一定能为医学发展贡献一份力量。

(二)案例二展示

1.案例主题

医者仁心。

2.结合章节

第十三章窒息所致动物呼吸衰竭及抢救。

3.案例意义

本次课程以科普急救视频为载体,向学生普及海姆立克急救法、溺水现场急救等急救知识,同时引入我校第一、第二附属医院医生及我校2018级本科生等多起在国内外街头、地铁紧急救治事例,使学生进一步认识到医务人员的神圣职责,用行动诠释"医者仁心",弘扬医德医风,宣传正能量,使学生更有社会责任感和使命感。

4.案例教学展示

1)案例描述

本次课程学生通过制作窒息所致的急性呼吸功能不全动物模型,观察窒息对机体伤害及早期抢救的重要性,结合急救科普知识微视频,向同学们介绍一些常见的如溺水抢救、海姆立克急救法、街头晕倒急救等急救知识。

案例1　2019年8月6日,西安交通大学第一附属医院急诊科副主任杜俊凯医生,在坦桑尼亚马尼亚拉湖旅游时,突然发现一位小伙子倒地,浑身抽搐,呼吸困难。杜医生立即上前,初步判断为突发癫痫,将患者调整为右侧卧位,避免因舌根后缀导致气道阻塞,一边用英语安抚病人,一边向小伙子的同伴告知救治注意事项。当记者问他当时救人时的感受,杜医生笑着说:“不管在国内还是国外,不管患者是中国人还是外国人,见义勇为、救死扶伤是一样的。”

案例2　2021年3月,某市地铁站台,一位老人因身体不适突然倒地,我校学生闫翀、李雨辰等见状立即上前进行救助,同年10月,地铁站台,一位年轻女性同样因身体不适突然倒地,我校学生孙佳莹、薛紫阳等见状,立即上前进行救助。机能实验学课程中介绍的急救知识在关键时刻体现出了价值,他们在危急时刻挺身而出,用实际行动诠释了“医者仁心”的内涵。

2)教学方法与教学设计

(1)教学方法。

采用案例引导、翻转课堂、新闻事件评论、师生互动和启发式讨论相结合的教学方法。

(2)教学设计。

第一步:展示教学案例。可采用教师讲解或者学生介绍的方式进行。

第二步:围绕案例展开讨论。学生可分为若干个小组展开讨论,结合翻转课堂,学生讨论危急时刻是否要挺身而出、生活中可能引起窒息的各种情况、如何紧急抢救窒息患者、海姆立克急救法操作等内容,对于一些场景及救治方法鼓励学生现场演示。

第三步:案例总结。每组可选出一名学生代表发言,教师进行总结,介绍正确的急救操作方法,宣传正能量,弘扬医德医风,让学生认识到医务人员的神圣职责,使他们更有社会责任感和使命感。

5.案例反思

结合目前比较热门的社会话题——关于街头紧急救助,让学生讨论。由于受到早年街头救助负面事件的影响及不良媒体的炒作,这已经成为一个令人纠结的社会问题——救助晕倒老人,怕被讹诈,不救助老人,内心不安。学生通过这次课程的学习更加清楚了紧急救助的意义,学习了相关急救知识及救助操作步骤,更加有了紧急救助的勇气和底气,更加明白了作为当代医学大学生的社会责任感,纷纷表示用实际行动践行“医者仁心”的职业道德,践行社会主义核心价值观,弘扬正能量。

(三)案例三展示

1.案例主题

我的中国“心”。

2. 结合章节

第十五章药物对维拉帕米致急性心衰家兔左心室功能的影响。

3. 案例意义

心血管疾病是全球高发病，人工心脏研发是所有心血管医疗器械研发中含金量最高、研发周期较长、需要多个学科共同参与的领域。第三代全磁悬浮离心泵人工心脏作为中国创新医疗器械产品的代表，系医工结合、产学研结合的产品，是中国科技发展的产物。作为医学生，应具有时代使命感，家国情怀，积极主动培养自身多学科交叉的创新思维。

4. 案例教学展示

1)案例描述

心力衰竭是各类心脏疾病发展的终末期阶段，也是心脏病患者的主要死亡原因之一。心脏移植是心衰最佳的治疗方法，心室辅助装置亦称人工心脏，已成为心衰标准化治疗方式之一。人工心脏在欧美发达国家广泛使用，其存活率也已超过心脏移植。虽然部分发达国家已将其纳入医保，但因治疗费昂贵，令许多人望“泵”兴叹。

人工心脏是复杂精密的医疗器械，自 2014 年起，苏州同心医疗器械有限公司和心血管病国家重点实验室联合针对血泵叶轮完全磁悬浮技术进行深入研究，研制出中国第三代“全磁悬浮人工心脏”，亦称“中国心”，拥有自主知识产权，被誉为“世界上最先进的人工心脏”，厚度 26 mm，直径 50 mm，重量不到 180 g。该装置利用磁场让叶轮悬浮，不仅解决了易形成血栓的难题，且更容易安装在心包腔内。2017 年 6—10 月，中国医学科学院阜外医院胡盛寿院士团队，使用具有完全自主知识产权的国产第三代全磁悬浮人工心脏，救治 3 例危重患者取得成功，这标志着我国人工心脏领域进入新的发展阶段。

2)教学方法与教学设计

(1)教学方法。

采用案例引导、师生互动和启发式讨论相结合的教学方法。

(2)教学设计。

第一步：展示教学案例。可采用教师讲解或者学生介绍的方式进行。

第二步：围绕案例展开讨论。学生可分为若干个小组展开讨论，结合心力衰竭的发病机制、药物治疗、最新辅助治疗的前沿进展等方面进行讨论。

第三步：案例总结。每组可选出一名学生代表发言，教师进行总结，从“心血管病的治疗进展，人工心脏的研发”的视角发问，引导学生爱国情怀、历史使命感和多学科交叉的创新思维。

5. 案例反思

心力衰竭是心血管疾病的终末阶段，人工心脏已成为心衰标准化治疗方式之一。本案例以我国自主研发的“中国心”为例，概述了“中国心”血管疾病的治疗进展。医学生应当通过“中国心”的研发过程，增强使命感，把个人的追求和国家的发展结合起来，并树立多学科交叉的创新思维。